Ellen Thaler

Fische beobachten

Verhaltensstudien an Meeresfischen und Wirbellosen
im Aquarium und im Freiwasser

35 Farbfotos
12 Zeichnungen

VERLAG
EUGEN
ULMER

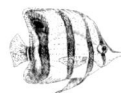

Für meine Mutter

Die Deutsche Bibliothek – CIP-Einheitsaufnahme

Thaler, Ellen:
Fische beobachten: Verhaltensstudien an Meeresfischen und Wirbellosen
im Aquarium und im Freiwasser / Ellen Thaler. – Stuttgart : Ulmer, 1995
    ISBN 3-8001-7322-0

© 1995 Eugen Ulmer GmbH & Co.
Wollgrasweg 41, 70599 Stuttgart (Hohenheim)
Printed in Germany
Lektorat: Ulrich Commerell, Rainer Stawikowski
Herstellung: Thomas Eisele
Einbandgestaltung: Alfred Krugmann, Freiberg am Neckar
Mit einem Foto (Zebrasoma flavescens) der Autorin
Satz: Steffen Hahn GmbH, Kornwestheim
Druck: Gutmann Offsetdruck, Talheim
Bindung: Riethmüller, Stuttgart

Inhalt

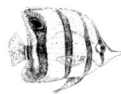

Ein Vorwort zur Einstimmung

Wieder ein Aquarienbuch! Eines, das dem salzigen Trend folgt, also ein Buch über Korallenriff-Bewohner? So etwas schwebte mir vor. Nun aber ist es, einer gewissen Eigengesetzlichkeit folgend, doch etwas anderes geworden. Es handelt nicht von Technik, Physik und Chemie, denn darüber gibt es aus berufenerem Mund Informationen in Hülle und Fülle. Es handelt auch nur bedingt von der Formenvielfalt oder von den systematischen Feinheiten der Aquarienbewohner, auch hier passe ich, denn mit sieben Jahren Salzwasserpraxis bin ich noch ein blutiger Laie, der angesichts manches Fisches, Krebses oder schon gar vieler Korallen sich verzweifelt durch die Fachliteratur kämpft und meist dabei aufgibt. Dann steht eben das bekannte „sp." hinter dem lateinischen „Vor"namen. Spätestens jetzt werden Sie, verehrter Aquarianer, fragen: „Ja, was soll's denn dann?"

Nun kommt Schwieriges auf mich zu. Ich möchte Ihnen nämlich erklären, weshalb ich es vertretbar finde, ein solches Buch zu schreiben. Ich will zeigen, daß bei all dem umfassenden Wissen über Technik und Systematik allzu oft etwas Wesentliches auf der Strecke bleibt: nämlich **die Koralle, der Krebs** hier, **die Muschel** dort und schon gar **der Fisch**, das Individuum also, an dem

wir unsere helle Freude haben sollten! Wir wissen noch längst nicht genug darüber, wie sich unsere Pfleglinge verhalten, warum gerade so und nicht anders. Zwar kennen wir manchmal ihr Umfeld, ihren Lebensraum, ihre Nahrungsansprüche, ihre „Verträglichkeit" oder „Unverträglichkeit". Das ist reichlich wenig, und oft genug wissen wir auch das nicht. Ich gebe zu, daß es schwierig ist, mit dem eigenen Seeigel auf „Du" zu kommen oder das Verhalten einer Röhrenkoralle zu hinterfragen. Aber man sollte es versuchen!

Als Biologin und Ethologin interessiert mich vor allem der Fisch im Zusammenspiel mit seiner Umwelt, und das Aquarium bietet die Möglichkeit, verschiedene Formen des Zusammenlebens zu beobachten und so verstehen zu lernen. Das Aquarium hat im wahrsten Sinn des Wortes dafür die nötige Transparenz!
Bleiben wir beim Fisch als dem höchstorganisierten Lebewesen in diesem Gefüge. Der Fisch steht uns als Wirbeltier, das, so wie wir, ein zentrales Nervensystem besitzt, am nächsten. Fische können ohne Zweifel auch unter suboptimalen Bedingungen überleben, aber um sich tatsächlich „zu verhalten", benötigen sie eine ihnen entsprechende Umwelt. Haltungsformen, bei denen unsere Pfleglinge trostlos-hysterisch

entlang toter Dekorationen hin- und herschwimmen, sind längst überholt. Wir empfinden sie als beklemmend und sind bestrebt, den Lebensraum möglichst „echt" zu gestalten. Das fällt uns heutzutage mit ausgefeilten technischen Möglichkeiten leicht. Damit erfüllen wir auch eigene Wünsche; wir stillen unser Bedürfnis nach Schönheit, nach Harmonie – warum auch nicht? Ein feinfühliger, überzeugter Riff-Aquarianer muß gleichzeitig ein Ästhet sein.

Das bringt eine andere Gefahr mit sich: Angesichts solcher gekonnt gestalteten Kulissen degradieren wir die Bewohner und auch die lebendige Kulisse selbst zu einem jederzeit verbesserbaren Bild. Bunte, farblich passende Fische werden nach ästhetischen Gesichtspunkten eingebracht; unsere Sorge gilt mehr und mehr der teuren Kulisse, immer weniger dem Zusammenpassen des Gesamtgefüges! Das Individuum kommt zu kurz, der Fisch wird endgültig zum „Zierfisch" abqualifiziert!

Nun werden aber Lebewesen und ganz besonders jeder Fisch, je länger wir sie in richtiger Umgebung pflegen und kennenlernen, immer interessanter, und unser wunderschönes Hobby wird noch viel schöner, und es wird seriöser! Denn wir dürfen nicht vergessen, daß die meisten Fische sehr alt werden können; 10, 20 Jahre sind vermutlich eine Untergrenze für freilebende große Korallenfische. Unser Pflegeziel sollte es sein, die Aquarien mit alten, und zwar bei uns alt gewordenen Fischen zu bevölkern. Dann erst leisten wir wirklich etwas für den Tier- und Naturschutz, vermutlich mehr, als wenn wir uns in technisch aufwendigen Zuchtversuchen erschöpfen! Dann schielen wir auch nicht immer, kaum daß ein Seltener oder Bunter bei uns eingezogen ist, nach dem nächsten Bunteren oder Selteneren. Heute verbrauchen wir mit Hilfe ausgefeilter Technik Leben nicht wie früher durch Unvermögen, sondern durch Unstete!

Das soll nun nicht heißen, daß ich frei von Anfechtungen und Fehlern bin! Deshalb ist das Buch auch längst nicht so ernsthaft geraten, wie ich eigentlich gewollt hatte. Aber vielleicht gelingt es mir, manchem Leser das nahezubringen, was mir so sehr am Herzen liegt, nämlich die Faszination, die in der Beobachtung weniger, rundum gesunder Riffbewohner in einem gesunden Umfeld liegt. Sie ist viel nachhaltiger als ein hastiger, oberflächlicher Spaß an möglichst viel „Buntem"!

Und so ist dieses Buch über Wirbellose und Fische, ihr Verhalten und ihre Umwelt eine Mischung aus Aquarien- und Freiwasserbeobachtungen geworden. Gerade diese Kombination ist ergiebig, da vieles, was im Aquarium vor sich geht, erst dann verständlich wird, wenn man es „vor Ort" in der natürlichen Umgebung sieht.

Dank

Viele haben zum Zustandekommen dieses Buches beigetragen. Wenn ich chronologisch vorgehe, so gilt mein Dank Narit Sitasuwan, Professor für Biologie an der Chiang-Mai University. Ohne ihn hätte ich vielleicht niemals einen Schlammspringer gefangen!

Nun kommt die Aquarien-Crew des Alpenzoos an die Reihe: Reinhold Benesch und Gernot Pechlaner haben mir beigebracht, wie man einen Filter installiert, Filterklemmen setzt und, und, und. Ohne sie wäre ich vermutlich früher oder später in meinem Büro ertrunken! Sehr herzlich danken möchte ich auch dem früheren Direktor des Alpenzoos, Helmut Pechlaner. Er hat zwar nichts dazugetan, um meine salzwasseraquaristischen Ambitionen zu schüren, aber er hätte versuchen können, sie im Keim zu ersticken, und dann wäre manches schwieriger geworden.

Mein Studienkollege Hans Franz hat meine ersten Schritte auf dem salzschlüpfrigen Aquarienpflaster gelenkt, und er hat mir immer und jederzeit geholfen. Von ihm und aus den endlosen Diskussionen mit ihm habe ich sehr viel gelernt.

Danken will ich einer ganzen Reihe gleichgesinnter Kollegen, aber allen voran Karl Selig. Wenn „es brannte", und das kommt bei meinen Aquarien gar nicht so selten vor, war er immer zur Stelle. Seine Ratschläge in bezug auf Technik, Fütterung und vielerlei mehr habe ich stets befolgt, vermutlich sogar gewissenhafter als er selbst!

Kein Aquarianer kann ohne den Fachhandel existieren. Ich hatte das Glück, auf gute und beste Berater zu treffen. Sie haben mir in jeder Hinsicht geholfen, und meine oft recht bizarren Wünsche erfüllt. Zweien von ihnen möchte ich ganz besonders herzlich danken: Werner Knapp vom Korallenriff-Center in Wien und Toni Piasentin in München. Alle Fische, die ich von ihnen erhielt, waren in bester Verfassung; sie sind es noch heute.

Und Veronika Kölli als aquarienbegeisterte Sekretärin hat nicht nur meine Fische gefüttert und meine Computerschlachten überwacht, sondern mich auch über viele Kapitel hinweg darin bestärkt, daß sie lesenswert sind (sie hat sie nämlich gelesen!).

Ohne Marie France Savy, der Besitzerin von Bird Island, und Manager-Familie George und Margaret Norah wären meine Freiwassergänge sicher nicht so effizient gewesen. Sie alle haben mir, als ich noch „Insel-Neuling" war, die besten Schnorchelgründe aufgetan. Und Marshall war der Beste: Er hat

mich stets dort abgesetzt, wo es am spannendsten war, und mich erst Stunden später wieder eingeholt!

Dem Löbbecke-Museum und Aquarium Düsseldorf, Herrn Lange vom Aquarium des Berliner Zoos, den Herren Stirnberg und Slabik vom Tierpark und Aquarium Bochum, dem Museum Alexander Koenig in Bonn und meinen Kollegen von der Universität Innsbruck bin ich für Vergleichs- und Anschauungsmaterial, für Literatur und fachliche Hilfe dankbar.

Der Tauchlehrermannschaft von „Five Oceans", Okinawa Marine Station, verdanke ich die fünf besten Unterwasser-Tage meines Lebens, Bernd Leisler vom Max-Planck-Institut Möggingen meine nächstbesten: Sie fanden auf den Galapagos-Inseln und vor allem auf Borneo statt!

Herta und Ingo Rauch, die beiden begeisterten Unterwasserfotografen, haben mir faszinierende Blicke in jene unsagbar blauen Tiefen gewährt, in die sie mich demnächst wohl entführen werden. Und ein ganz besonderes Bedürfnis ist es mir, dem Verlag Eugen Ulmer und zweien seiner Mitarbeiter herzlich zu danken: Ulrich Commerell, der zwar erstaunt, aber einverstanden war, als ich, nicht wie geplant über Vögel, sondern über Fische schrieb, und Rainer Stawikowski, der mich nicht nur fachlich, sondern mit viel Einfühlungsvermögen und Diplomatie durch die gewundenen Pfade mancher Wortfindungen gegängelt hat!

Innsbruck, im Sommer 1995
Ellen Thaler

Wie man vom Vogel auf den Fisch kommt

Die Süßwasser-Phase, die ordentliche Salzwasser-Leute vorerst durchlaufen, habe ich nicht übersprungen, eher umgangen, mit einem Brackwasser-Aquarium nämlich. Das kam so: Als ich drei kochendheiße Monate in Thailands Lagunen bei der Beobachtung von winzigen Blütenpickern, Spinnenjägern und Bartvögeln (auch die ersten beiden sind Vögel!) verbrachte, lernte ich notgedrungen die Schlammspringer kennen, und zwar hautnah! Sie gingen tatsächlich so weit, daß sie an meinen Beinen hochkletterten, und ich habe mir inbrünstig gewünscht, daß sie dort auch die Mücken und besonders die winzigen Sandfliegen vertilgt hätten. Doch ihnen ging es wohl nur um einen günstigen Aussichtsturm. Letztlich habe ich immer weniger nach oben in die Baumkronen der Mangroven, dafür immer häufiger nach unten geschaut, so sehr faszinierten mich diese unfischigen Raufbolde. Ihre komplizierte Hierarchie, ihre dekorativen Imponierhaltungen während ihrer Kämpfe und ihre unwahrscheinlichen Fluchten knapp über die Wasseroberfläche hinweg hatten es mir so angetan, daß ich mit viel Mühe sechs Winzlinge fing und nach Hause mitnahm. Dort, in einem malerisch eingerichteten Mangroven-

Becken, ließ sich all das, was ich in der Lagune nur bruchstückhaft beobachten konnte, nachvollziehen. Sie kannten einander genau, hatten eine feste Beiß-Ordnung und entschuldigten sich geradezu, wenn einer versehentlich den Falschen gebissen hatte. Das ging recht lange, etwa zwei Jahre, gut. Dann waren die beiden Größten offenbar geschlechtsreif, begannen Brutgruben zu graben, und aus dem höflich-vorsichtigen Beißen wurde bitterer, tödlicher Ernst. Innerhalb weniger Wochen brachten sie sich um. Übrig blieb ein Paar, doch der Mann ermordete seine Partnerin nach der Eiablage, und er selbst beging Selbstmord, indem er bei seinen hektischen Grab-Aktivitäten einen großen Felsblock aus der Verankerung löste.

Jeder Aquarianer weiß nun, wie es weiterging: Ich saß vor einem fast leeren Mangroven-Becken mit zwei Winkerkrabben und einem Tigerfischchen und litt ein paar Tage. Dann beschloß ich, mein Leben zu ändern. Genaugenommen, zum Zeitpunkt, da dies geschah, war mir die Tragweite dieser Entscheidung nicht bewußt, denn ich ging flott, selbstsicher und überzeugt, etwas Vernünftiges zu tun, zu meinem früheren

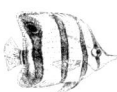

Studienkollegen, zu Franz. Er hat sich dem schnöden Mammon verschrieben und ist Tierhändler geworden. Daß er ein versessener Aquarianer war, wußte ich. Daß er ein guter war, erfuhr ich. Ich ging also, im Kübel Mangrovenbäumchen, Tigerfisch und Winkerkrabben, zu ihm, bot ihm diese kläglichen Brackwasserreste an und sagte – so ungefähr jedenfalls – Franz, ich möchte etwas Hübsches für mein Aquarium. Möglichst etwas Buntes. Franz runzelte die Brauen: Salzwasser gar? Wie lange läuft es schon? Es lief natürlich noch gar nicht, nichts lief. Als begossener Pudel zog ich ab, mit Salz, Filtern, Sand und Kies und einer Unmenge guter Ratschläge. Ich habe sie, so schwer es mir fiel, alle beherzigt. Ich habe einen ganzen Monat lang mit Ingrimm mein leeres, sprudelndes, zunächst bräunlich, dann grünlich anlaufendes Becken betrachtet, endlich meinen ersten „lebenden Stein" eingesetzt und geradezu fiebrig beobachtet, wie die ersten Glasrosen ihre hauchzarten Mörderspitzen über den Algenrasen hoben. Und als ich gar am Bodengrund einen rosa irisierenden, silbrig beborsteten Wurm dahinkriechen sah, da war ich von meiner Eignung zum Salzwasser-Aquarianer voll überzeugt. Mit der Lupe beobachtete ich Würmchen, Milben, winzige Wasserasseln und andere Kleinkrebschen, alles lebte! Auf zu Franz also, die Klausur war vorbei! Nun konnte endlich Buntes aufkommen. Ich wollte natürlich nicht „nur" Fisch, ich wollte Verhalten sehen, ein Eckchen möglichst echter

Ökologie im Minilebensraum. Anemonenfische mußten her, und eine prächtige Anemone. Franz hatte nur einen schwarz-weiß-gelben Clarks Clownfisch und einen brennroten Glühkohlen-Clownfisch. Er riet mir, zunächst nur einen zu nehmen und auf den anderen, dazu passenden zu warten. Ich kannte aber aus eigener Unterwasseranschauung große *Radianthus*-Blüten, in denen zwei verschiedene Arten von Clownfischen lebten, warum es also nicht mit diesen beiden versuchen? So bekam ich gleich, nach wenigen Stunden schon, einen Vorgeschmack von salzwasseraquaristischer Bitternis: Die Anemone verzog sich unter den dekorativen Stein, als gelblicher Stöpsel hing sie in einer Spalte, unangreifbar für die beiden Recken, die verzweifelt versuchten, sich gegenseitig von eben dieser Spalte wegzurammen. Der eine – der Schwarze, mein besonderer Liebling! – hing letztlich japsend und schaukelnd in der hintersten Aquarienecke, und der Rote belagerte die beleidigte Anemone. Aber ich hörte erstmals einen Fisch knurren! Ein überwältigendes, prägendes Erlebnis.

Freiland – nein, richtiger wohl: Freiwasserbeobachtungen sind eben nicht direkt umsetzbar. Meine thailändische Riesenanemone war wagenradgroß, und die winzigen Clownfische waren einander vielleicht niemals begegnet, die einen waren in der rechten, die anderen in der linken Falte des Fransenmantels beheimatet.

Den Roten bekam Franz bald zurück. Der Schwarze näherte sich der Anemone freundlich, nicht allzu aufdringlich, sie entfaltete sich und ich war hingerissen. Mein Büro hatte einen ganz präzisen Brennpunkt erhalten, in dem sich offenbar Sehnsüchte nach fernen Meeren farbenprächtig-harmonisch in einer Art Wunderkristall, sprich 100-Liter-Becken, konzentrierten. Ein völlig neues Glücksgefühl, vom Schreibtisch aus über unerfreulicher Korrespondenz in soviel Schönheit einzutauchen. Spätestens zu diesem Zeitpunkt war es also um mich geschehen.

Es gibt ein sogenanntes Anfängerglück: ich hatte es. Ein zweiter Clownfisch zog ein, mein Ersterworbener, schon etwas größer und enorm selbstbewußt, entschloß sich spontan, ein Weib zu sein und prügelte den Neuen sofort in seine Männchenrolle. Sie hatten ab und zu Pünktchen, *Oodinium* oder *Cryptocaryon*, aber sie überwanden es und überstanden Nitrit, Nitrat, ein desolates, lange Zeit instabiles Redoxpotential und

was sich sonst noch an chemischen Widerwärtigkeiten einstellte. Auch die Anemone war hart im Nehmen und erschien nach kurzem Regenerieren immer wieder in ganzer Pracht.

Eigentlich könnte alles folgende nur von diesen beiden Clownfischen handeln. Sie sind Schlüsselfiguren. Alles weitere geschah immer rund um sie, sie hatten überall die Erstentscheidung (das heißt, sie nahmen sie sich). Ich fühlte mich ihnen verpflichtet. Mit ihnen begann meine „aquaristische Periode", und sie waren derart ausgeprägte Individuen mit Vorlieben, Eigenheiten und voller Bosheiten, all dies gepaart mit einem so reizvollen Erscheinungsbild, daß mir gar nichts anderes übrigblieb, als mich eben nach ihnen zu richten. Als sie es tatsächlich so arg trieben, daß ich mit Mordgedanken spielte, habe ich ihnen zuliebe ein zweites Aquarium eingerichtet. Und als sie weiterhin die Bösewichte vom Dienst blieben und außerdem über alle Maßen wuchsen, gab es eben ein drittes Aquarium, was sonst!

Sozialverhalten

Es ist nicht ganz einfach, eine bunte Aneinanderreihung von Beobachtungen, Begebenheiten und Anekdoten aus dem Leben unserer Aquarienfische so zusammenzufassen, daß sie sich den großen Funktionskreisen Nahrungssuche, Partnerwahl und Fortpflanzung, Aggressivität und Feindvermeidung zuordnen lassen.

Dem blutjungen Anfänger, der seine ersten Fische in sein erstes Aquarium setzt, widerfahren dieselben Unannehmlichkeiten wie dem alten „Salzwasser-Hasen", der die Sache mit Fachwissen und Erfahrung angeht: Einige Fische vertragen sich gut, einige nicht. Oder sie vertragen sich zunächst, aber bald nicht mehr. Oder sie vertragen sich anfangs gar nicht, doch mit der Zeit erlischt die Aggressivität.

Alle diese Fragen behandeln ein fundamentales Thema, und zwar das Verhalten der Fische zueinander, zum Partner, zum Artgenossen, zum Artfremden, zum Feind. Es geht um das Sozialverhalten, und das ist gerade bei Riffbewohnern so komplex wie kaum sonstwo, ein nicht unbedingt tröstlicher Ausblick für den betroffenen Aquarianer!

Anhand selbst erlebter und durchlittener Erfahrungen mit meinen Geschuppten versuche ich also, dem Sozialverhalten unserer Fische näherzukommen.

Ganz trocken zunächst: Welche Formen des Zusammenlebens kommen bei unseren Fischen vor? Wir können es mit Schwarmfischen zu tun haben; meist sind das pelagische, also im freien Wasser lebende Fische. Man nimmt an, daß sich die unzähligen Individuen solcher Riesenschwärme (man denke etwa an einen Makrelenschwarm) nicht persönlich kennen. Ihr exaktes Zusammenspiel innerhalb des Schwarms erscheint uns rätselhaft; es ist bis heute nicht völlig geklärt.

Dann gibt es Schwarmbildungen, die offenbar nur deshalb zustande kommen, weil ein stets naher Feind Fische in ein deckungsreiches Gebiet zwingt. Da gute Verstecke Mangelware sind, bilden sich an geeigneten Orten solche Trutzgesellschaften; man denke an Fahnenbarsche, an Demoisellen usw. Das sind dann jene Aquarienfische, die uns besonders viel Kopfzerbrechen machen: Im Freiwasser scheint es, als ob sie nicht ohne einander leben könnten, aber im Aquarium setzen sie alles daran, sich umzubringen!

Dann gibt es die sogenannten „Schulen", lockere Vergesellschaftungen umherstreifender Fische; die Einzeltiere halten untereinander einen gewissen Abstand, drängen sich auch im Freiwasser nicht zusammen: Sie sind im Aquarium mit großer Vorsicht zu genießen!

Selbst dann, wenn das Becken groß genug ist, daß der Abstand gewahrt werden könnte, genügt das nicht. Eintönigkeit und Langeweile, auch die Unmöglichkeit, sich bei Bedarf aus dem Blickfeld zu kommen, lassen immer wieder Aggressionen ausbrechen.

Dann diejenigen, die im Freiwasser in trauter Gemeinsamkeit, Seite an Seite, paarweise unterwegs sind: ein trügerischer Anblick! Die Gemeinsamkeit zerbricht meist rasch im Aquarium, schon deshalb, weil ja nie die Paare gemeinsam in den Handel kommen. Haß brodelt! Aber das muß nicht immer so sein. Es können sich neue Paare finden und gut harmonieren, dann nämlich, wenn wir die Voraussetzungen dazu schaffen, und das können wir!

Und wie steht es mit Einzelgängern, die auch im Freiwasser meist allein unterwegs sind? Wenn man es mit sich und dem Fisch gut meint, sollte man sagen: Hände weg! Einzelgänger haben oft auch unerfüllbare Platzansprüche.

Wie steht es mit der zwischenartlichen Verträglichkeit? Auch hier sind Freiwasserverhältnisse kaum auf das Aquarium übertragbar, denn es fehlt auch im größten Aquarium die nötige Distanz! Wir dürfen uns von den wunderschönen, individuen- und artenreichen Fischgesellschaften, die das Riff durchstreifen, kein falsches Bild machen. Wenn sie wollen, dann können sie einander ausweichen. Im Aquarium können sie das nie!

Es gibt eine Faustregel, die man beherzigen kann: Vorsicht bei grell, plakativ gefärbten Fischen; sie sind nicht umsonst so bunt. Aggressive Arten, wie Kaiser-, Falter- und Doktorfische, bekämpfen in unserem Aquarium nicht nur Fische mit ähnlicher Farbverteilung, sondern auch mit ähnlicher Körperform! Aber das tun sie nicht im Freiwasser!

Kommen wir zum wichtigsten Augenblick im Fischleben, zu Balz und Vermehrung. Hier haben es Salzwasseraquarianer schwer. Ich zähle die triftigsten Gründe auf:
1. aggressive Partner;
2. komplexes Balzverhalten mit hohen Ansprüchen an das Umfeld;
3. komplexes Laichverhalten (siehe oben);
4. geringe Ei- und Larvengröße und damit zusammenhängend
5. schwierige Ernährung der Larven.

Auf diesem Gebiet haben uns die Süßwasseraquarianer alles voraus! Auch wenn es langsam gelingt, immer mehr Salzwasserfische zu züchten, so ist das doch mit einem großen Aufwand an Technik verbunden. Den Energiebedarf und auch die enormen Raumansprüche sollte man bedenken, wenn man sich Zucht als Pflegeziel setzt...

Wenn wir die Aggressivität in den Griff bekommen haben, dann stellt sich die Frage: Auf welche Art laicht unser Fisch? Ist er Substrat-Laicher, Maulbrüter, oder laicht er pelagisch? Thresher (1984) gibt im Anhang seines umfang-

reichen und informativen Buches zur Vermehrung von Riffischen eine schöne Zusammenstellung über die Häufigkeit des Auftretens der drei wichtigsten Formen des Laichens. Ich gebe sie hier sinngemäß wieder:

Pelagisches Laichen: Der Laichvorgang erfolgt an der Wasseroberfläche, und die Eier verteilen sich mittels Schwebemechanismen oberflächennah. Dies kommt bei 36 Fischfamilien vor.

Submerses Laichen: Die Eier sind schwerer als das Wasser und sinken deshalb entweder ab oder sie werden, bei brutpflegenden Arten, an das Substrat geheftet oder an vorbereiteten Stellen abgelegt. Auch Maulbrüter gehören in diese Kategorie: 13 Familien. In zwei Fischfamilien finden wir lebendgebärende Arten.

Sowohl pelagische als auch submerse, also zu Boden sinkende Eier sind fast immer winzig, um vieles kleiner als die von Süßwasserfischen, und hier liegt sicher die größte Schwierigkeit, nämlich die Nahrungsbeschaffung für die ebenfalls winzigen Larven. Und uns Aquarianern nützt auch die Tatsache wenig, daß Meeresfische zwar sehr kleine, aber viele tausend Eier ablegen oder daß sie, wenn sie gut gehalten werden und in entsprechender Form sind, jahrelang täglich (!) ablaichen können! Wir hätten lieber ein geringeres Vermehrungspotential, dafür aber bessere Zuchtchancen!

Es ist noch nicht seit langem so, daß ich abends völlig entspannt und interessiert, also nicht mehr schwitzend und

zähneknirschend zusehen kann, wie im Verlauf von ein oder zwei Stunden in demselben Aquarium zwei Lippfischarten, ein Zwergkaiserpaar, zwei Leierfischarten und die Fahnenbarsche ablaichen – und sich dann alle einträchtig über den frischen Segen hermachen, Eltern wie Fremde, ihn rasch verzehren, bevor alles im Filter landet. Dann denke ich: gute Futterverwerter! Und vielleicht noch: kurze Nahrungskette... (Aber *Amphiprion ocellaris* werde ich doch noch züchten!)

Nun stelle ich die Kapitel, die sich mit Sozialverhalten und Paarbildung der Fische beschäftigen, vor: „Der andere Kaiser" zeigt, daß derart hochentwickelte Fischformen durchaus imstande sind, auch „Nicht-Fische" zu akzeptieren und in ihr Verhaltensrepertoire einzubeziehen. Im „Mandarinfisch"-Kapitel ist eine Balz- und Laichform dargestellt, die arttypisch für alle Leierfische ist. Die „Balz mit Peitschenschlag" ist charakteristisch für viele Schleimfische, hier allerdings in einer ganz besonderen Ausformung! Die „Totenwache" hat vermutlich ebenfalls mit dem Fortpflanzungsverhalten zu tun, doch ist der Mechanismus noch ungeklärt. Es gibt einige Freiwasserbeobachtungen zu diesem Thema. Vermutlich hat der tote Fisch bestimmte Duftstoffe freigesetzt.

Die nächsten beiden Kapitel: „Who is who", und „Fahnenbarsche" sind Beispiele für die spannende Tatsache, daß Meeresfische ihr Geschlecht nicht nur

nach starren Regeln, sondern sogar nach „Bedarf" wechseln können, und die letzten beiden Kapitel zum Thema Sozialverhalten, „Barschzwerge" und „Gladiatorenspiele", geben meine verzweifelten Bemühungen um friedliche Verhältnisse im Aquarium wieder.

Der andere Kaiser

Meinen Urlaub verlebe ich auf einer Trauminsel, einer Art Taschenparadies: eine winzig kleine Seychellen-Insel, fernab vom Gedränge der berühmteren, größeren. Es gibt nichts auf ihr, als einige Millionen Vögel, ein paar tausend Skinke und Geckos, drei Riesenschildkröten, die Raphael, Esmeralda und Samantha heißen, unzählige Reiter- und Landkrabben, die nächtens mit klappernden Scheren und gepanzerten Dornenbeinen ein Stakkato auf der Diele des Bungalows tanzen, und gleichzeitig gibt es höchstens 50 Menschen auf ihr. Man kann sie, wenn man sehr sportlich ist, in 27 Minuten umrunden, gemütlich schafft man es in eineinhalb Stunden, dann geht man aber wirklich jeden Meter des blendendweißen, singenden Korallensandstrandes ab, macht also keine Abkürzungen und kann noch nach Strandgut, Muscheln, Korallenstücken suchen und mit den schwarzen Seeschwalben, den Black Noddies, schwätzen, die einen überallhin begleiten. Ich bin im Winter dort. Dann kommen auch alle die Fernwanderer, die ebenfalls nicht viel von

Schnee und Kälte halten: Steinwälzer, Triele, Regenpfeifer, Säbelschnäbler, Sichelstrandläufer, Brachvögel. Wenn sie sich unter die Feenseeschwalben und die anderen Exoten mischen, sieht das nur während der ersten paar Tage ungewöhnlich, irgendwie „falsch" aus. Dann gewöhnt man sich daran. Es gibt bald nichts Schöneres als den melancholisch geschweiften Brachvogelruf im Duett mit dem heiseren Meckern der Noddies und dem rhythmischen Rauschen des Meeres, das man an jedem Punkt der Insel hört: einmal wie sanftes fernes Atmen, einmal wie dröhnender Donner, daß es einem die Trommelfelle schwingen läßt.

Inselhüpfende Touristen, die mit dem einzigen Morgenflugzeug kommen und uns fragen, wie lange wir schon hier sind oder hier bleiben wollen, sind immer verdutzt, wenn wir antworten: drei Wochen mindestens! Sie sehen dann zu, rasch von uns wegzukommen, halten uns wohl für ein bißchen verquer. Die meisten würden nämlich gerne am selben Abend wieder abfliegen, wenn dies möglich wäre. Einen ganzen Abend, eine ganze Nacht nur mit schreienden Vögeln verbringen, und erst diese fürchterlichen Krabben ... da entschädigt sie auch das beste Dinner nicht!

Wenn man die Insel anfliegt, so kann man sie wirklich mit einem ganz kurzen Blick übersehen und abtun: ein grünscheckiges, ungleichseitig langgezoge-

nes Dreieck, von der Grasschneise des Rollfeldes geteilt, ein paar dunkelbraune Punkte, die Bungalows, weißer Rand ringsum, das ist alles. Viel, viel länger braucht man, um das Meer rundum zu erfassen: ein in allen Schattierungen von kobaltblau bis türkis, graublau, weißblau bis schwarzblau schimmernder Riesenbogen, der sie umschließt. Die Riffkante, blendendweißes Gischtgeschmeide, ist eine einzige in sich geschlossene lange Welle, die nie endet, deren stetes Tosen jedoch selten bis an die kleine Insel brandet, die fast verloren mittendrin hängt. Das mag der Grund sein, daß unsere Insel ernsthaften Tauchern nicht viel bringt. Die Kante des Außenriffs wird von ständigen Brechern bestürmt, das Innenriff ist strömungsgefurcht, aus unzähligen Kanälen bricht das große tobende Meer immer wieder ein, kämmt, zaust, rupft die Seegräser von den Korallenrippen und reißt Tonnen davon los, die glasigledrigen, schmalen Blätter treiben dann wie braungrüne Teppiche kilometerweit und decken alles Kostbare zu. Man darf es nicht eilig haben auf unserer Insel. Oft dauert es Tage, bis all der Tang in meterhohen Wällen am Ufer ausgeworfen, aufgeschichtet ist. Dann erst steht einem die Traumwelt offen.

Mit 27 Adlerrochen bin ich an einem solchen Tag geschwommen! Durch Vorhänge von Süßlippen, Streifenbarben und Fledermausfischen kann man dahintreiben, düsterrote Wolken von Husarenfischen stehen, wenn Regen im Anzug ist, über den riesigen Hirnkorallenblöcken, weichen kaum zurück, wenn man dazwischenkommt. Röhrenwurmkolonien in unbeschreiblichen Farbkombinationen sitzen wie Flaschenputzer tief zwischen den Windungen der Korallen. Alles ist ein bißchen roh, grobschlächtig. Feinverzweigte, zarte Korallengebilde, wie *Acropora, Seriatopora*, haben es schwer hier, sie müssen sich an den wenigen strömungsabgewandten, geschützten Abhängen festklammern, winzig kleine Korallenbüsche nisten gedrängt in Mulden und Spalten. Unter irgendwelchen besonderen Riffkanten haben alle möglichen Korallenfalter geheimnisvolle Zusammenkünfte, eine Herde riesenhafter, in sämtlichen Grün- und Purpurtönen irisierender Papageifische durchgrast ein Rifftälchen, man hört die korallenbrechenden Gebisse wie pausenloses dumpfes Knirschen, Wolken von durchkautem oder verdautem Korallengrus wehen wie Staubfahnen hinter ihnen her. Ein besonders bulliger, besonders blaugrüner Riese mit brennroten Funken über den Schuppen führt sie wie ein Leithammel an. Suppentellergroße Halfterfische lösen sich paarweise aus schmalen Schattentälern zwischen Korallenrippen, drehen einige Runden und verschwinden wieder. Man kann kaum folgen, soviel passiert rundum, wohin man sieht, ist wieder Neues.

Doch sind da einige Fixpunkte, zu denen es mich täglich mehrmals hinzieht: drei gewaltige, isolierte Korallen-

monolithe, unter den schattigen Überhängen, in Spalten und Höhlen übersponnen mit verschiedensten zarten Aufwüchsen, und glänzend glatt poliert, wo die Strömung pausenlos fegt und zerrt. Dort kenne ich alle Dauermieter: den zitronengelben Kugelfisch, die braunschwarz gemusterte oberschenkeldicke Muräne, die ständig das Maul offen hat, weil offenbar immer wer an ihren Zähnen putzt, der Zehnertrupp Preußenbarsche, der mir jedesmal entgegenschießt, stets zähnefletschend bereit, den Korallenfirst gegen mich zu behaupten. Ein listiger, grünäugiger weißgepunkteter Krugfisch haust in einer Spalte zwischen Sandboden und Korallensockel, und in einer ausgeschliffenen Mulde, ganz oberflächennah, haben sich ein paar besonders große, besonders blaue Mördermuscheln eingenischt, die ungemein tolerant gegenüber jeder Annäherung sind. Es verlockt, sie mit der Flossenspitze ein bißchen zu kitzeln, damit sie fast hörbar fauchend ihre gewellten Schalenhälften zuklappen. Hinter den Rotalgenvorhängen, in der Höhle, stehen dicht gedrängt Unmengen großäugiger Soldaten- und Eichhörnchenfische. Es sind jene, die während eines jeden Regengusses die Kuppe des Blocks umhängen, wie ein riesenhafter, in weiten Falten hin- und herwehender Purpurmantel. Die frechen, schwarzweißen Barsche sind dann alle verschwunden.

Dazwischen aber lauert Unerwartetes, Besonderes: ein, zwei oder viele sanftäugige Adlerrochen, die sich plötzlich aus der Wassertiefe lösen, auftauchen, vorbeiziehen. Ein Trupp Weißkehl-Doktorfische, die alle exakt dieselben Wendungen ausführen. Ein großer *Naso lituratus*! Der Schönste aller Schönen! Er kommt fast immer allein, und er hat es immerzu eilig, seine orangen, lang ausgezogenen Schwanzfäden fegen hinter ihm her. Ich schaffe es nie, ihn einzuholen, obwohl ich sicher bin, daß er sich nicht meinetwegen beeilt, aber er hat offenbar irgend etwas ungeheuer Wichtiges vor. Ein junger Kaiserfisch, ein blauschwarz getigertes Juwel! Warum diese handtellerkleinen Kostbarkeiten immer ein bißchen scheu sind? Oder ein ganz kleines Lippfischkind, im rot-orange-weiß geringelten Clownhemd, das wie ein greller Farbstrich auf weißem Sand, auf hellem Stein hin und her zittert, bis es sich in der Lichtbrechung auflöst. Später hastet ein alter, ausgewachsener Bijouterie-Lippfisch vorbei, düster purpurbraune Schönheit, über und über mit Smaragdsplittern besät.

Ein rascher Blick in das 600-l-Becken: Zebragrundeln, *Ptereleotris zebra,* sind auch in einer buntgemischten Fischgesellschaft attraktiv, und sie sind sehr angenehme Pfleglinge.

Dann gibt es da einen langgestreckten, von der steten Strömung scharfkantig zurechtgeschliffenen alten Korallensaum, vielfach zerklüftet, von verschiedenfarbigen Weichkorallen unterwandert, die abgestorbenen Korallenpfeiler dick überwuchert mit büscheligen Sträußen der Pfennigalge. Dort wollte ich am Tage vor unserer Abreise ein ganz kleines Büschelchen solcher hübscher Kalkalgen pflücken, fürs Aquarium zu Hause. Diese Pflänzchen sind ausgesprochen zäh und fest im Gestein verkrallt. Nach mehreren Anläufen, gegen Strömung und Auftrieb kämpfend, habe ich endlich ein paar Stämmchen in der Faust, möchte aber noch welche und kratze heftig an der Korallenoberfläche, suche irgendeinen Anker, um mich festzuhalten...

Wie steht es doch im „Klausewitz": „Er... gibt ein donnerähnliches, grollendes Geräusch von sich..." Ich habe ein solches Grollen deutlich im Ohr, mich aber wohl verhört: klarer Himmel überall. Bis ich ihn endlich sehe, dauert es. Ich rupfe, ernte meine Pfennigalgen mühsam weiter, bis er plötzlich sein Maskengesicht grimmig unter dem Block hervorschiebt – er, ein großer, alter Kaiserfisch! Das war tatsächlich mein allererster, ausgewachsener,

Zwei verschiedene Anemonenfisch-Arten in derselben Anemone: *Amphiprion clarkii* und *A. melanopus:* So etwas geht nicht gut!

unaussprechlich bunter und schlechtgelaunter Kaiserfisch! Und ich bin mindestens ebenso erschrocken, als käme hinter einer Hecke ein großer schwarzer Hund hervorgekeucht, und habe die Hand ganz schnell zurückgezogen, mich hochtreiben lassen, und er hat mich beinahe bis an die Wasseroberfläche verfolgt, ist dann langsam, sonderbar seitlich schwimmend und dabei nach mir blickend, imponierend und eben majestätisch, wieder unter seinen Block zurückgekehrt. Um wirklich Ehrfurcht erheischend, beeindruckend „kaiserlich" zu wirken, dazu war er zu bunt!

Im Jahr darauf habe ich gleich wieder dieselbe Stelle gesucht. Sie hatte sich sehr verändert, wirkte heller und kahler. Es gab keine Kalkalgen und kaum Weichkorallen mehr, Sturm und Wellen hatten die Landschaft umgeformt. Ich kratzte also auf gut Glück am blanken Korallengerippe, und schon donnerte er im Untergrund! Er kam allerdings erst, nachdem ich ein Stückweit weggeschwommen war, unter dem Block hervor, um nachzuprüfen, welchen Schaden ich wohl angerichtet hätte, wie ein verärgerter Hausbesitzer!

Wir haben uns dann irgendwie angefreundet. Es waren Sternstunden, die ich mit ihm verbrachte. Er hat mich zunächst wohl als notwendiges Übel, als einen neuen, ekelhaften Eindringling, dem er es tagtäglich „zeigen mußte", eingestuft und hingenommen, zuletzt aber regelrecht erwartet. Ließ ich einen Tag aus, so kam er mir am näch-

sten knurrend sogar mehrere Meter entgegengeschwommen, um mich dann besonders nachdrücklich zu vertreiben. Besuchte ich ihn zweimal am selben Tag, dann nahm er mich beim zweitenmal nicht ganz so ernst wie beim erstenmal, warum, habe ich nie ergründet. Vielleicht gibt es auch bei Kaiserfischen eine Art Gewöhnung?

Ein einziges Mal aber habe ich ihm Paroli geboten, ihn herausgefordert und bin *nicht* weggeschwommen, sondern habe mich an seiner Haustür festgehalten und abgewartet, wie er reagieren würde. Er knurrte heran, war offenbar fest entschlossen, in meine Finger zu beißen. Die gefielen ihm auf kurze Distanz aber nicht mehr so gut, er disponierte um, richtete sich auf, stand kerzengerade auf seiner Schwanzflosse, zeigte mir seinen prachtvollen, gelbgestreiften, samtblauschwarzen Bauch und kam im Zeitlupentempo auf mein Gesicht zu, nahe, näher, noch näher, stand dann vor meiner Taucherbrille, stülpte sein fleischiges, blitzblaues Maul einige Male unschlüssig vor – ich sah die Borstenzähnchen vor seinem hellroten Schlund! Seine blaugerandeten, grimmigschwarzen Augen haben mich genau fixiert. Ich glaube, es war ein ratlos-vorwurfsvoller Blick. Tatsächlich hatte ich ja unsere Spielregeln verletzt!

Daraufhin bin ich, so schnell ich konnte, weggeschwommen, ohne daß er mich, wie sonst immer, verfolgt hätte. Am nächsten Tag knurrte er mir schon auf eine Distanz von 20 Metern entgegen, und ich drehte ab, ohne ihn überhaupt richtig angesehen zu haben: Wir waren wieder quitt. Unsere weiteren Begegnungen blieben höflich-ritualisiert.

Ich bin ganz sicher, daß er mich von Jahr zu Jahr genau wiedererkennt. Er zögert keine Sekunde, mir seine Hausrechte zu zeigen, und tut es geradezu übertrieben bereitwillig. Genauso empfängt er wohl mehrmals täglich vorbeiweidende Süßlippen oder Streifenbarben. Auch einen einzeln schwimmenden, riesengroßen Weißkehl-Doktor behandelt er so. Ich beobachte ihn nämlich manchmal, nachdem ich mich von ihm habe vertreiben lassen, von einem weit entfernten Versteck aus. Es funktioniert nicht immer. Oft ist das Wasser zu trübe, manchmal kommt er – zufällig? – gerade eben in meine Richtung. Dann räume ich sofort das Versteck und mache ihm deutlich, daß auch ich „rein zufällig" hier bin, ich schaue ihn nicht an, er dreht dann ab. Einige Male habe ich ihm Freunde „vorgeführt". Es klappte nicht, er verschwand, und wenn sie alleine hinschwammen, fanden sie ihn nicht. Vermutlich muß man sich ihm auf eine ganz bestimmte Art und Weise, eben ritualisiert, nähern, um ihn richtig herauszufordern. Wir jedenfalls beherrschen beide dieses kaiserliche Spiel in allen Einzelheiten.

Mit jedem Jahr gewinnt er für mich mehr Persönlichkeit. Wahrscheinlich lerne ich ihn von Jahr zu Jahr besser kennen und mich ihm gegenüber besser zu benehmen. Manchmal, wenn ich ihn

so aus einer gewissen Entfernung beobachte, wie er *sein Riff* abpatroulliert, da und dort einen Bissen Schwamm abzupft, stets aufmerksam und enorm selbstbewußt alles unter Kontrolle hat, dann überkommt mich ein schizophrener Wunsch, ihn in einem ganz riesengroßen Aquarium zu Hause zu haben, um ihm immerzu so zusehen zu können. Möchte ich ihn tatsächlich im Aquarium haben? Um Gotteswillen, nein. Ich möchte vermutlich mich und ihn, so, wie wir uns gerade gegenseitig betrachten, dauerhaft konservieren. Ein romantischer Wunsch, nichts anderes. Ganz nach dem Motto: „Verweile, Augenblick, du bist so schön...", ein gewagtes Zitat, in diesem Zusammenhang. Aber: Ein Kaiser ist wohl eines Goetheschen Ausspruchs würdig!

Ein Mandarin wird verheiratet

Mandarin-Leierfische sind mir immer schon ein Inbegriff fischgewordener Schönheit gewesen, einer kaum beschreibbaren bizarren Art von Schönheit. Obwohl ich nun meine beiden Mandarine wirklich so genau kenne, daß ich jede ihrer verschnörkelten Linien mit geschlossenen Augen nachzeichnen könnte, und obwohl ich ganz genau weiß, in welchem dieser Ornamente sich die beiden unterscheiden, verfalle ich dem Zauber dieser schleiertanzenden Fische immer von neuem.

Jedesmal, wenn einer gerade an der Scheibe vorbeizieht, vorbeiweht, folge ich ihm und warte: Wenn er diesen Stein umkreist, färbt ihn das Licht blau, wenn er den anderen umtanzt, türkisgrün. Fächert er seinen rosaviolett gepunkteten Schwanz, so eile ich hin, um mich zu vergewissern, ob ihm ja kein einziges Eckchen fehlt, und ich leide (wahrscheinlich viel mehr als er!), wenn tatsächlich jemand (wohl die Garnele? Oder der verflixte Saphirbarsch?) ihm ein bißchen davon abgezwackt hat. Obwohl ich natürlich weiß, daß schon nach zwei Tagen der Schaden behoben und alles regeneriert ist. Und fährt er gar seine ganze Pracht aus, klappt er alle seine wehenden Anhänge und die Standarte seiner Rückenflosse auf und brüstet, fächert sich, um irgend jemandem oder nur seiner Spiegelung zu imponieren, dann bestaune ich ihn wie ein Wunder. Dies noch immer, nach rund drei Jahren. Und so lange warte ich schon auf Ehepartner für meine Männchen!

Endlich kam unter vielen Männchen auch ein einzelnes Weibchen an! Sie kam vorläufig ins andere Becken. Länger als ein Jahr habe ich zugewartet. Ich wollte mir viel Zeit zum Beobachten nehmen, und mit der Zeit ist es bei mir so eine Sache: So viel Zeit habe ich wohl nie, wie ich diesen beiden Fischen und natürlich mir gönnen wollte. Mein alter Mandarin lebte einsiedlerisch, offenbar sehr glücklich und stets gefräßig vor sich hin, wurde ein bißchen

Balz- und Laichvorgang beim LSD-Leierfisch, *Synchiropus picturatus*. Horizontales Paarschwimmen, das Männchen imponiert mit extrem gespreizten Flossen.

phlegmatisch, ließ sich oft minutenlang auf einem Algenpolster von der Strömung umschmeicheln und hat sogar eingestreute *Mysis* verschluckt, anstatt sich nach winzigem Planktongetier auf die Jagd zu machen. Und er wurde dick! Nicht, daß es ihn etwa verunstaltet hätte. Der leichte Bauchansatz verhalf seinen Ornamenten zu völlig neuen Dimensionen, er wurde sogar noch attraktiver.

Die vorerst winzige Mandarinfrau im anderen Becken wuchs mittlerweile zu einer strahlend blauen Schönheit heran, schmal und zarter als er, aber nicht viel kleiner.

Wenn ich diese Situation nun recht bedenke, dann scheint es mir plötzlich hoch an der Zeit, die beiden zusammenzuführen, bevor mir mein Dicker jedes Interesse an der Weiblichkeit verliert und nurmehr dem Fraß huldigt. Er lümmelt gerade selbstvergessen auf seinem samtig veralgten Lieblingsstein, und schon habe ich ihn im Netz, er hat einen solchen Vertrauensbruch wohl nicht für möglich gehalten, ist einfach sitzen geblieben. Nun kommt, wieder einmal, so ein großer Moment, oder besser ausgedrückt, er bleibt aus, denn: Kaum in das neue Becken entlassen (die Wasserqualität ist in beiden Becken

ähnlich, es geht also ohne lange Umge-
wöhnung), bekommt er es sehr eilig
und schlüpft unter einen Stein. Dort
bleibt er für den Rest des Tages. Immer
wieder fasziniert mich, daß alle Bewohner eines Beckens jeden Neuling sofort
als solchen erkennen. Auch der winzige
Büschelbarsch steht minutenlang vor
dem Spalt, in dem der Dicke gerade
verschwand, und die beiden Putzergarnelen, die ja niemals einen Mandarin
berühren würden, kommen auch noch
hinterher. Nur Frau Mandarin nicht. Sie
tut so, als wäre nichts, absolut gar
nichts geschehen. Ich finde, daß sie
geradezu provokant indifferent ist, aber
vielleicht interpretiere ich zuviel in ihr
Nicht-Verhalten.

Nächster Tag: unglaublich! Der Dicke
ist dünn geworden! Nicht gerade
mager, aber der Bauch ist weg. Mit
Respektabstand schwänzelt er hinter ihr
her, und sie ist ruppig. Sein herrlicher
Schwanzfächer ist zerschlissen, auch
eine der blauen Brustflossen leicht
lädiert. Aber das scheint ihn nicht zu
stören. Mit weit abgespreizten Kiemenstacheln, auf- und abschnellendem
Rückenwimpel und flirrenden Flossen
bleibt er in ihrem Kielwasser, eine Sym-
phonie in Blau, Türkis und Purpurrot,

Umkreisen des Weibchens während des
langsamen Hochschwimmens. Die Afterflosse
des Männchens wird dabei kurz, rhythmisch
entfaltet.

23

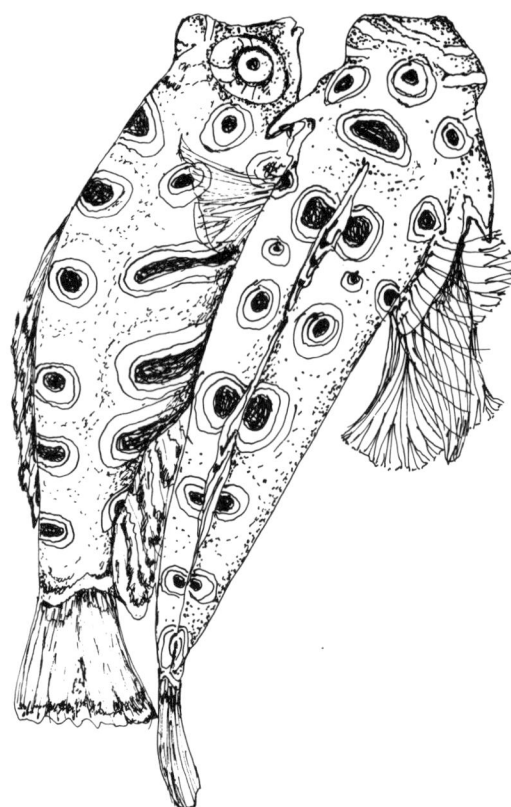

Beginn des Aufsteigens; das Männchen pumpt mit weit abgespreizten Kiemenstacheln.

die goldenen Wangenpunkte glühen geradezu aus seinem angestrengt pumpenden Gesicht! Sie schnappt unbeteiligt nach Kleinkrebschen und sonstigem, bläst Überschüssiges aus den runden Kiemenlöchern und riskiert, wie mir scheint, ab und zu ein Auge „über die Schulter" nach rückwärts, ob er wohl brav folgt. Tatsächlich, wenn er aus ihrem Blickfeld gerät, dann wendet sie

abrupt und schaut nach. Kommt sie ihm – oder er ihr – versehentlich zu nahe, so wird auch aus ihr ein blauwogendes Schlachtschiff. Dann klappt er schleunigst alle Insignien seiner Männlichkeit zusammen, nur seine leuchtend purpurroten Augen bewegen sich. So geht es den ganzen Tag, der Abstand bleibt mehr oder minder derselbe.

Am Abend lege ich mich mit der Taschenlampe auf die Lauer (fast schäme ich mich! Aber im Namen der Wissenschaft geschehen schließlich noch ganz andere Sachen als ein bißchen Indiskretion) und finde die beiden nicht. Bis ich zufällig entdecke, daß sie Seite an Seite, alle Flossen maximal gespreizt, an der Wasseroberfläche schweben, gleichsam entrückt, ohne Eigenbewegung, nur von der Strömung gewirbelt und getrieben. Dann sinken sie nebeneinander zu Boden, nehmen dort ohne langes Suchen ihre Schlafstellung und -farbe an. Das wiederholt sich im Zwei-Tages-Rhythmus. Sie nimmt ständig an Leibesumfang zu, bildet offenbar immer mehr Laich, und er ist so schmal geworden, daß seine Seitenlinie wie ein messerscharfer Strich auf seinen Flanken hervortritt. Er hat nach wie vor nurmehr Augen für sie, frißt kaum mehr, hat wohl keine Zeit, anderswo hinzuschauen. Sie benimmt sich noch immer tagsüber auffallend indifferent und manchmal unfreundlich. Seine Flossen sind inzwischen wieder verheilt, also hat er das Einhalten des nötigen Abstands gut geübt. Kaum

jedoch wird es dunkel, steigen die beiden wieder und wieder, seitlich aneinandergepreßt, zur Oberfläche und laichen. Die Strömung läßt sie einmal schnell, einmal langsam kreisen. Der Laich wird fast „explosionsartig" ausgestoßen, und beide schießen pfeilschnell wieder zu Boden. Daß sich das Männchen, wie in der Literatur beschrieben, an ihr festbisse, habe ich nie beobachtet, kann es mir auch nicht recht vorstellen. Die Eier kann ich kaum erkennen, manchmal als silbrig-streifigen Reflex, der sich in der Oberflächenbewegung verliert. Schade. Eigentlich eine unverantwortliche Verschwendung, doch in den Beckenwinkeln, nahe der Oberfläche, lauern beide Putzergarnelen, und auch die kleine Anemone läßt ihre grünlichen Tentakel besonders eifrig spielen. Ehrlich gesagt, es würde mich ärgern, fräßen die Glasrosen den Laich!

Jedenfalls habe ich ein scharfes Auge auf die beiden. Irgendwann wird er ins Zölibat geschickt und darf (muß?) sich wieder erholen. Ich möchte gerne wissen, wie alt so ein mäßig beanspruchter Mandarin tatsächlich werden kann!

Totenwache

Auch das folgende Erlebnis hatte ich auf der „Vogelinsel": Im kristallklaren, lauen Flachwasser liegt ein sonderbar gebogenes, bumerang-ähnliches Ding. Ich schwimme neugierig hin und sehe es genau an: ein toter, gekrümmter,

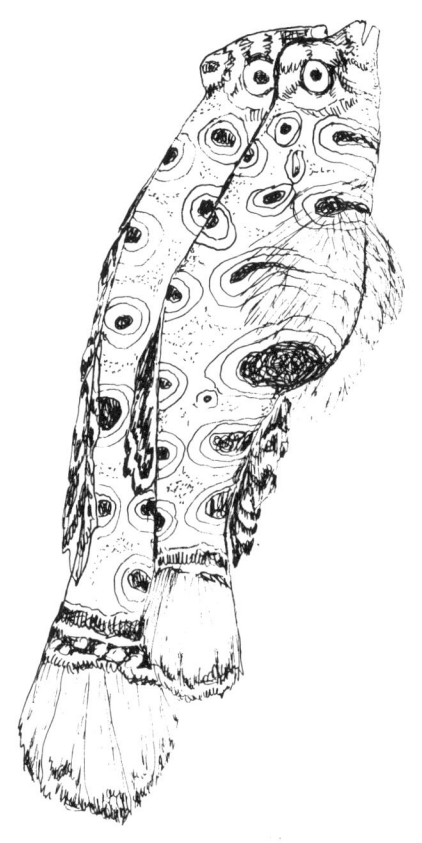

Hier schießt das Paar mit angelegten Flossen eng aneinander gepreßt zur Wasseroberfläche, um dort explosionsartig die Geschlechtsprodukte auszustoßen. Dann sinken beide sofort zu Boden. Ein Verbeißen des Männchens in die Ventralseite oder in Flossen des Weibchens konnte ich bei keiner der vier Mandarinfischarten (*S. splendidus, picturatus, ocellatus* und *stellatus*) auch nur andeutungsweise beobachten.

recht großer Papageifisch, ein *Scarus*. Die schwache Dünung bewegt ihn, rollt ihn leicht hin und her, man erkennt, daß er wohl ein mehr oder minder gewaltsames Ende genommen haben muß: Seine harte Schnauze, sein Papageienschnabelmaul, ist eingerissen, es hängt seitlich weg. Es ist keiner von den ganz schönen, grünblau schimmernden, er ist schlicht grau, also weibchenfarben. Wenn man ganz nahe heranschwimmt, sieht man, daß viele seiner großen, blanken Schuppen rosa, sogar purpurrot gesäumt sind, andere dazwischen wie kleine Silberspiegel blinken... Ein elegantes Muster, vornehme Farben. Lange ist er noch nicht tot, denn die offenen, im Todeskrampf weggespreizten Kiemen enthüllen noch teilweise fleischrote Kiemenbögen. Wäre er schon länger tot, müßten sie weißlich sein.

Ich ärgere mich. Das war sicher dieser einfältig-hartnäckige Sportfischer, der ausgerechnet an der Innenriffkante fischen muß. Beim Schnorcheln fürchte ich manchmal, von seiner Wurfangel getroffen zu werden, so haarscharf zischt sie ab und zu an mir vorbei. Ich glaube, der braungebrannte fischende Beau ärgert sich über uns Schnorchler, weil wir all die schönen Fische anschauen können, die er nicht an seine Angel bekommt! Ab und zu rede ich ihn „dumm" an, denn tatsächlich dürfte er hier ja gar nicht angeln, sondern nur weit draußen, vom Hochseeboot aus – na ja. Ich habe sowieso nie beobachtet, daß er einen Fisch gefangen hätte, aber offenbar hat er doch einmal Glück gehabt, falls man so etwas „Glück" nennen will. Warum aber nimmt er ihn nicht wenigstens mit, den Fisch, denn so klein ist er ja nicht! Warum brüstet er sich nicht damit? Hat er ein schlechtes Gewissen? Weiß er, daß er es nicht sollte? Oder wollte er, großzügig, dem Meer zurückgeben, was er ihm geraubt? So schaut er nicht aus! So viel Einfühlungsvermögen traue ich ihm auf keinen Fall zu.

Ich schwimme also weiter, hinaus, begierig, was wieder alles auf mich zukommen wird heute, an diesem besonders schönen, klaren und nicht übermäßig windigen Tag! Im Vorriff begegne ich Unmengen Papageifischen. Kaum zuvor habe ich so viele gleichzeitig gesehen. Sonst ist nicht allzu viel los. Barben durchwühlen lustlos den Sand, sie sind heute blaß, fast durchscheinend gefärbt, und auch die sie neugierig verfolgenden Lippfische wirken eher fade; die üblichen revierhaltenden Picasso-Drückerfische sind natürlich zur Stelle und einige winzige blitzblaue Riffbarsche.

Auch an „meinen" speziellen Korallenblöcken zeigt sich heute nichts Außergewöhnliches, sogar der Krugfisch hält sich verborgen. Die Kardinal- und Husarenfische kann ich im Dunkel der Höhle gerade ahnen, ab und zu sehe ich Lichtreflexe des goldenen Streifenmusters und die Riesenaugen aufblitzen. Die Preußenbarsche sind an mir nicht interessiert, ein einfärbig dunkel-

brauner Segelflosser gleitet vorbei, das ist eigentlich alles. Dafür sind auch hier, tief unten um den Sockel der Blöcke, Papageifische! Sonderbar, hier trifft man sie sonst nie! Was tun sie eigentlich? Wenn schon nichts anderes da ist, beobachten wir eben Papageifische! Sie schwimmen zu Dutzenden hintereinander, zielstrebig in eine Richtung. Daneben kommt eine weitere große Gruppe, eine Herde von ihnen. Jetzt mischt sich alles durcheinander, aber sie weiden nicht! Sonst sieht man sie doch immer raspeln, schaben, beißen, kauen, sie wirbeln Sedimente auf und haben eine gesegnete Verdauung, die zusätzlich noch die Sicht im wahrsten Sinne des Wortes vernebelt. Heute haben sie offenbar etwas anderes vor, sie steuern irgendein Ziel an. Eine Laichwanderung? Balzen sie? Nichts deutet darauf hin. Es sind ja auch nicht viele wirklich große *Scarus*-Männchen dabei, jene fast meterlangen auffallend gefärbten Kerle mit den dicken Köpfen und herrlichen, langzipfeligen und wie in Leuchtfarben getauchten Schwanzflossen. Die liebe ich ganz besonders, versuche immer, mit ihnen Schritt zu halten, aber gerade sie mögen das offenbar gar nicht, sie sausen dann immer eilig weg.

Heute scheint es, als ob die wenigen, die sich unter das „Volk" mischen, gar nicht so scheu wären. Das muß ich nutzen! Jetzt bin ich richtig neugierig, folge den nun in breiter Front dahinstrebenden massiven, großschuppigen Fischen. Ein prachtvolles Schauspiel! Wenn man sie genau ansieht, stellt man fest, daß sie ganz unwahrscheinlich variabel gefärbt sind, keiner gleicht dem anderen. So nahe komme ich ihnen ja sonst selten genug, also bemühe ich mich, für allfällige spätere Nachlese, die unterschiedlichen Schuppenkleider in Erinnerung zu behalten: viele grauweißlich schachbrettartig Gemusterte, einige Blaugrüne, dazwischen, ab und zu, ein strahlend Hellgrüner mit grell-hellblau gesäumten Schwanzflossen. Viele rötlichgrau Gemusterte, manche sind dunkel purpurrot geschuppt. Einige wirken wieder fast einfarbig silbergrau, ganz hell. Wenn man sie genau ansieht, dann haben sie winzige, blaugrüne Sprenkelchen – wie Sternchen – auf einigen Schuppen. Andere haben nur um die Augen und um das Maul etwas Farbe, als wären sie geschminkt! Alle wirken ein bißchen kopflastig, das macht der große Quadratschädel. Die schnabelartigen Gebisse – richtige Brechmaschinen! – blinken manchmal, wenn sie sich auf die Seite legen, sich scheuern oder vielleicht zu mir heraufschauen.

Jetzt folge ich ihnen schon ins flachere Wasser, bin ihnen sehr nahe. Gerade hier, an dieser Stelle, habe ich sie schon öfter beobachtet, die ausgewaschenen, flachen Riffkuhlen, die bei Ebbe meist frei liegen, müssen viel Wohlschmeckendes, Interessantes bieten. Ausgerechnet heute aber nicht, schade! In meiner Konzentration auf Details übersehe ich, daß ich rundum von Papageifischen umgeben bin, fast wird mir ein bißchen unheimlich. Es müssen tatsächlich Hunderte sein! Über

den Senken, in Mulden, entlang der Spalten schwimmen sie, Rücken an Rücken, folgen wie ein tief fliegender Vogelschwarm dem unruhigen Relief der Unterwasserlandschaft. Dieses Vogelhafte wird durch ihre breiten, synchron seitlich schlagenden Brustflossen verstärkt. Es ist irgendwie traumhaft, irreal, mit so vielen großen Fischen dahinzuziehen. Anscheinend habe ich die Spitze der Versammlung erreicht, sie schieben einen stumpfen Keil über die flachen Korallenbänke hinaus gegen eine etwas tiefere, sandige Senke. Sie schwimmen mit einem Mal wieder hintereinander, fast wie im „Gänsemarsch", höchstens zwei oder drei schräg nebeneinander. Gedämpfte und grelle Farben mischen sich, reihen sich aneinander zu einem komplizierten, raffinierten Muster. Es ist beeindruckend. Ich bleibe zurück, beobachte sie, wie sie sich an der Innenkante, dort, wo sich Stein und Sand berühren, sammeln und anscheinend in kurzer Absprache untereinander ausmachen, wer als nächster an der Reihe ist.

Mich fröstelt. Langsam überhole ich die endlos erscheinende Fischkolonne. Was machen sie wirklich? Es ist unverständlich, so ruhig, ohne jede Hektik, eine Prozession zielstrebiger Fische! Ich gebe es auf, verzichte darauf, hinter ihr Geheimnis kommen zu wollen, löse mich von ihnen, schwimme gegen das Ufer, und dann bleibt mir die Luft weg: Die Fische ziehen in einer riesigen, langgezogenen Schleife dahin, gerade schräg links unter mir. Und da liegt der tote Papageifisch! Sie schwimmen an ihm vorbei, einer nach dem anderen. Das darf nicht wahr sein! Ich glaube mir selbst nicht. Sie haben ihn vielleicht zufällig entdeckt, jetzt schauen sie ihn sich an. Basta! Mehr ist da nicht dran! Aber wie ich zurückblicke, dorthin, wo sich die Fischkolonne über den Sand zu schieben beginnt, sehe ich Fische über Fische, die in Reih und Glied auf den Toten da unter mir zuströmen, gesittet, geordnet, durchdiszipliniert, vorbei am leicht schwankenden, sichelförmig aufgebogenen grauschuppigen Leichnam. Sie nehmen in weitem Bogen wieder Kurs auf die Korallenbänke. Sammeln sie sich dort wieder? Machen sie am Ende mehrmals hintereinander dieselbe Runde? Ich bleibe an Ort und Stelle, versuche zu zählen: Nur diese da unter mir, vom Riffende bis zum toten Fisch, sind bereits 38. Selbst wenn es immer dieselben 38 wären – was geschieht hier? Sie schwimmen ganz knapp am Toten vorbei, sehen ihn vielleicht gar nicht richtig an, sie berühren ihn nicht, obgleich es manchmal fast so aussieht! Aber er bewegt sich anders, passiv, dem Wellengang folgend. Er verändert seine Lage, wird etwas abgetrieben, und die Fischkolonne macht ganz ruhig die Lageveränderung mit. Es ist kein Zufall. Sie besuchen ihn. Sie geben ihm die letzte Ehre, mein Gott, wie das klingt!

Jetzt muß ich einfach aus dem Wasser heraus. Am Strand umfängt mich die Hitze, schwindelnd heiß ist es. Ich

mache mich auf den Heimweg, versuche, diese Fisch-Prozession zu verdrängen, zu vergessen, und sie wird mit jedem Schritt, der mich vom Strand entfernt, unwirklicher. Solche Dinge sollten besser unausgesprochen bleiben, nicht weitergedacht werden. Vermutlich sollte man sie auch nicht aufschreiben. Warum ich es dennoch tue, weiß ich selbst nicht.

Manchmal kommt mir in den Sinn, was wohl geschähe, wenn jemand meinen alten Kaiserfisch zu Tode angeln würde. Käme ein anderer Kaiser, ihm das Geleit zu geben? Was geschieht etwa mit toten Lippfischen, Streifenbarben, ja, mit Preußenfischen? Die müßten eigentlich die Sache militärisch angehen, so mit Aufmarsch, rechtsum, linksum!? Es tut gut, mit solchen abstrusen Ideen das leichte Grauen, das einen vor allem Unerklärlichen ankommt, zu überspielen. Und schon deshalb mußte es endlich einmal gesagt, geschrieben werden.

Balz mit Peitschenschlag

Nietzsche hat in einer seiner berühmt-berüchtigten philosophischen Abhandlungen den Ausspruch getan: „. . . Gehst du zum Weibe, vergiß die Peitsche nicht . . . " Ich will keinesfalls Nietzsche ins Spiel bringen! Auch glaube ich nicht, daß jener Philosoph je in ein Aquarium – oder überhaupt unter die Wasseroberfläche – geschaut hat. Aber jedermann,

der jemals einem Pärchen des „Braunen Felsenhüpfers", also *Salarias fasciatus*, beim Balzspiel zugesehen hat, wird diese Assoziation haben. Die Peitsche ist sein eigener Körper, und man hört es geradezu knallen!

Viele Schleimfische, und besonders alle nahe verwandten Formen, zeigen gewisse Ähnlichkeiten, mehr oder weniger ausgeprägte Variationen zu diesem Thema. Schon Wickler, ein subtiler Beobachter und mutiger Interpret von Fischverhalten, hat die Balz des nahe verwandten *Ecsenius bicolor* beschrieben. Aber beim *Ecsenius* „knallt" es nicht! Zwar kann man alle Details, Imponieren, Schwänzelschwimmen, Nickschwimmen, Rückwärtsschwimmen, und was sonst noch dazugehört, genau erkennen und verfolgen. Beim *Ecsenius* ist es oft nicht ganz einfach zu unterscheiden, ob er nun gegen einen Rivalen aggressiv oder gegen sein Weibchen balzgestimmt ist, ob er einen Höhlenkonkurrenten heraus- oder seinen Partner hineintreiben will, das ist ja bei einigen Fischarten so. Auch Wickler hat das erkannt. Nicht so beim Felsenhüpfer, dem absoluten Super-Macho-Fisch! Da weiß man ganz genau, was er meint!

Aber beginnen wir der Reihe nach. *Salarias fasciatus* ist ein aquarienbekannter Streithammel, ein furchtbarer Raufbold. Ich habe es selbst erlebt, daß bei Franz in einer einzigen Nacht (oder wohl eher in der Abend- oder Morgen-

29

dämmerung) zweimal 20 winzige, frisch importierte Felsenhüpferchen aus zwei großen Schaubecken sich auf je einen einzigen pro Becken reduzierten. Es waren wohl die beiden größten... Alle anderen klebten am nächsten Morgen entweder am Boden oder waren verschwunden. Eine schlimme Sache, von der wir beide einiges gelernt haben.

Etwa eine Woche später entdeckte Franz doch noch zwei Überlebende dieser kaum drei Zentimeter langen Fischchen. Sie waren in das linke bzw. rechte Nachbarbecken gesprungen. Die nahm ich mit und setzte sie, wohlweislich getrennt, in meine Becken. Ich mag diese gedrungenen, rundköpfigen Draufgänger! Um so mehr, als sie die besten Fadenalgenvertilger sind, die man sich vorstellen kann. Fadenalgen gibt es bei mir immer, und so wuchsen sie rasch heran, durchforsteten brav meine verwilderten Becken, raspelten unermüdlich alles unerwünschte Grün ab. Es ist ein Vergnügen, sie zu betrachten. Sie sind nicht etwa nur braun getupft oder gebändert wie auf den meist lieblosen Buchillustrationen, sondern in vielen unwahrscheinlich zarten, fein abgestimmten braun-, beige-, rost-, schwarz- und blausilbrigen Schattierungen gezeichnet, gestrichelt, gepunktet. Dazu können sie, wie alle Schleimfische, ganz schnell die Farbe wechseln, ihr Muster einmal zu milchigem Weiß verblassen lassen, ein andermal, im Zorn etwa, wie eine Streifenmuräne gebändert, mit kohlschwarzem Maul,

geSträubten Zirren und Überaugen-bäumchen zum Angriff übergehen!

Einer der beiden, der im kleineren Becken, konnte es besonders gut. Er hatte auch zartrosa gesäumte Rücken- und Afterflossen, die in Erregung blutrot anliefen. Das machte mir Mut: Ich fing diesen Felsenhüpfer, der auch eine Spur größer war, und gesellte ihn zum anderen. Das Zusammentreffen verlief so spannend, daß ich es chronologisch schildern will.

10.15 Uhr: S (für *Salarias*) 1 zu S 2 umgesetzt, aber in die andere Beckenecke, also nicht ins „Kernrevier" des Eingesessenen. Beide haben sich aber sofort im Blick! Und drehen sich voneinander weg, ignorieren sich. Und überlegen sichtlich, was nun geschehen soll!

10.17 Uhr: S 2 kriecht kopfnickend in Zeitlupe über „Stock und Stein" auf S 1 zu. Er schwimmt also nicht! Kopfnicken verstärkt sich derart, daß es scheint, als stecke ihm etwas Störendes im Hals. S 1 sitzt stocksteif am selben Ort, rollt die Augen. Beim Näherkommen von S 2 dreht er sich ganz langsam breitseits, deutet Aufrichten von Rücken- und Afterflosse an, macht sich aber gleich wieder schmal. Beide sitzen nun fast auf Hautkontakt, S 2 nickt etwas, erstarrt dann.

10.36 Uhr: S 2 nickt. S 1 faltet alle Flossen zusammen, rollt die Augen und ist plötzlich ganz kontrastreich gestreift, bleibt aber bewegungslos.

10.49 Uhr: S 2 geht weg, er schwimmt nicht! Setzt sich auf einen sonst nie

benutzten Beobachtungsposten, läßt S 1 nicht aus den Augen.

11.03 Uhr: S 1 rutscht in Zeitlupe weg, verschwindet in einer Höhle. S 2 bekommt einen langen Hals, wird ganz blaß, schiebt sich weit nach vorn, er hängt regelrecht „ins Leere", nur der Schwanz hat noch Steinkontakt. Offenbar hat er S 1 aus dem Blickfeld verloren, zögert noch, ihm zu folgen.

11.18 Uhr: S 1 erscheint wieder, scheint S 2 zu fixieren, während er ganz hektisch beginnt Algen zu raspeln.

11.19 Uhr: S 2 macht Glotzaugen, stülpt das Maul weit vor, reißt es auf, startet mit einem Riesensatz! Beide weg, Mulm wirbelt aus der Rückwand. Etwas tut sich!

11.31 Uhr: S 2 erscheint recht „locker", schwimmt aber übertrieben schwänzelnd weg, zu einem seiner Lieblingsbeobachtungssteine, nagt dort lustlos rum.

11.33 Uhr: S 1 erscheint ebenfalls, tut unbeteiligt, schwimmt ganz langsam und schleift dabei fast seinen Bauch am Boden, geht in die andere Beckenecke. Beginnt von dort aus in aller Ruhe, sich zu orientieren, als ob „nichts los wäre". S 2 dagegen tut alles übertrieben: Er nagt, daß die Steine wackeln, schwimmt kraftvoll auf einen neuen Auslug, der kaum zehn Zentimeter weit weg ist – normalerweise würde er sich von der Strömung dorthin treiben lassen! – jetzt aber krümmt er sich dabei wie ein Wurm, fächert seine tiefroten Flossen! Beide sind nun durch die Trennwand voneinander abgeschirmt, doch sieht S 2 durch ein Guckloch offenbar S 1, denn er dreht sich immer dorthin, wo der andere gerade ist.

11.42 Uhr: S 2 wechselt wieder die Farbe, wird hinten blaß, Kopf und Rumpfansatz stark gestreift, Lippen schwarz. Er startet blitzartig, rast durch die Trennwandöffnung auf S 1 zu, ganz geradlinig, berührt ihn (?fast), und sofort wieder zurück! Diese Strecke von fast vier Metern (zwei Meter hin, zwei Meter zurück) durchrast er in einem Sekundenbruchteil (ich habe es später nach Videoaufzeichnungen nachgerechnet: 0,014 Sekunden)! Fast kann man der Bewegung nicht mehr mit den Augen folgen, es ist nicht mehr als ein braunes Zucken, ein hastiger Strich, der hin- und her fegt, ein Peitschenschlag eben! Hin- und Herstrecke verlaufen dabei fast deckungsgleich.

Eine ungeheure Leistung! S 1 schaut, wie mir scheint, etwas starr drein, atmet heftig, hat alle Flossen angelegt, bewegt sich nicht. S 2 atmet schnell und angestrengt mit offenem Maul, alle Flossen sind maximal abgespreizt.

12.06 Uhr: S 2 beginnt wieder, hektisch zu weiden, S 1 verschwindet im selben Augenblick hinter einem Block.

Damit war offenbar die Bekanntschaft der beiden Fische besiegelt, die Spannung gelockert, wenngleich nicht gelöst. Es gab noch mehrere solcher Peitschenschläge, die aber von S 1, wohl dem vermutlichen Weibchen, nun mit vorsichtigem, aber keineswegs ängstlichem Ausweichen beantwortet wurden.

Vier Tage später aber wurde es ernst. Sie war inzwischen unbeschreiblich dick geworden (einen recht runden Bauch hatte sie immer schon), schwamm auch behäbiger. Er begann bereits am frühen Morgen, gleich nach dem Einschalten des ersten Leuchtbalkens, mit rasanter Balz: zunächst Nickschwimm-Annäherung, und sie nickt, langsamer, mit. Er entfernt sich, schwimmt in sein Revierzentrum und startet in schneller Folge nun eine Serie von Peitschenschlag-Attacken. Unmöglich, die Einzelbewegungen aus der Nähe zu verfolgen, ich muß mich dazu in eine entfernte Zimmerecke setzen, damit ich den Ablauf zusammenhängend beobachten kann. Videoaufnahmen sind kaum möglich, da ich die Fische nicht scharf bekomme. Sie beginnt nun, zwischen den einzelnen Peitschenschlägen die Distanz zu verkürzen: Anstatt auszuweichen, folgt sie ihm, ganz langsam. Er flippt regelrecht aus, ein hin und her zuckender Schatten, immer wilder, je näher sie kommt. Er ist fast weiß, sie dunkel schokoladebraun. Und ganz plötzlich sitzen beide in seiner Höhle, eine schräg liegende halbe *Tridacna*-Schale, die von einem Block abgedeckt ist. Es ist eine auf beiden Seiten etwas einsehbare Höhle, fast eine Röhre, und ich kann gut erkennen, daß sie zuerst Kopf an Kopf, dann aber Schwanz an Schwanz liegen und mit den Köpfen beim jeweils anderen Ende herausschauen. In wechselndem Rhythmus verschwindet einmal ihr, dann sein Kopf, oft sind beide weg, letztlich schaut nurmehr er aus der

Röhre, schwarzmäulig und weißgebändert.

Sie hat etwa zwei Stunden später die Höhle verlassen, ich habe den genauen Zeitpunkt verpaßt. Sie ist schlanker geworden, benimmt sich ganz unbeteiligt, hält sich jedoch nun seinem Revier fern. Er bleibt fast durchgehend in der Höhle oder sitzt knapp oberhalb. Kommt sie der Trennwand nahe oder möchte sie gar auf seiner Seite Algen weiden, dann fixiert er sie, und sie schwimmt sofort weg. Einige Male vertreibt er sie auch, nicht besonders nachdrücklich, wie mir scheint. Sie jedoch weicht immer rasch aus.

Solche Laichvorgänge wiederholen sich nun alle 6 bis 14 Tage. Anfänglich hat er (oder eine Garnele?) den Laich wohl bald gefressen, denn er bewachte das Gelege kaum einen Tag. Er wirkt dann auch nicht sonderlich aggressiv. Ihr Bauchumfang und seine Balzaktivität sind präzise aufeinander abgestimmt, und langsam lerne auch ich, den Zeitpunkt genauer zu bestimmen. Meist einen Tag vor der Eiablage beginnt er mit seinen Peitschenschlag-Attacken zu prüfen, ob sie schon gewillt ist, ihm zu folgen. Schwimmt sie weg, läßt er es sein.

In den letzten Monaten hat sich das Verhalten etwas verändert, es ist starrer, stärker ritualisiert. Nun bewacht er das Gelege drei Tage sehr ernsthaft, weicht nicht aus der Höhle und schnappt von dort aus sogar nach den suchenden Antennen der Putzergarnele, ja, es könnte sein, daß er sie ein Stückchen eingekürzt hat! Nach drei Tagen schlüpfen die Larven, stets in der Abenddämmerung: silbrige Drei-Millimeter-Winzlinge, die immer gleich verschwunden sind (vorwiegend wohl im Schlund der Mirakelbarsche).

Versucht sie, am Schlupftag in sein Revier zu gelangen, so wird er unwahrscheinlich aggressiv, rast aus der Höhle und verfolgt sie weit bis in ihr Revier. Oft muß sie sich hinter den Filter klemmen, um seinen Angriffen zu entgehen. Da gibt es keinen Peitschenschlag, er versucht, sie zu beißen! Solchen extremen Aggressionen folgt fast immer am nächsten Tag ein neuer Laichvorgang.

Nun wäre es interessant zu wissen, ob sie in sein Revier kommt, weil sie schon legebereit ist, er aber noch die Eier vom letzten Gelege bewachen muß. Oder vielleicht möchte sie das Gelege fressen? Vielleicht würden sich im Freiwasser mehrere Männchen um sie bemühen? Oder vielleicht ist es gerade umgekehrt, und es müßten mehrere Weibchen in der Höhle des Männchens laichen? Viele Fragen tun sich da auf. Mir kommt die erste Version wahrscheinlicher vor, wenn ich an den Aufwand der Peitschenschlag-Balz denke: Das hält kein Männchen auf die Dauer durch! Aber ich kann mich täuschen ...

Clarks Clownfische: Who is who?

Nach gängiger Lehrbuchmeinung können die Männchen aller Arten von Anemonenfischen bei Bedarf ihr Geschlecht ändern und zu Weibchen werden. Also auch die adretten, weiß-schwarz-gelb gestreiften Clarks Clownfische, *Amphiprion clarkii*. Der „Bedarf" ist dann gegeben, wenn das Weibchen, das in allen Fällen das dominante, meist auch größte Tier ist, gefressen wird oder sonst irgendwie abhanden kommt. Dann rückt sofort das größte Männchen nach und entwickelt sich innerhalb weniger Wochen zu einem funktionierenden Weibchen. Toll!

Es geht auch andersherum. Nun berichte ich von meinem bereits erwähnten Paar Clarks Clowns. Sie ist, wie eben üblich, größer und recht ruppig. Sie laichen alle drei bis vier Monate, verteidigen gemeinsam das Gelege, sie fressen ihre Eier auch ab und zu und sind anschließend eine Zeitlang friedlich. Aber meist, wenn sie beginnt, wieder Laich anzusetzen, ist sie ausgesprochen bösartig zu ihm, reißt ihm dann auch Stücke aus Brust- und Bauchflossen und rammt ihn so, daß er sogar Schuppen verliert und sich ganz verstört in einer Spalte versteckt und warten muß, bis sie sich beruhigt hat. Erst dann erlaubt sie ihm wieder, die gemeinsame Anemone zu „betreten". Diese ständigen Streitereien kann ich einfach nicht

mit ansehen, also pflanze ich eine zweite Anemone, eine weiße, kuschelige *Radianthus* sp. mit zartlila Spitzen, in die entfernte Beckenecke. Eitel Wonne, zumindest einige Tage, dann aber will sie beide Anemonen und wird immer bösartiger! Als sie ihn eines morgens wild knurrend ein dutzendmal kreuz und quer durch das Becken hetzt und zuletzt noch seine Bauch- und Schwanzflosse zerfetzt, werde ich wütend! Ich fange sie und setze sie mitsamt der zweiten Anemone in ein anderes Becken.
Basta!

Es sieht nicht so aus, als litten beide unter der Trennung, er ist offenbar zufrieden und genießt die Ruhe, und auch sie scheint über das Fehlen des Streitpartners nicht unglücklich zu sein, wie ich eigentlich angenommen hätte, im Gegenteil: Sie ist richtig nett und friedlich, beißt mich kaum mehr, wenn ich die Scheiben putze und behelligt die anderen Fische auch nicht schlimmer als bisher.

Er dagegen frißt für drei, und er wird zusehends aggressiver; beim Scheibenputzen hängt er knurrend an meinem Handrücken und schießt manchmal aus dem Hinterhalt so wild auf mich los, daß ich vor Schreck die Scheibe zerkratze! Er attackiert sogar die futterspendende Pinzette, und ab und zu, wenn ich vor dem Becken sitze und ein wenig zusehen möchte, schaukelt er knurrend breitseits vor meinem Gesicht und schlägt hörbar sein Gebiß ins Glas!

So ein unverschämter Kerl! Schließlich beißt er sogar Gelbkopf- und Zebragrundeln, Büschelbarsch und beknurrt den kleinen Anglerfisch. Auch ist er recht rasch gewachsen und fast so groß wie sie. Als er sich gerade wieder einmal hinter der Scheibe aufbaut und den wilden Mann spielt, schlage ich kurzentschlossen zu, fange ihn und übersiedle ihn zurück zu seinem Weib. Das hat er nun davon!

Er hatte aber nur ganz kurz, etwa 45 Minuten, so lange hetzte sie ihn in bewährter Weise durchs Becken. Dann drehte er den Spieß um, und eine Höllenfahrt ging los. Sand, Mulm und Steine flogen, das Wasser wurde so trüb, daß sich nichts mehr erkennen ließ. Die Anemone verschwand im Bodengrund, aber die wilde Jagd nahm kein Ende, auch nicht, als ich, so rasch es eben ging, die zweite Anemone nachreichte! Er raste hin und her, sie

Oben: Eine gemischte Gruppe auf der Jagd nach Schwebeorganismen, vor allem Kleinkrebschen: Kardinalbarsche, Lippfische und Fahnenbarsche.
Unten: Ein Husarenfisch *(Sargocentron diadema?)* versteckt sich in einer Tischkoralle, und ein „Stockwerk" tiefer lauert ein kleiner Zackenbarsch!

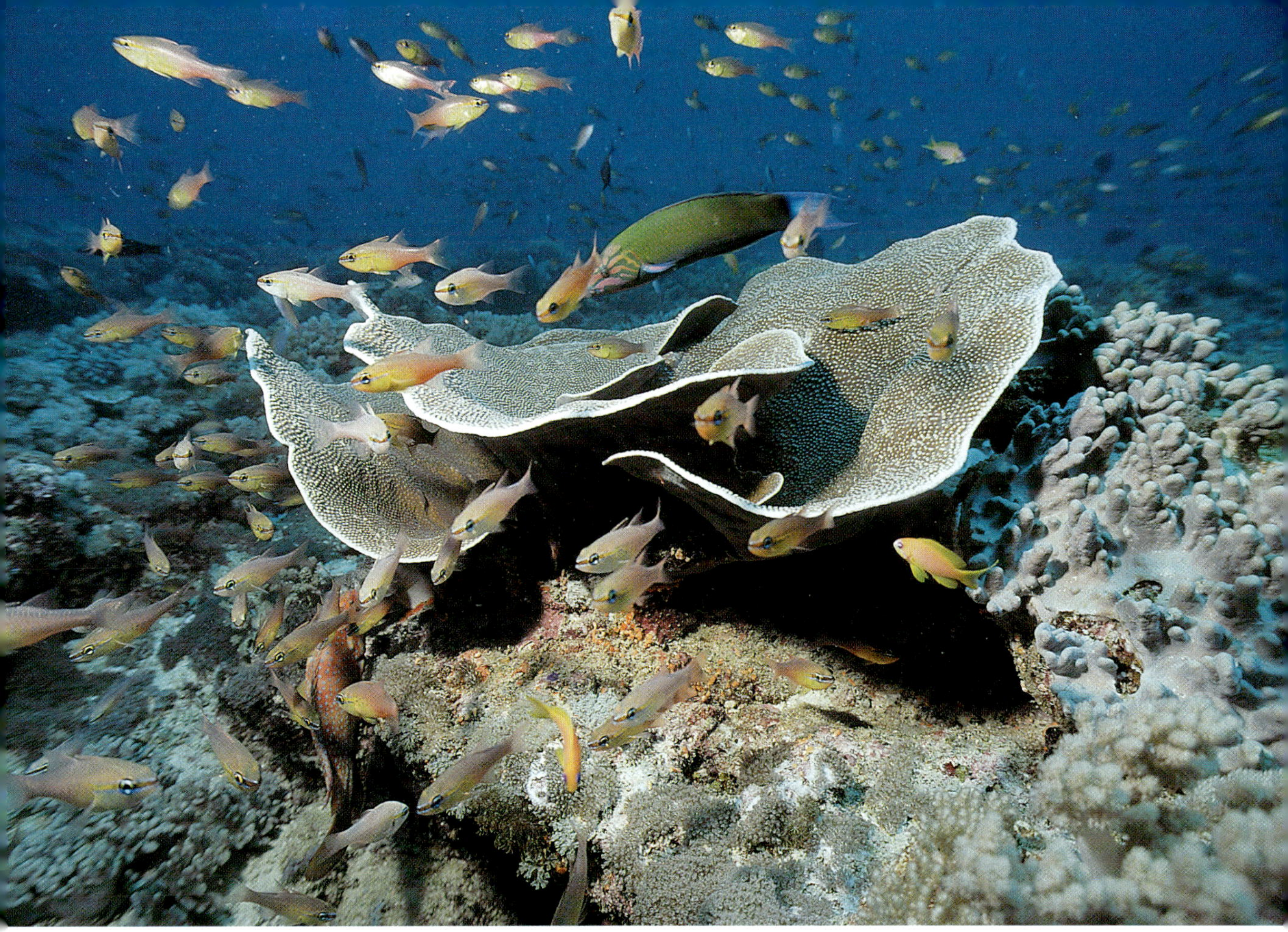

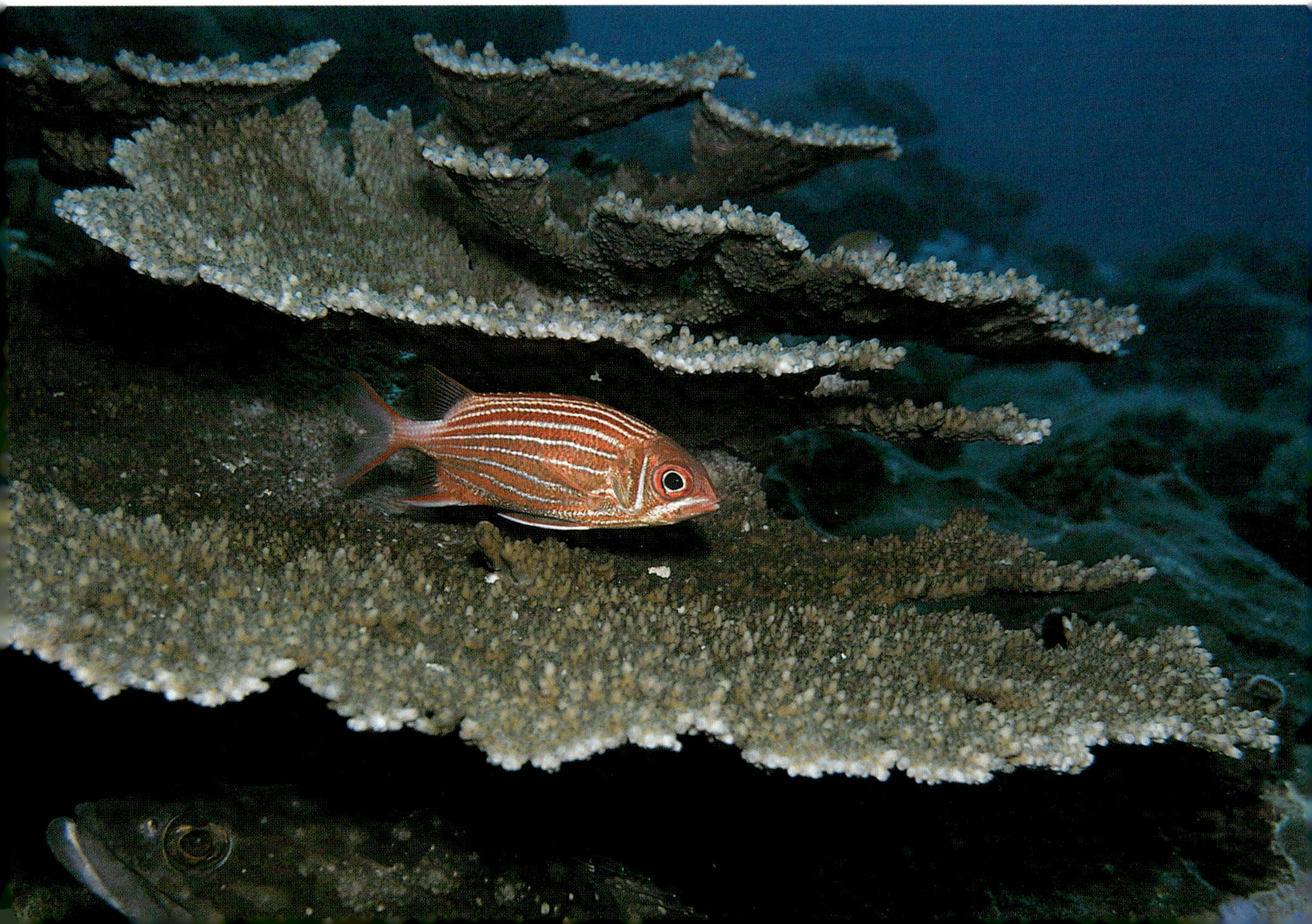

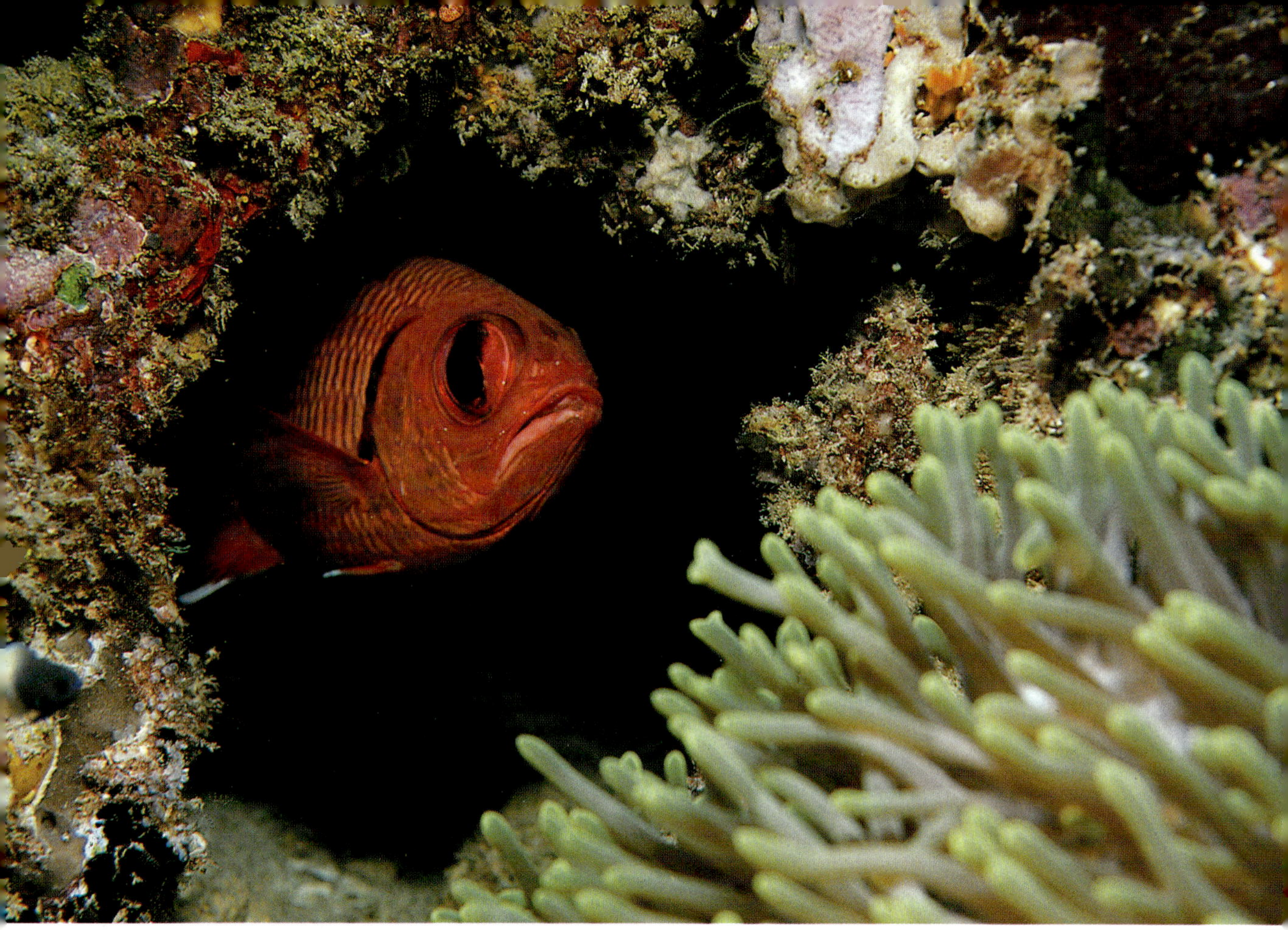

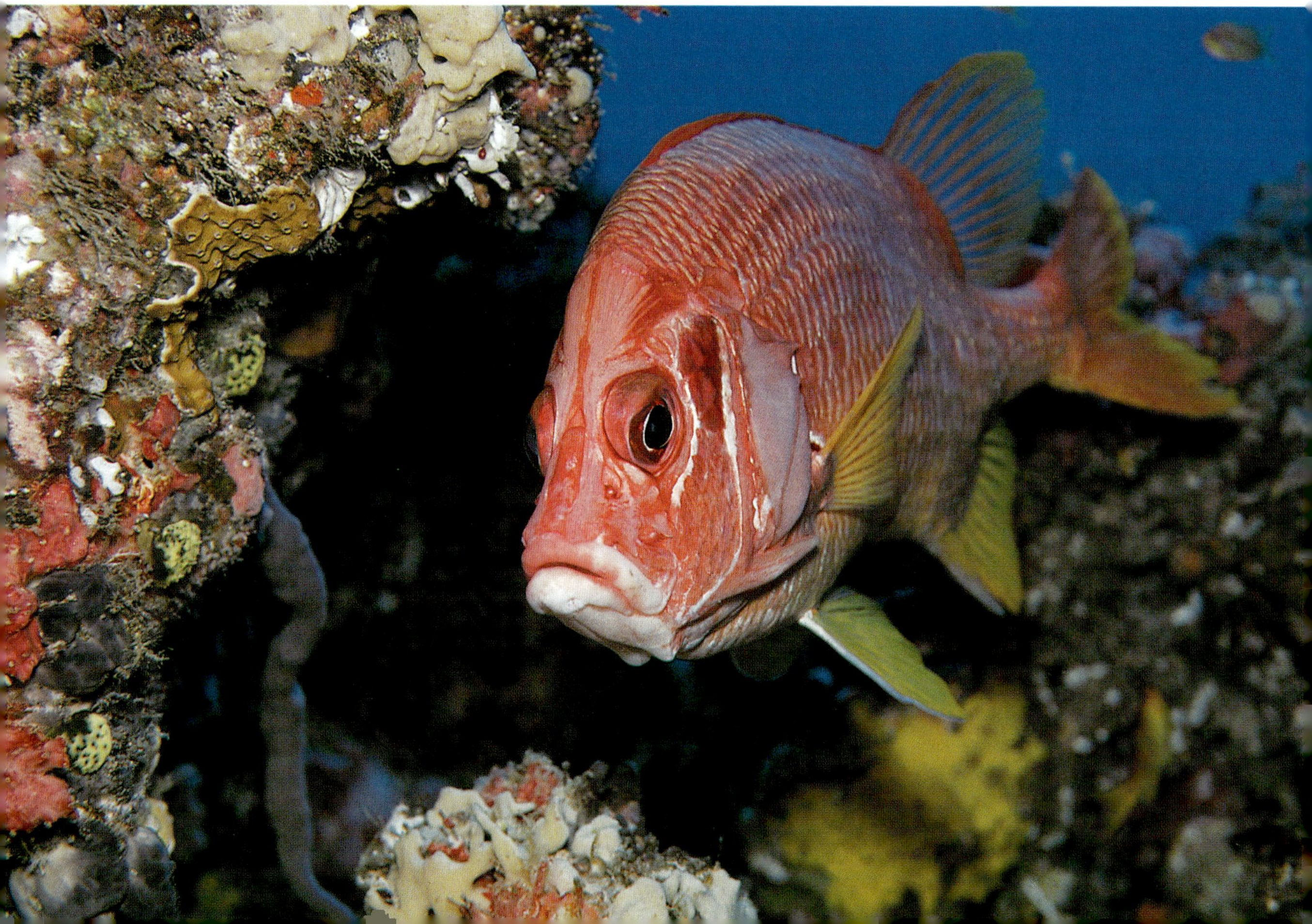

war zerschunden, durfte sich letztlich überhaupt nicht mehr bewegen, zwängte sich zwischen zwei Steine und zog noch rasch ein Büschel *Caulerpa* über den Kopf. Drei Tage blieb sie verschwunden!

Aber als sie wieder zum Vorschein kam, ganz zerfranst noch und trübäugig, war sie eine andere geworden: Sie ruckelte, zitterte, rutschte am Bauch über den Sand und bot das Bild einer geknechteten, sanften, unterwürfigen Gattin – halt! Nicht bei *Amphiprion*: Sie bot das Bild eines Mannes!

14 Tage später war „sie" ein funktionstüchtiges Männchen, „er" ein laichbereites Weibchen! Sie laichten wenige Tage später mit vertauschten Rollen, und, erstaunlicherweise harmonierten sie nun bedeutend besser als je zuvor.

Es fällt schwer, sich einen Reim darauf zu machen. Im Freiwasser wird sich eine solche Situation nicht ergeben, allzu aggressive Partner werden kaum länger überleben, denn keiner kann ungestraft die Anemone verlassen, er fiele sofort einem Räuber zum Opfer. Versuche ich eine Erklärung, so muß ich mich hüten, die Situation nicht zu vermenschlichen! Vielleicht geht es am besten mit einem Refrain von Bert Brecht: „. . . Es geht auch anders, aber so geht es auch . . ."!

Die Sache mit den Fahnenbarschen

Fahnenbarsche sind herrliche Fische! Im Freiwasser begeistern sie jeden Taucher mit ihren flirrenden Tänzen. Auch im Aquarium vermitteln sie dieses grandiose Farbenspiel aus verschiedensten Rot- und Purpurtönen, wenn sie abends im vollendeten Gleichklang vor der Schlafhöhle auf- und abexerzieren, oder wenn ein prächtiger Mann in hastig zuckenden Wellenlinien vor seinen Frauen balzend abtaucht, dabei vom leuchtenden Rot zu Lila verblaßt, beim Aufwärtsschwimmen aber schon wieder purpurrot ist!

Ich hatte drei Fahnenbarsche. Vor zwei Jahren kamen zwei von ihnen durch eine Seegurken-Vergiftung um. Damals bekam ich nicht gleich einen Ersatz für sie, und das übriggebliebene Weibchen hatte 17 Tage zu warten. Ich muß mich

Oben: Ein dämmerungsaktiver, großäugiger Soldatenfisch *(Myripristis hexagona)* schaut recht grimmig aus seinem Versteck!
Unten: Ein Großdorn-Husarenfisch *(Sargocentron spiniferum)*.

korrigieren: Als Weibchen wartete sie neun Tage, dann entwickelte sie sich zu einem unverkennbaren Männchen! Alle Attribute waren vorhanden: der verlängerte Flossenstrahl der Rückenflosse, große tropfenförmige, dunkelviolette Punkte an den Brustflossen, leuchtendblau gerandete Bauch- und Schwanzflossen mit lang ausgezogenen Spitzen. Auch die Körperfärbung war zusehends vom kräftigen Orangerot zu Purpurlila übergegangen. Da brachte mir mein Aquarianerkollege, wie vereinbart, das langerwartete Pärchen Fahnenbarsche mit. Oh je! Noch ein Männchen! Und der auch schon recht groß, knapp einen Zentimeter kleiner als mein Ex-Weibchen. Mir schwante einiges an Unannehmlichkeiten.

Zunächst gingen sich die beiden Männer geflissentlich aus dem Weg. Das Weibchen war recht ängstlich, und es tat gut daran, vorsichtig zu sein, denn bald begannen die Männchen auf Distanz voreinander zu imponieren, und war sie dann in der Nähe, so wurde sie verprügelt. Ich konnte nicht erkennen, ob einer der beiden der aggressivere war, denn immer das Männchen, dem sie näher war, prügelte sie! So ist wohl auszuschließen, daß die Anwesenheit des Weibchens der Grund für das nun Folgende war.

Doch muß ich jetzt, bevor alles zu unübersichtlich wird, die Fahnenbarsche in der Reihenfolge ihres „Auftritts" numerieren: FB 1 = das übriggebliebene Weibchen, das dann ein Männchen

wurde; FB 2 und FB 3 = das neue Paar; schließlich ein weiterer FB = FB 4.

Mein „alter", geschlechtsumgewandelter FB 1 verhielt sich immer männlicher, schwamm geradezu „aufgeplustert", übertrieben gespreizt einher, und FB 2 verblaßte zusehends. Er gilbte vor sich hin, die verlängerten Schwanzfäden waren ihm bald (durch Rivaleneinwirkung?) abhanden gekommen, der überlange Rückenflossenstrahl knickte erst ab, dann verschwand er. Die früher scharf umrissenen Flecken auf den Brustflossen gingen langsam in einen dunkelrot gefärbten Strich, der sich bis zum Auge fortsetzte, über. Zuletzt war der Fahnenbarsch karottrot und – ein Weibchen! Und das innerhalb von 12 bis 13 Tagen!

Für mich war diese Beobachtung recht erheiternd, kaum aber für den armen, sexuell so instabilen Fisch. Denn er wurde nun vom zunächst so ängstlichen, „echten" Weibchen, also FB 3, immer dreister angerempelt, vor allem dann, wenn das neue umgewandelte Männchen (FB 1) außer Sichtweite war. Es ist denkbar, daß diese Weibchen-Aggressivität die Geschlechtsumwandlung von FB 2 noch beschleunigt hat, aber dazu sollten gezielte Beobachtungen folgen. So hatte ich letztlich wieder 2 Weibchen und 1 Männchen, nur, daß Männchen FB 1 zuerst ein Weibchen, das Weibchen FB 2 zuerst ein Männchen war! Allein das stabile Weibchen FB 3, obwohl weder kleiner noch sonst irgendwie benachteiligt, blieb, was es war.

Ehrlich, ich war verwirrt. Denn laut Literatur dürften sich Fahnenbarsche nur im „Einbahnverfahren" verändern, also Weibchen zu Männchen werden, sofern dies nötig wird. Solche Unsicherheiten muß man aus dem Wege räumen. Also besorgte ich einen weiteren Fahnenbarsch, ein sicheres, etwa gleichgroßes Männchen (FB 4), und setzte ihn mit etwas schlechtem Gewissen mit FB 1 (also dem ehemaligen Weibchen) in ein anderes Becken; die beiden Weibchen (FB 2 und 3) blieben im alten Becken.

23 Tage später, altes Becken: Das umgewandelte Weibchen (FB 2) war wieder ein Männchen. Neues Becken: Das neue Männchen (FB 4) war auf dem besten Weg, ein Weibchen zu werden! Nun rasch wieder alle vier Barsche zusammengeführt: Der erwartete Endzustand, nämlich drei Weibchen und ein Männchen, trat nicht ein! Der wieder zurückverwandelte FB 2 beharrte auf seinem Männchen-Status, er weigerte sich, ein Weibchen zu werden. Er war gewachsen, noch prächtiger geworden, und im Becken ging es nun recht giftig zu. Die beiden Männchen (FB 1 und 2) imponierten pausenlos, jeden Abend inszenierten sie prachtvolle Schaubalz-Aktionen, bei denen es regelmäßig zu Laichakten kam. Untertags aber prügelten sie ihre Weibchen, wenn sie im falschen Augenblick angeschwommen kamen, ein deutliches Zeichen dafür, daß der Schwellenwert für aggressive Handlungen herabgesetzt war. Wissenschaftliche Neugier mußte nun zurückstehen und FB 2 weichen.

Friede kehrte wieder ein, und das isolierte Männchen genoß sichtlich seine Ruhe und wuchs sogar schneller als seine drei Artgenossen im Gemeinschaftsbecken. Also kann, entgegen gängiger Lehrbuchmeinung, ein einzelner Fahnenbarsch offenbar recht glücklich und zufrieden sein! Doch gilt das vielleicht nur in Sonderfällen.

Nun sollte ich aber versuchen, diese doch recht verwirrenden Befunde im Hinblick auf Freiwasserverhältnisse zu interpretieren: Die meisten Fahnenbarsch-Arten, darunter auch *Pseudanthias squamipinnis*, von dem hier die Rede ist, leben in riesigen Schwärmen; innerhalb dieser scharen einige wenige Männchen einen größeren Harem um sich. Tatsächlich wird gerade dieser Haremsmann häufig Beute eines der zahlreichen Räuber, und das verwundert nicht, wenn man einem solchen Flossenprotz von Fahnenbarsch eine Zeitlang zusieht: Er provoziert geradezu sein frühes Ende! Er prunkt mit auffallenden, kontrastierenden Farben, imponiert ständig, ist außerdem beträchtlich größer als alle seine Weibchen, die er ständig durcheinanderhetzt. Er produziert, präsentiert sich in jeder Hinsicht! Ein Raubfisch, der zunächst durch den wirbelnden Weibchen-Schwarm desorientiert ist, freut sich, wenn er endlich eine bestimmte Beute aufs Korn nehmen kann – und weg ist das Fahnenbarsch-Männchen. Und dann, das wissen alle Aquarianer und Biologen, rückt sofort das stärkste

Weibchen an seine Stelle und wird innerhalb von 14 Tagen ein „funktionierendes" Männchen, und sie bleibt es, bis sie bzw. er wiederum gefressen wird usw., usw.

Das ist zwar für die Männchen traurig, aber aus biologischer Sicht durchaus sinnvoll, da sie ja dermaßen rasch ersetzt werden. Meine „Experimentierfische" hingegen wechselten ihr Geschlecht als Reaktion auf eine künstliche Situation. Denn es ist nicht anzunehmen, daß im Freiwasser irgendein Raubfisch ausgerechnet alle verfügbaren vieltausend Weibchen frißt und die wenigen Männchen übrigläßt! Einen solchen Weiberhaß wollen wir keinem Zackenbarsch unterstellen...! Deswegen ist diese wunderbare Fähigkeit der Fahnenbarsche, das Geschlecht je nach Belieben, besser nach Bedarf, und in kürzester Zeit in beiden Richtungen zu wechseln, der Wissenschaft bisher verborgen geblieben. Ich habe es rein zufällig entdeckt!

Nun, so sehr verwunderlich ist aber diese Fähigkeit eigentlich nicht. Denken wir doch an die Anemonenfische der Gattungen *Amphiprion* und *Premnas*, die ja ebenfalls zu den Barschartigen gehören. Dort sind es die Weibchen, die größer und kräftiger, aber auch gefährdeter sind. Werden sie Beute eines Raubfisches, so rückt das beste, stärkste Männchen nach, wird also ein Weibchen! Und wenn ich mich an meine Erfahrungen mit den beiden Clarks Clownfischen erinnere, dann

sehe ich, spiegelbildlich, genau dieselbe Situation. Und was ein *Amphiprion* kann, das kann auch ein *Anthias*! Fische können eben viel mehr, als wir zu wissen glauben!

Barschzwerge – eine Charakterstudie

Von Barschzwergen spreche ich deshalb lieber, weil ich eigentlich nur eine einzige „echte" Zwergbarsch-Art besser kenne: den grell lila-gelb gefärbten *Pseudochromis paccagnellae*, zu deutsch „Nixenbarsch", ein harmloser, recht irreführender Name. Er verdiente einen, der seinen Charakter beschreibt. Ich würde ihn zum Beispiel Zwick-Bärschlein oder vielleicht Beiß-Barsch nennen. Vielleicht waren meine beiden (die selbstverständlich zwei getrennte Becken bewohnten) Ausnahmen, aber eher glaube ich, daß sie typische Vertreter ihrer Art darstellen, jeder war ein Ausbund von Rauflust! Einen hatte ich als Erstbesetzung in ein neues Becken gebracht. Er hatte also, ähnlich wie die Clarks Clowns, ein Vor-Hausrecht, auf dem er, falls es etwa angezweifelt wurde, mit allem Nachdruck bestand. Kam ihm da ein anderer, auch viel größerer, in die Quere, machte der ihm nicht sogleich Platz, so stellte er sich bolzengerade in Positur, spreizte seine hauchzarten Flossen, zitterte am ganzen Körper – wohl aus Wut? – und machte sich seitlich an den anderen heran. Wich

der dann noch immer nicht, so setzte es blitzartig wilde Rammstöße, daß die Schuppen, sogar Flossen- oder Hautfetzen flogen! Ein doppelt so großer Büschelbarsch räumte da rasch und kampflos das Feld.

Der kleine Giftzwerg verteidigte mit scheelem, querem Blick (und er wurde, wenn er sich ärgerte, noch querer!) alles: Futter, den Stein, auf dem er gerade ansaß, irgendeine Spalte im Stein, die er gerade durchschwommen hatte, und ganz besonders seine Schlafspalte! Eine ganze Woche lang verteidigte er sogar eine winzige Putzergarnele, doch das war dann doch der Garnele zuviel, und sie machte sich aus dem Staub, da sie nicht gewillt war, immer nur diesen kleinen, unergiebigen Barsch zu putzen. Ab diesem Zeitpunkt versuchte er, wann immer er sie aufstöberte, ihre Antennen zu kürzen, das heißt, sie abzubeißen.

Eine Zeitlang verfolgte er unglaublich hartnäckig ein LSD-Fisch-Weibchen. Zwar vermied er, sie richtig zu rammen oder zu beißen, da ihn offenbar doch ihr Schleimmantel irritierte, aber er näherte sich ihr wutzitternd in kleinen, blitzschnellen Vorstößen, „bremste" dann stets knapp vor ihr ab und beobachtete offenbar hochbefriedigt, wie sie in Schreckstarre, stoßweise pumpend, auf der Stelle liegen blieb. Solange ließ er sie in Frieden, behielt sie jedoch im Auge und kaum faßte sie wieder Mut, ging es weiter! Zuletzt tyrannisierte er das ganze Becken. Alle acht Fische,

sechs davon größer als er, gaben Anzeichen psychischer Schäden: Sie verloren ihren Appetit, schossen hysterisch umher oder versuchten, sich zu verstecken. Als in eben dieses Becken ein Anglerfisch einzog, wußte vermutlich nur dieser Barsch immer, wo der sich gerade aufhielt, ließ ihn wohl nie aus den Augen. Ich habe ihn vor seiner eigenen Frechheit gerettet und zu einem Aquarianerkollegen in Sicherheit gebracht. Er wäre dem Angler früher oder später freiwillig ins Maul gesprungen, schon aus reinem Zorn!

Der zweite Zwergbarsch hatte es schwerer. Er bezog das Becken meiner alten Clarks Clowns, die ja ihrerseits keine Gelegenheit versäumten, Händel auszufechten. So mußte dieser sich in Bösartigkeiten, Gemeinheiten, faulen Tricks üben, um den Clarks beizukommen. Er stahl ihnen, wo immer er konnte, Futter, nahm dann auch Brocken, die ihm überhaupt nicht schmeckten. Ja, er zog solche zur größten Wut der Clarks sogar aus der Anemone! Daß und wie er dies schaffte, nötigte mir stets Bewunderung ab. Er stand dabei regelrecht „Kopf", stieß dann wie ein kleiner Messerfisch auf das in den Tentakeln verwahrte Stückchen herunter und riß es blitzschnell an sich, bevor die Anemone ihn zu fassen bekam. Das ging auch für die Clarks zu schnell, und bis die in blindem Zorn auf ihn losgingen, hatte er längst seine Beute in Sicherheit gebracht. Er war von einer geradezu sportlichen Bos-

heit! Hatte er seinen Schlafplatz bezogen, so „wollte" er ihn den Clarks gegenüber verteidigen, auch wenn die anderes vorhatten (zum Beispiel balzen, den Laichstein putzen), dann provozierte er sie so lange unter Schein-Rammstößen und wilden Zuckungen, bis sie endlich auf ihn losgingen, wie zwei wütende Hunde knurrend vor seinem Loch standen und in den Stein bissen. Da freute er sich! Man sah es ihm richtig an. Seine übelsten Streiche bestanden jedoch darin, andere, friedliche und ängstliche Fische nicht nur selbst zu ärgern und zu schikanieren, nein, er legte es darauf an, sie den Clarks regelrecht zuzutreiben.

Was machen bloß diese kleinen bunten Teufelchen im Korallenriff? Schmecken sie vielleicht so schlecht, daß sie, dermaßen warnfarbig, sich solche Sachen auch dort erlauben können? Oder ist ihnen einfach nur so schrecklich langweilig in unseren Becken? Man sollte unbedingt einmal lange genug im Riff ansitzen und sie beobachten: Vielleicht machen sie dort sogar mit den großen Zackenbarschen solchen Unfug?

Meine anderen Kleinbarsche, ein Blauer Gelbschwanz, drei Feenbarsche und zunächst auch sechs Grüne Schwalbenschwänzchen, waren dagegen richtige Waisenkinder, die recht einfallslos ab und zu ihr Mütchen an passenden Gegnern kühlten. Der Gelbschwanz verteidigte eigentlich nur eine große Muschelschale, in der er wohnte, mit

etwas Einsatz. Nie provozierte er Größere, Stärkere. Höchstens den einen oder anderen Happen ergatterte er, schnappte ihn vor den Mäulern Langsamerer weg, offenbar schmeckte es ihm dann besser. Die Feenbarsche sind dagegen freundliche Schönheiten, die vor ihren jeweiligen Wohnhöhlen malerisch herumstehen, einander ihre Reviergrenzen erklären – „verteidigen" wäre schon ein zu hartes Wort!

Und die Schwalbenschwänzchen bestechen geradezu durch reizende Friedfertigkeit, die sie allerdings manchmal fast provokant besonders gegenüber den Clarks einsetzen. Dann nämlich, wenn sie einer Wolke attraktiven Futters, etwa frischen Flohkrebsen, direkt bis in das Revier der Clarks folgen. Wenn die dann die zarten Grünen vertreiben wollen, dann spritzen die sechs tatsächlich in alle Himmelsrichtungen auseinander, und sie tun dies so auffallend und übertrieben, daß die Clarks daraufhin erst recht in Wut geraten und auf sie losgehen. Dann aber sausen sie in geschlossener, eleganter Sechser-Formation in Sicherheit. Das exerzieren sie regelrecht militärisch durch, es macht ihnen Spaß. Also, Hinterhältigkeit steckt wohl in jedem Barsch?!

Aber bleiben wir noch bei den bestechend schönen, zartgrün irisierenden Schwälbchen: Den sechs Tieren gesellte ich später ein siebtes dazu, das als „Beifang" mit blauen Demoisellen ankam. Das war furchtbar. Meine Sechs haben ihn wie eine blutrünstige Hundemeute

verfolgt, zerbissen, und sie hätten ihn ohne mein Eingreifen innerhalb kürzester Zeit in kleine Stücke zerrissen. So irrte er dann einige Zeit im anderen Becken verstört, einsam umher. Später habe ich ihn wieder zurückgebracht zu Franz, in der Hoffnung, daß er anderswo besseren Anschluß fände.

Überhaupt sind diese Grünen gar nicht so, wie sie immer in der Literatur dargestellt werden, nämlich „friedfertige Schwarmfische". Jetzt gerade beginnt es bei ihnen wieder zu kriseln, offenbar will ein Männchen den „Großen Boß" spielen und ein laichlustiges Weibchen für sich gewinnen. Er zittert vor seiner Angebeteten, drängelt sie aus der Gruppe und versucht, die anderen von ihr fernzuhalten. Er irrt sich nie (ich kenne sie nur an einem winzigen hellen Fleckchen), obgleich immer wieder alles durcheinanderwuselt.

Ein anderer, fast gleich großer ist gegen diese Heimlichtuerei, und kaum entschwindet der „Boß" mit seiner Braut, kommt der hinterher und boxt sie wieder zurück. Dann drohen die beiden Männer einander mit Maulaufreißen, Maulzerren, oder sie stehen sich breitseitig gegenüber, drehen sich umeinander. Das sieht so hübsch, tänzerisch zierlich aus, ist es aber sicher nicht. Ich erinnere mich noch zu gut an den armen Siebten. Auch den umtanzten sie zunächst so zierlich. Grüne Wölfe in Fischschuppen sind sie, diese Schwälbchen!

Jetzt, zwei Jahre später könnte ich von einem weiteren Barsch reden, gegen den alle anderen Waisenknaben sind, nämlich dem strahlend blauen Saphirbarsch. Aber eigentlich habe ich damit schon alles gesagt!

Gladiatorenspiele

Vermutlich sollte man sie besser „Gladiatorenkämpfe" nennen, denn es sind tatsächlich wilde Kämpfe, die oftmals voraussehbar entbrennen, manchmal aber, ohne daß wir den Grund erahnen. Warum wird in unserem Aquarium überhaupt gekämpft, warum müssen diese ekelhaften Fische, denen man sowieso jeden Wunsch von den runden Kulleraugen abliest, denn kämpfen? Warum kann es, zum Kuckuck, nicht friedlich zugehen? Das frage ich mich leider oft genug. Dann ist es höchste Zeit, sich zu erinnern: an manchen spannenden Freiwassergang, an unzählige Beobachtungen, die genau das, was ich hier so zornig hinterfrage, sonnenklar werden lassen.

Da sind auf Bird Island zum Beispiel zehn (tatsächlich, es sind genau zehn!) prächtige, handgroße, schwarzweiß gestreifte Preußenbarsche, manche haben ein bißchen Schwefelgelb am Rücken und um den Schwanzstiel, bildschöne, ungemein kämpferische Kerle. Wenn ich mich bei der Korallenblockgruppe, die ihnen gehört, lang genug aufhalte, dann versuchen sie zunächst,

mich wegzubeißen, einzuschüchtern. Gelingt ihnen das nicht (es gelingt ihnen nicht!), dann vergessen sie mich, beachten mich überhaupt nicht mehr, eine vernünftige Einstellung zu Unabänderlichem, die kaum Zeit und keine Energie kostet.

Nun kann ich teilhaben an den spannenden Aktionen, die sie allen anderen Störenfrieden liefern. Nähert sich ein Trupp kleiner Barrakudas, so gehen sie vorsichtig in Halbdeckung, kaum aber sind die vorbei, rasen sie ihnen keifend nach. Nicht allzu weit! Wendet nämlich der Trupp, sind sie auf der Stelle verschwunden. Ein einzelner Brauner Segelflosser wird breitseits genommen, er dreht sofort ab, aber ein größerer Trupp von ihnen, auch eine Gruppe weidender samtbrauner Doktorfische, wird ignoriert! Kommt der herrlich grünblau schillernde, riesige, starr blickende Schnapper (vor dem ich, ich gebe es offen zu, immer etwas Angst habe – ich drehe ihm deswegen auch nie den Rücken zu!), dann gehen sie in ganz enge Formation und drehen sich „am Ort" zusammen mit ihm. Er kommt vermutlich nur, weil er sich für mich interessiert, das ist für die Barsche natürlich sehr ärgerlich; aber wahrscheinlich durchschauen sie den Zusammenhang. Wenn er sehr hartnäckig den Block umkreist, schwimme ich auch deshalb weg.

Wunderschön sieht es sich an, wenn ein nicht zu großer Juwelenbarsch oder gar ein Zackenbarsch vorbeikommt. Zwar halten die sich meist einige Meter unterhalb der Kuppe auf, dort werden sie ignoriert. Doch gibt es anscheinend eine bestimmte Höhengrenze, und alles, was darüber liegt, ist Preußenbarsch-Revier! Dann stoßen sie hakenschlagend, blitzschnell, scheinbar ungeordnet, von allen Seiten auf den Eindringling zu. Es geht so rasch, daß man gar nicht genau sieht, ob tatsächlich gebissen wird. Der Angegriffene seinerseits kontert mit blitzartigen Wendungen, das geht kopfüber, kopfunter, dazwischen rasches Rütteln, Zucken, Zustoßen! Meist verliert sich die wilde Jagd in der Tiefe, aber schon Sekunden später erscheinen meine zehn tapferen Barsche wieder, kregel, übermütig, offenbar längst nicht genügend gefordert und ausgelastet.

Manchmal kommt tatsächlich längere Zeit gar nichts Vertreibungswürdiges vorbei, dann sieht man deutlich, daß ihnen fad wird, sie dehnen ihre Ausflüge immer weiter aus, entfernen sich sogar ein paar Meter von ihrem Block, um nachzusehen, ob sich denn gar nichts Lohnendes zeigt. Jetzt greifen sie sogar Hornhechte, Sepien oder die winzigen Clownfische aus der Anemone von nebenan so lange an, bis die sich verdutzt flach zwischen die Tentakel legen und damit zudecken! Denn das passiert doch eher selten, normalerweise schenken ihnen die Barsche keinen Blick.

Schon sind wir genau bei dem Punkt, auf den es ankommt: Bei uns, im gepflegt-wohltemperierten Wohnzimmerriff, da ist ihnen wohl recht oft langweilig, unseren Fischen. Gut gefüttert und gutgelaunt möchten sie eben ab und zu ihr Mütchen kühlen. Viel Auswahl lassen wir ihnen ja nicht, können wir ihnen auch beim besten Willen nicht lassen. Vielleicht sollten wir zweimal am Tag einen kleinen Hai durchs Becken schicken, dann wäre alles, was der übrigließe, friedlich und fromm, nehme ich an. Spaß beiseite, solche Beobachtungen verdeutlichen, daß im Freiwasser der Feinddruck einen unwahrscheinlich hohen Stellenwert haben muß. Sämtliche Aktivitäten der Fische sind darauf abgestimmt. Im Freiwasser sind vermutlich die meisten Vergesellschaftungen echte Schutz- und Trutz-Bündnisse, diese Meinung ist auch in der Literatur vertreten, wenn Lebensformen des Riffs beschrieben werden. Wir selbst können es dort in seiner extremsten Form jederzeit nachvollziehen: Wenn wir nämlich einen dieser kleinen, lose im Sand liegenden Korallenblöcke, in dem sich soeben ein Dutzend Riffbärschchen versteckt hat, in die Hand nehmen, schütteln (nichts flüchtet!), aus dem Wasser nehmen, hochheben, die Taucherbrille zurückschieben, um besser zu sehen, nochmals schütteln, und die armen Würmer kleben immer noch verzweifelt im Korallengeäst. Jetzt rasch wieder zurück damit ins Wasser, ein paar Tempi weggeschwommen, und nun endlich wagt sich das erste

Schnäuzchen ein paar Millimeter aus dem schützenden Verhau. Man kann es kaum glauben!

Auch vom Sperber erschreckte Spatzen flüchten in den dornigen Berberitzenstrauch. Aber man versuche dann, an einem Ästchen zu ziehen! Alles rast los, Sperber hin, Sperber her! Obgleich wir es ja mit einer ganz ähnlichen Situation zu tun haben. Sperlinge können es sich offenbar „leisten", auch in höchster Gefahr noch rasch den Gefährlichkeitsgrad zu taxieren. Vielleicht liegt der Unterschied darin, daß es so unendlich viele Unterwasserfeinde aus den verschiedensten Gattungen, ja Ordnungen, gibt. Der verfolgte Fisch hat keine Zeit zu taxieren, ob das nun „Sperber", „Krähe" oder nur „Taube" ist, denn alles, alles will ihn fressen!

Dennoch juckt es mich immer wieder, wenn ich meinen bildschönen Herzogfisch, meinen Gelben Segelflosser allein im großen Becken seine Runden drehen sehe, ihm doch einen Kumpan zuzugesellen. Es kommt mir so unbiologisch, schlicht „unnatürlich" vor, so viele Fische nur wegen des fehlenden Feinddruckes als Einzelindividuen halten zu müssen! Ich verstehe nicht, warum es auch dann nicht funktioniert, wenn ich zwei gestreßte Frischimporte zusammensetze, denn die wissen doch noch gar nicht, daß es hier keinen Feind gibt! Spricht es sich so schnell herum, daß hier nichts „los" ist? Es muß noch andere Gründe für solch hartnäckige

Unverträglichkeit geben. Denn manchmal glückt es, sogar bei streitbaren Arten. Oft sieht es wie „Liebe auf den ersten Blick" aus! So habe ich sich glücklich liebende Paare von Schwertgrundeln und Herzogfischen „zustande gebracht", eine wahre Augenweide, die mich für viel Harm entschädigt.

Aber ich habe zwei Gelbe Segelflosser – besser ausgedrückt – ich habe einen Segelflosser und noch einen Segelflosser, und ihretwegen raufe ich mir die Haare! Der erste Gelbe Segelflosser lebt nun schon geraume Zeit bei mir. Nun stoße ich aber bei eingehendem Literaturstudium immer wieder auf wunderschöne, beeindruckende Abbildungen von zwei, sogar von mehreren Gelben Segelflossern, die nebeneinander schwimmen. Natürlich kann ich auf den Fotos nicht erkennen, ob sie nicht am Ende hintereinander her sind! Wegen solcher Fotos habe ich jedesmal, wenn Franz Segelflosser erhält, es von neuem versucht, meinen zu vergesellschaften, dreimal bisher. Jedesmal konnte ich den soeben Eingesetzten mit knapper Not gerade noch lebend bergen. Neulich kam wieder ein ganzer Schwarm Gelber an, alle etwa gleich groß wie meiner! Und alle in bester Kondition. Mein letzter Fehlschlag lag schon wieder einige Monate zurück, die Erinnerung an die Prügeleien war fast verblaßt.

Also nehme ich wieder einen Segelflosser mit (Franz lacht schon, er sagt etwas süffisant: Du siehst wohl gern Blut? Wie mich das ärgert!), und ich setze den Neuen wieder, so wie immer bisher, in den Eingewöhnungsbehälter, ein gelochtes kleines Plexiglasaquarium, das oben eingehängt wird, schöne Steine sind drin, es ist recht wohnlich, und der Neue frißt auch gleich mit Appetit. Anfangs irritiert ihn, daß mein Alter sich sogleich von außen heranmacht und aufbläst – für mich nichts Neues! Er trägt es bald mit Gleichmut, bringt einen Stein zwischen sich und den anderen und hält sich so in Deckung. Ich fasse etwas Hoffnung und lasse die Situation reifen. Zwei Tage lang. Meinem Segelflosser wird das Vorbeiimponieren leider längst nicht fade, im Gegenteil! Wie ein gelber Gockel stolziert er mit schrägem Blick hundertmal am Tag am Beengten vorbei. Eigentlich könnte ich abbrechen, den Neuen diesmal gleich, und noch unversehrt, wieder zu Franz zurückbringen. Aber – es juckt mich! Beide sind gleich groß, der Neue vielleicht eine Spur größer? Die Versuchung ist zu groß: Ich lasse das Miniaquarium absinken. Jetzt könnten sie zusammen schwimmen! Ich warte sage und schreibe 57 Minuten, während derer sich beide nach wie vor durch die Trennscheibe beflegeln, bis sich der Alte rein aus Versehen zum Neuen hineinverirrt! Auf geht's! Der Neue raus! Runter! In Deckung? Aber keine Spur! Er stellt sich, beide schaukeln wie zwei strahlend gelbe Scheiben umeinander, dann einen halben Meter vorwärts, zurück, auf-, abwärts, zwei rasende Spiegelbilder! So hatte ich es noch nie.

Etwa eine halbe Stunde lang gehen diese Schulter-an-Schulter-Jagden hin und her, köstlich, daß der Blaue, der Palettendoktor, ab und zu versucht, sich einzumischen, und unglaublich, daß er total übersehen wird, am liebsten schwämmen sie durch ihn hindurch.

Die alte Clark-Frau gibt es sofort auf, mitzureden. Die übrigen Fische halten sich alle irgendwie zurück. Nicht, daß sie (so wie ich) interessiert zugesehen hätten, im Gegenteil, es breitete sich eine eigenartige, fast „beschönigende" Stimmung im Becken aus! Als sagte jeder zu jedem: Ach, schau bloß nicht hin – laß die beiden bloß – vielleicht geben sie dann auf – als ob in eine gesittete Bürgergruppe ein Betrunkener hineintorkelt! Es ist beklemmend spannend. Keiner gibt auch nur eine Spur von Müdigkeit zu erkennen, wie zwei Rassepferde galoppieren sie durch dick und dünn, durch *Caulerpa* und Gorgonie, hügelauf, hügelab, bockend und auskeilend, plötzlich wendend, Kapriolen schlagend, nur viel, viel eleganter, losgelöst von aller Erdenschwere und faszinierend schön.

Inzwischen habe ich längst den Fotoapparat schußfertig, ich blitze drauflos, die beiden nehmen es sicher nicht wahr. Eine Kampfwende bahnt sich an. Gibt der Neue auf? Er zieht sich kurz hinter den großen Block zurück, die Bludru-Anemone schützt ihn. Nicht lange, nach zwei, vielleicht drei Minuten kommt er wieder, alle Flossen voll ausgefahren. Er kommt aber diesmal ganz langsam, wie in Zeitlupe, mit kleinen ruckelnden Schwimmbewegungen heran. Und mein Alter zieht mit, sie ruckeln nebeneinander langsam vorwärts, steilen plötzlich synchron auf, verhaken die Schwanzstiele ineinander – ihre Waffen sind voll ausgefahren! – und nun wird gekämpft.

Alles bisher ist reines Spiel, lockeres Kräftemessen gewesen. Jetzt ist der Augenblick der Wahrheit gekommen! Von wegen Augenblick! Der Film ist fertig. Ich habe viel zuviel Angst, etwas zu verpassen, um nachzuladen. Der Kampf tobt, ein ganz neuer, verhaltener Kampf. Ich erwarte jeden Augenblick, daß einer den anderen von oben bis unten aufschlitzt, sie schieben und drücken einander hin und her, wechseln blitzschnell die Seiten, entfernen sich Bruchteile von Sekunden voneinander, um sogleich wieder aufeinander zu zu stürzen, Schwanz an Schwanz. Man glaubt, das Knirschen der ineinander verhakten Skalpelle zu hören, und das Keuchen der Kämpfer: Denn nun keuchen sie! Die Kiemendeckel klappen weit auf und nieder, die Mäuler öffnen, schließen sich im gleichen Takt, immer hastiger, immer schneller. Ab und zu halten sie, ineinander verkrallt, inne, röcheln nach Luft, und weiter geht es!

Es geht nach einer halben, dreiviertel Stunde immer noch weiter. Ich könnte wohl endlich den Film wechseln, habe aber keinen bei der Hand, verflixt! Also stürze ich aus dem Haus, zum Fotogeschäft, um mich rasch mit dem Nötigen

zu versorgen, komme zurück, atemlos vom hastigen Stiegensteigen: Sie stehen immer noch da und kämpfen. Der zweite Film ist gleich durch. Und ich müßte längst wieder an die Arbeit! Auch bin ich förmlich ausgelaugt vom intensiven Zusehen.

Drei Stunden später komme ich zurück, und da kämpfen sie immer noch. Die Verschnaufpausen sind länger geworden, aber die Intensität des Kampfes ist unverändert: Stemmen, Drücken, Schwanzschlag, Wegschnellen, Aufeinanderzustürzen, Verhaken, Stemmen... Und, das realisiere ich erst jetzt, völlig verdutzt: Keiner ist verletzt! Kaum ein kleiner Flossenstrahl, der sich unordentlich aus dem Verband gelöst hätte, intakt sind die beiden gelben Helden! Ich wohne hier also einem hochri-

Zwei Phasen des Kommentkampfes beim Gelben Segelflosser, *Zebrasoma flavescens.* a) Die Kämpfer richten sich auf, verhaken ihre Skalpelle am Schwanzstiel ineinander und versuchen dann, sich mit aller Kraft wegzudrücken. b) Dann kippen sie langsam nach vorn und stoßen einander mit ruckartigem Schwanzschlag weg.

tualisierten Kommentkampf bei, dem Paradebeispiel einer Kunstkampfform, so schön, wie es sich ein Verhaltensforscher nur träumen kann!

Er erfüllt die wichtigste Forderung: **nicht verletzen! Nicht beschädigen!** Dieser Kommentkampf ist nur darauf abgezielt, die beiden Kämpfer zu ermüden, auf daß der Schwächere nachgebe. Hier aber gibt es offenbar keinen „Schwächeren", sie werden beide gleich schnell, oder gleich langsam müde, sind also tatsächlich beide gleich gut in Form! Wie wird sich das auf das Resultat des Kampfes auswirken? Die Schaltuhr spielt Deus ex machina: Die Recken müssen unterbrechen, im Dämmerlicht kämpft sich's offenbar schlecht! Noch nie war ich so neugierig auf den nächsten Morgen! Ich stelle den

Wecker, um ja vor dem Einschalten des Morgenlichtes zur Stelle zu sein, bin es auch: Aber die Sache ist offenbar „gelaufen", die beiden haben sich das Revier geteilt: einer links, einer rechts. Das war es!

Jetzt habe ich tatsächlich, endlich, zwei Gelbe Segelflosser! Nur: Zusammen schwimmen sie nicht! An der Reviergrenze schauen sie sich übertrieben deutlich „nicht" an, senken dabei ihre Schnauzen und machen in voll ausgefahrener Flossenpracht eine rasche, ruckartige Kehrtwendung. Das ist alles, und es kommt auch nicht oft vor.

Im Freiwasser werden sich derartige Kämpfe ebenso, vermutlich jedoch viel kürzer, abspielen, denn Freßfeinde werden den Ausgang so oder so beschleunigen. Aber wenn sie beide überleben, dann schwimmen sie zusammen! Nicht der eine rechts, der andere links vom Riff. Also bin ich wieder dort angelangt, wo ich schon war!

Nahrungserwerb

Korallenfische sind zum Großteil Nahrungsspezialisten. Das sollte man sich immer vor Augen halten, auch wenn die eigenen Aquarienfische bereits gut an Flocken- und Tablettenfutter gehen. Wir sollten gerade bei solchen sensiblen Tieren, denen im Freiwasser eine unvorstellbar reiche Palette verschiedenster Köstlichkeiten offensteht, die Fütterung nicht auf die leichte Schulter nehmen und uns nichts darauf einbilden, wenn alle Fische endlich das übliche Fertig- und Einheitsfutter schlucken, denn das entspricht letztlich ja einer Art Kraftfutter, wie es unsere Nutztiere erhalten. Ungleich faszinierender ist es, unsere Fische mit möglichst natürlicher Nahrung zu fordern! Die Fische danken es mit interessanten, eben artrichtigen Verhaltensweisen, und wir lernen sie besser kennen!

Nichts ist weniger spannend, als einen handzahmen Fisch zu pflegen, der, kaum daß man das Zimmer betritt, mit gierigem Blick zu der Stelle des Beckens stürzt, wo die Futtergaben zu erwarten sind!

Jahrelang schon füttere ich alle meine Fische ausschließlich mit Tiefkühl- oder Lebendfutter. Wenn man *Mysis, Artemia*, größere Garnelen und Mückenlarven mischt und dazwischen zur Bewegungstherapie noch etwas Cyklops reicht, dann hat man ein abwechslungsreiches Angebot; jeder oder fast jeder Fisch findet etwas Interessantes, und, was wahrscheinlich noch wichtiger ist, er kann wählen!

Derzeit pflege ich 76 Fische (oh je, ich dachte, es wären weniger) und sie erhalten pro Tag, verteilt auf möglichst viele Einzelfütterungen (wenn ich kann, sonst zweimal) 12 bis 14 Tiefkühlwürfel. Ich habe einmal nachgerechnet: Sie kosten mich das Äquivalent von etwa eineinhalb Portionen Speiseeis! (Nun, ich bin kein Speiseeis-Fan. Also kostet mich das Fischfutter gar nichts, oder?)

Manchmal wird es teurer: Wenn ich etwa meinem *Chelmon* einen Röhrenwurm offeriere, aber er freut sich so und ich mich beim Zusehen noch mehr!

In diesem Sinne sollte man die folgenden Kapitel verstehen: als Beispiele für verschiedene Möglichkeiten und raffinierte Techniken des Nahrungserwerbs. Das betrifft besonders die Spezialisten unter den Spezialisten, wie zum Beispiel alle in Symbiose mit Wirbellosen lebenden Fische. In diese Kategorie müssen wir auch die Parasiten stellen – obgleich die Grenze oft kaum zu ziehen ist!

Unterwasser-Flamenco

Nicht von der „Spanischen Tänzerin", jener leuchtendrot aufgeputzten Meeresschnecke soll hier die Rede sein, sondern vom unvergleichlich herben, knochentrockenen, kastagnetten-begleiteten Stampf-Tanz, der das darstellt, was man sich gemeinhin unter Spanien – „Olé"! – vorstellt. Vielleicht haben wir mit dem Ausdruck „knochentrocken" Schwierigkeiten, denn immerhin spielt sich alles unter Wasser, in der rauschenden Brandung Bird Islands, ab. Aber ich vertraue auf Ihre Vorstellungskraft.

Wenn ich schon etwas müde von den Beobachtungen an meinen speziellen Korallenblöcken auf dem kürzesten Weg heimwärts schwimme, dann quere ich ein flach abgeschliffenes Riffdach, es liegt schon ein gutes Stück vom Innenriff entfernt, mitten im Sand. Das Wasser dort ist höchstens fünf Meter tief, bei Ebbe sind es kaum zwei Meter. Sobald ich diese Felsformation in der leichten Trübung, die von der Brandung herrührt, wahrnehme, weiß ich, daß ich nicht mehr weit von „zu Hause" entfernt bin. Manchmal beobachte ich hier noch Interessantes, immer sind einige junge Doktorfische dort, die an grauen, sandigen Algenbüscheln nagen, oder ganz kleine blaue, türkisfarbene oder schwarz-weiße Riffbarsche, die um einen zackigen Vorsprung wimmeln. Aber Aufregendes passiert dort nicht mehr, die sandaufwirbelnden Brandungswellen sind zu nahe, als daß sich dort spannende Fische länger aufhalten würden.

An einem recht stürmischen Nachmittag quere ich diese Riffplatte gerade wieder, und mit einem halben Blick wundere ich mich, daß dort heute so viele große zerschlissene Blätter – oder sind es Tangbüschel? – im groben Spiel der Wellen treiben. Sandwirbel erschweren die Sicht, doch als ich mich genau darüber befinde, erkenne ich elektrisiert, daß das da unter mir etwas ganz anderes ist: Es sind sechs große und drei etwas kleinere Rotfeuerfische! Auf den Seychellen macht dieser bizarre Skorpionfisch seinem Namen keine Ehre, er ist nämlich nicht feuerrot, sondern unendlich vornehm weiß, beige, dunkelbraun und schwarz gezeichnet. Sein „Feuer" ist also von verhaltener Art, es ist wohl verglüht und hat diesem Fisch ein durchgestyltes, graphisches Aussehen verliehen. Wenn Paul Flora mit seiner spitzen Feder einen Rotfeuerfisch zeichnen würde, so wäre es eben dieser, hier von den Seychellen.

Oben: Ein Juwelen-Fahnenbarsch, *Pseudanthias squamipinnis*, kann sein Geschlecht und damit auch seine sekundären Geschlechtsmerkmale „nach Bedarf" wechseln
Unten: Hier verwandelt sich ein bisher dominantes Männchen wieder zu einem Weibchen zurück.

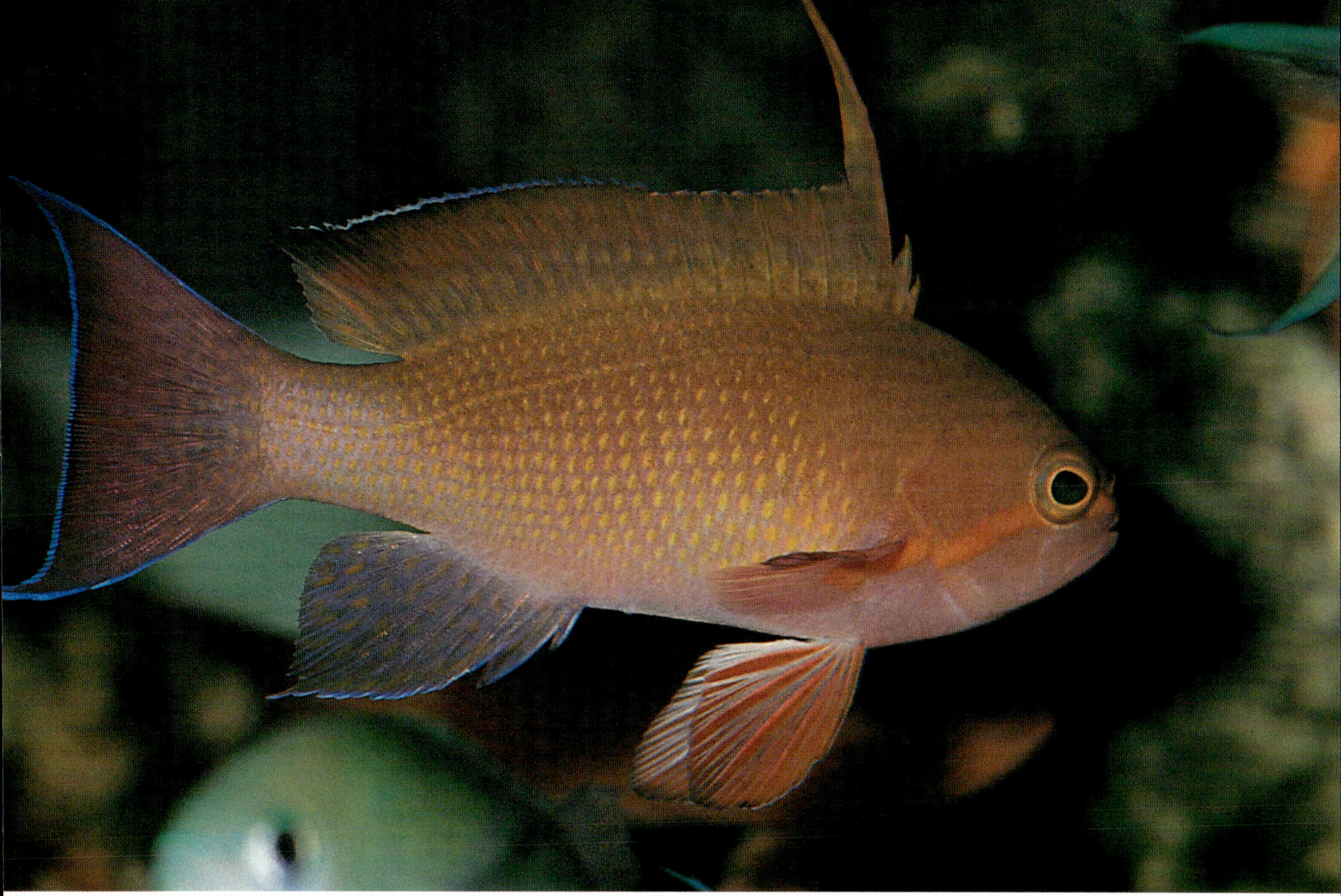

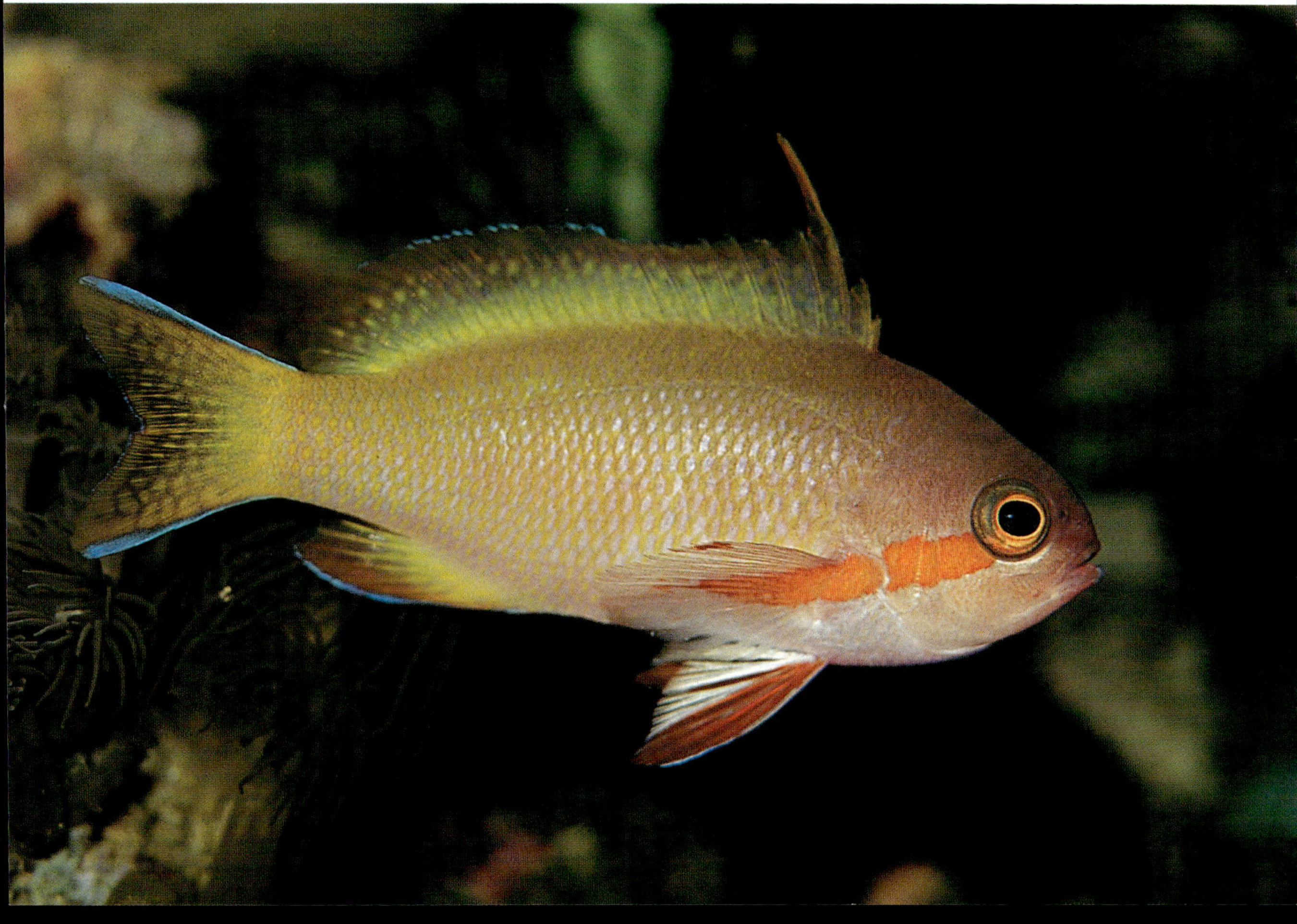

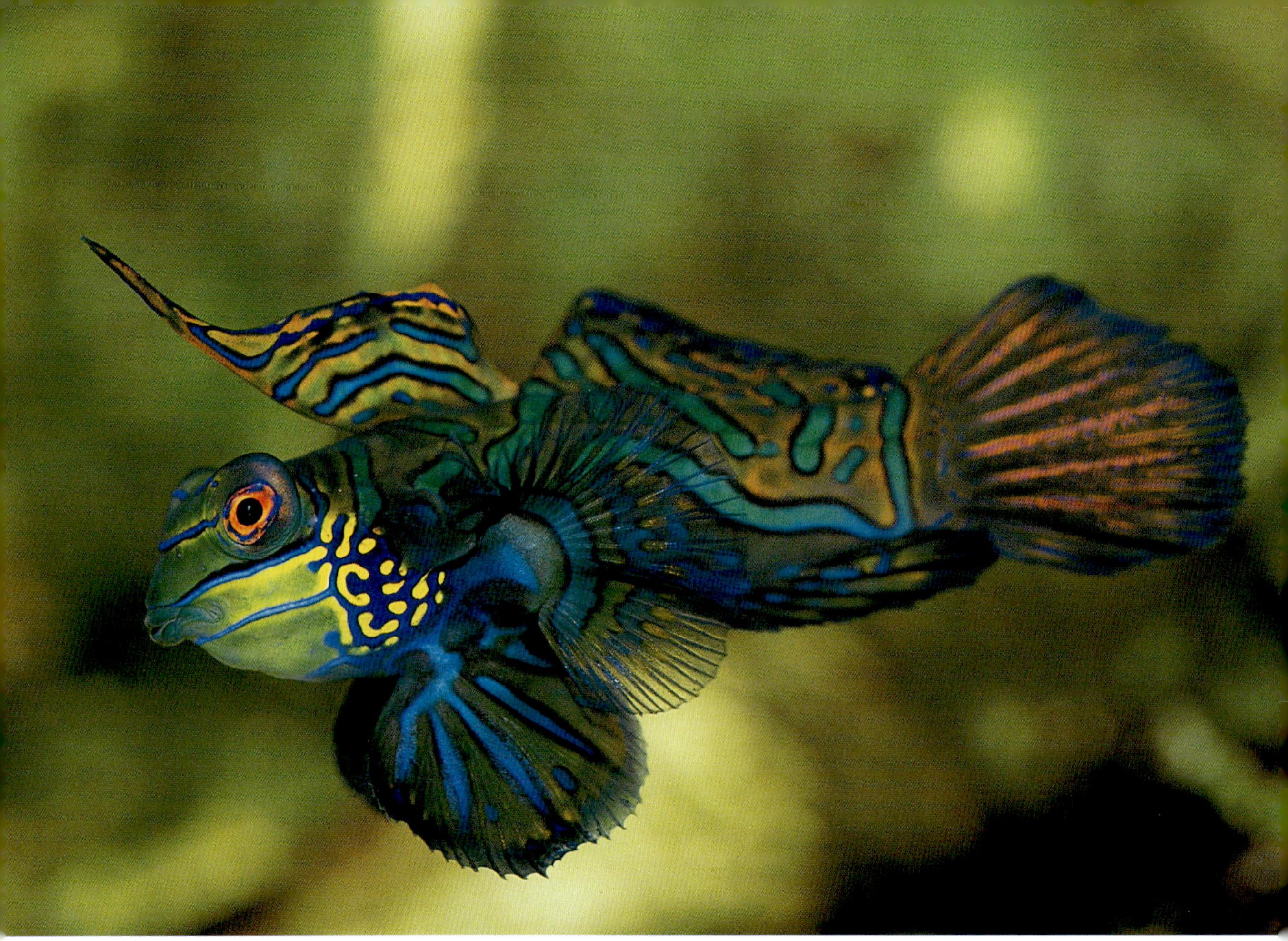
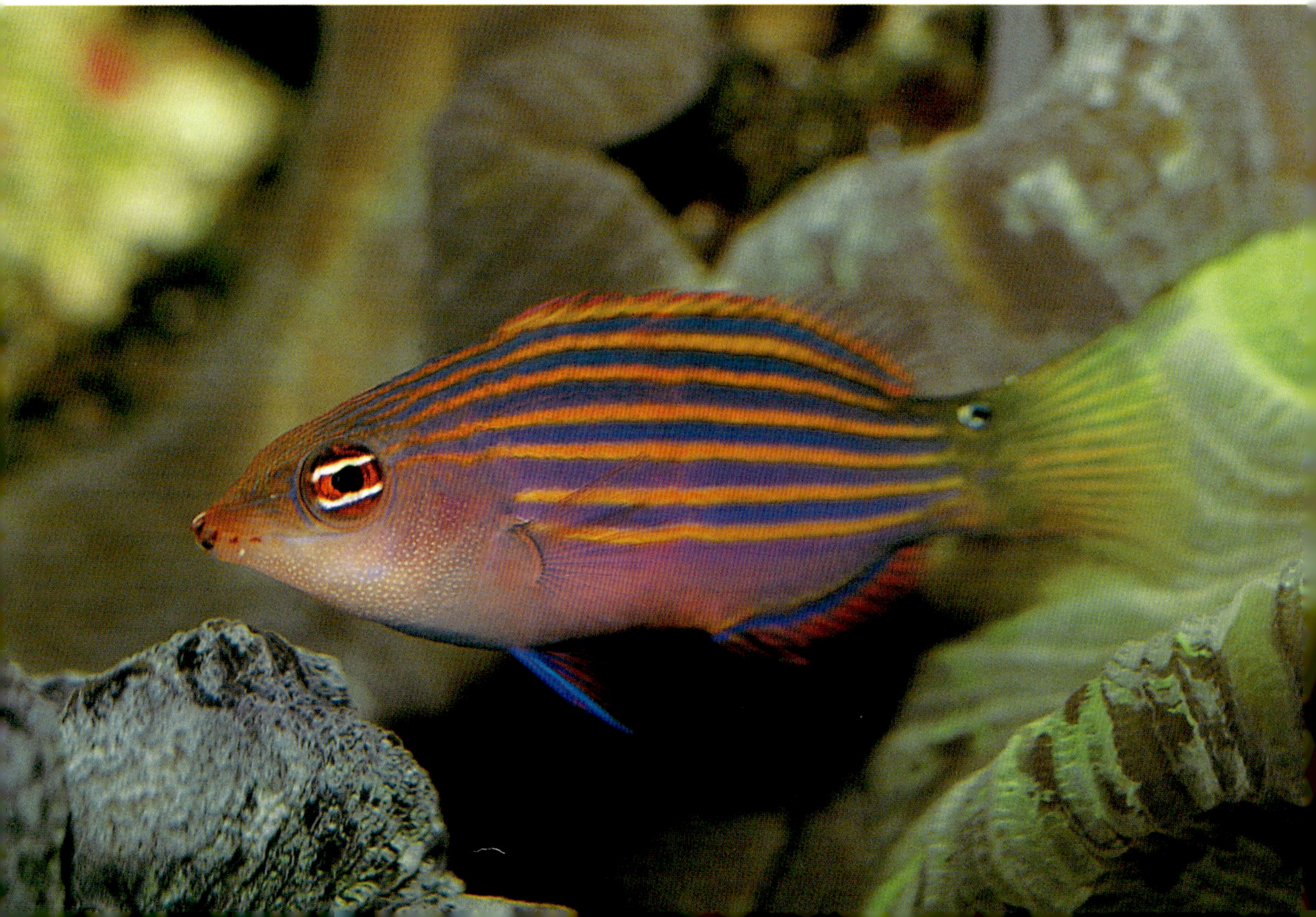

Mühsam auf der Stelle innehaltend, beobachte ich diese groteske Versammlung. Es ist, als folgten sie einer hektischen, abgehackten Musik, sie tanzen mit ausgebreiteten zerschlissenen Flügeln in kurzen Schaukelsprüngen hin und her, einen eckigen, zitternden Ringelreihen. Die sechs Großen sind so nahe beisammen, daß sich ihre abgespreizten Flossenstrahlen nahezu berühren. Die ruckartigen Bewegungen gehen von einem auf den anderen Tänzer über, eine verhaltene, leidenschaftliche Rhythmik führt sie. Im Ohr das krachende Brechen der Brandung, fällt es mir dennoch leicht, die Melodie, der sie offenbar folgen, mitzuhören, das ganz feine, knisternde Klirren tausender Korallenbruchstücke, die von den hastig sich überschlagenden Wellen vor- und zurückgerollt werden. Hin und her, vor und zurück zittern die stachelflossenstarrenden großen Fische, wie riesige, gespreizte Hände, die versuchen, ihre Fingerspitzen auf Kontakt zu bringen.

Oben: Ein männlicher Mandarin-Leierfisch, *Synchiropus splendidus,* ein phantastischer Fisch!
Unten: Der Sechsstreifen-Lippfisch, *Paracheilinus hexataenia*, ist ein kleiner Lippfisch mit raffinierter Farbgebung. Den eigenartig „schrägen" Blick verdankt er seinen zweiteiligen Augen, eine Anpassung an seine besondere Art des Beuteerwerbs: Er pickt winzige Krebschen aus engen Spalten.

Ab und zu klappen sie ihre Stacheln ganz kurz zusammen und reißen sie dann wieder zitternd auseinander, breiten sie zitternd weiter und weiter aus. Sie tun es nie alle zugleich, sondern einer beginnt, und die anderen übernehmen die Bewegung, nacheinander, ein eigenartiges Fließen in all der harschen Härte dieses Flossentanzes. Die drei Kleineren stehen in einer Art Halbkreis hinter den Großen, vollführen dieselben Bewegungen im gleichen Rhythmus, jedoch mit geringer Zeitverzögerung: als erreichte sie der Schall der Tanzweise ein bißchen später. Der Kreis der großen Tänzer bewegt sich ruckweise, in kunstvollen, manierierten Figuren langsam hin und her, ab und zu öffnet er sich kurz, um dann geradezu hektisch, rasch, sich wieder zu schließen. Die Kleineren wiederholen ihre Figuren, es erinnert mich an ein gemischtes Erwachsenen- und Kinderballett, die Kinder ahmen die Perfektion der Großen ganz ernsthaft nach. Ich nutze eine Wellenberuhigung aus, um den Tänzern tauchend näherzukommen. Der ganze Sandboden wimmelt von winzigen, fast durchsichtigen silbrig blinkenden Tintenfischchen, die scheinbar richtungslos einmal hierhin, einmal dahin schießen! Der zuckende Kreis der Tänzer ist nichts anderes als eine Freßgesellschaft, sie treiben sich die zappelnde Beute in vollendeter Schönheit vor die zuschnappenden, einatmenden Mäuler. Da sie ihre Opfer in Bruchteilen von Sekunden einsaugen, sind die zitternden, blitzschnellen Zuckungen

nichts anderes als Schluckvorgänge. Eine profane Erklärung!

Die Kleineren, in zweiter Reihe, tun also auch nichts anderes. Offenbar bewegt sich die Beute in dichten Schwärmen vorwärts, wird zuerst von den Großen eingekreist und das Übrigbleibende dann an die Kleinen „weitergereicht". Es ist fast schade, daß ich mich in meiner Wißbegier um den Zauber, das Geheimnis dieses Schauspiels gebracht habe. Aber was für ein Festmahl, mit zerfransten Rüschenröcken, klirrenden Degen und Sporen und Kastagnetten! Olé!

Da ich jetzt weiß, welche Köstlichkeiten unter den Überhängen dieses unscheinbaren Riffdaches verborgen sind, spare ich immer noch ein bißchen Energie und besuche beim Heimschwimmen jedesmal die neun Rotfeuerfische. Zuerst schleiche ich mich an, in der Hoffnung, sie wieder beim Freßtanz zu überraschen – es ist mir bisher nicht wieder geglückt! – dann tauche ich bis zu den Nischen ab, dort, wo jeder für sich im Halbdunkel eng am Fels lehnt, manche hängen auch kopfunter in kleinen Halbhöhlen. Sie starren mich blicklos an, halten ihre giftigen, gestreiften Stachelflossen meist eng an den Körper gelegt.

Zwar sind sie auch so beeindruckend, gefährlich schön; aber hätte ich sie nicht in voller Pracht belauscht, könnte ich es mir niemals vorstellen, wie anders sie aussehen können!

Der Freitagabend-Fisch

Franz hat angerufen. Frische Seewassersendung mit „Niederen Tieren" ist angekommen! Er weiß, daß ich danach förmlich fiebere, beim Auspacken seiner Schätze dabeizusein. Ich kann mich gar nicht erinnern, daß Weihnachten je so schön war! Es ist ganz unwahrscheinlich spannend, zu sehen, wie die schlaffen, grünlichgrauen Schleimklumpen unter seinen sorgsamen, geübten Händen förmlich aufblühen, wenn er sie in seinen Becken zurechtlegt und rückt und schichtet: dieses Klümpchen näher ans Licht, jenes in den Sand, den Schleimfäden ziehenden, welken Brocken in die Strömung und den großen Block noch davor gelegt. Erstaunlich, wie wenig letztlich tatsächlich siecht und stirbt.

Auch seine Fische, die gegenüber in einer langen Reihe übersichtlicher Becken untergebracht werden, sind erstaunlich lebhaft und verhalten sich gut. Sie verstecken sich, graben sich ein oder versuchen sich sonst irgendwie in Sicherheit zu bringen. Schon während des Auspackens taxiert er seine Geschuppten: Dieser hier kommt allein ins Becken, jene vier könnten sich vertragen, und diesen Streithansel steckt er vorläufig zu den robusten Großen, und so weiter. Mittlerweile ist die Galerie seiner „Niederen Tiere" durch die Strömung geläutert worden, Muscheln klaffen gierig auseinander, enthüllen ihr Innenleben, fluoreszierende Mantelzeichnungen. Auch Scheibenanemonen

machen sich langsam breit, und zerknitterte Aktinien entfalten sich blumenhaft und zart, sogar die eine oder andere Lederkoralle wagt es, ein Sternchen auszufahren.

Was aber war das? Ein graulila-grünliches Borstenklümpchen klappt mit einem Mal zwei, nein tatsächlich vier breite Beine aus und watschelt wiegend unter den Algenschopf. Ha! Ein hochgiftiger Steinfisch, der seine Tarnung gerade aufgegeben hat? Was denn sonst? Er sieht unglaublich grotesk aus, ja, man kann es nicht anders beschreiben, er sieht unglaublich aus. Es ist ein winziger Anglerfisch, eher ein Anglerfisch-Baby. Zu zweit begutachten wir ihn, Franz nicht gerade begeistert, Gott weiß warum, aber um so mehr bin ich es. Mein Traumfisch! Keine Sekunde kann ich mehr warten. Der muß es sein, die ganze übrige Farbenpracht läßt mich kalt, ich bin ja auch längst schon „überbesetzt", nichts geht mehr. Aber dieser hier, das ist ja sowieso kein richtiger Fisch, und mit seinen knapp zwei Zentimetern Körperlänge fällt er meiner Wasserchemie sicher nicht zur Last. Franz ist offensichtlich froh, den froschgesichtigen Gnom loszusein und mir damit noch dazu eine Freude zu machen. Mit ihm und einigen vielversprechenden Steinen ziehe ich los, kann es kaum erwarten, ihn ins Becken zu entlassen. Mühsam nehme ich mir die vorgeschriebene Zeit, während der er beleidigt und apathisch im Plastikbeutel sitzt und mich mit winzigen, radspei-

chenähnlich gemusterten Äuglein anstarrt. Kaum sind Wasserwerte und Temperatur einigermaßen angeglichen, öffne ich. Er bleibt – was sonst – sitzen. Ich zügle meinen Tatendrang und sitze ebenfalls. Wir schauen uns an. Nichts passiert. Wenigstens kann ich mir ihn genau ansehen: seinen über und über mit winzigen, bäumchenartigen Anhängseln versehenen Körper, am „Kinn" wehen sie wie ein lustiger Bart hin und her. Sogar die fiedrige Angel über seinem Froschmaul zuckt ab und zu in der Strömung. So ein Phlegmatiker! Daß ihn nichts dazu bewegen kann, in mein herrlich bewachsenes, unterschlupfreiches Becken einzutauchen und es, wie ich erwartet hätte, begeistert zu erkunden – nichts dergleichen. Wir sitzen also. Dann passiert es. Er öffnet – nein, er spaltet sich! Er klafft einfach bis zur Hälfte auseinander, und klappt wieder zu. Das also ist alles Kopf, er besteht nur aus einem Riesenschädel und einem Schwänzchen. Die Flossenfüße, die er jetzt ausfährt, sitzen auch am Kopf . . .? Es sieht ganz so aus. Er hat also wohl gegähnt, und jetzt endlich macht er sich gemächlich schaukelnd, fast in Zeitlupentempo, auf den Weg, verharrt noch kurz am Rand des Plastiksäckchens und ich bewundere hingerissen seine wie kleine Krallen funktionierenden Flossenstrahlen, mit denen er sich anklammert. Dann weht es ihn in die Tiefe. Weg ist er. Ich sehe ihn nirgends mehr, so sehr ich mich auch anstrenge. Er ist einfach eins geworden mit den algen- und schwammüberwu-

cherten Steinen. Ich habe genau gesehen, wohin er „gegangen" ist und ihn dennoch aus den Augen verloren. Schade. Nun geht auch das zeitgeschaltete Licht aus, im Dämmerschein taucht er nicht mehr auf. Nun, morgen werden wir ja sehen. Mit Spannung starre ich also am nächsten Morgen mindestens eine Stunde ins Becken, fixiere jede algenbewachsene Kontur, bilde mir alle paar Minuten ein, ihn endlich entdeckt zu haben und gebe auf. Ich werfe einige bedauernswerte Gruppys ins Becken, die alle in Windeseile meine alte Clownfisch-Frau schnappt und ihrer Anemone verfüttert. Mein Traumfisch bleibt verschwunden. Vergessen kann ich ihn nicht! Mit wachsendem Grimm schau ich meine Alte an und beschuldige sie mehrmals täglich, den Angler ebenfalls in ihre Anemone gestopft zu haben, denn das kam ja oft genug vor, und sie grinst auch so richtig gemein und fletscht ihre kleinen Beißerchen. Sie ist auf alles eifersüchtig, was neben ihr ein Futterbröckchen verschlucken könnte!

Es ist der 17. April, Freitag, Spätnachmittag. Gerade gebe ich ein bißchen *Mysis* ins Wasser, mein Routineblick fällt irgendwo ins Becken und – da **sitzt er**! Als wäre er überhaupt nie weg gewesen, ganz selbstverständlich und erstaunlich rundlich, ist vielleicht sogar ein bißchen größer geworden? Ich komme mir vor wie die Prinzessin mit dem berühmten Frosch und trommle in meiner Begeisterung das ganze Büro

zusammen. Alle kommen, und mindestens zehn Minuten lang muß ich sie überzeugen, bis sie mir glauben, daß *das* da ein Fisch ist und sind dann gebührlich hingerissen. Endlich macht er ein paar langsame Flossenschritte, gerade genügend viele, um auch den letzten Zweifler zu überzeugen, und weg ist er wieder.

Nun grüble ich hinter ihm her und plötzlich kann ich mir einige sinistre Vorfälle der letzten Woche zusammenreimen: Das, was ich für die Folge der ständigen Raufereien meiner beiden Partnergrundeln gehalten hatte, daß nämlich die kleinere eines Morgens vertrocknet vor dem Becken am Boden klebte, die andere aber verschwunden war und blieb, das war wohl der Angler gewesen! Unglaublich, denn die gelbe Grundel war gut doppelt so lange wie er!

Rasch lasse ich meine übrigen Beckenbewohner durch mein Gedächtnis ziehen: den kleinen *Abudefduf*? Den streitlustigen lila-gelben Nixenbarsch? Den Büschelbarsch? Den Mandarin – nein, den nicht. Der ist wohl auch für den Angler zu giftig! Und die Clown-Frau könnte ihn notfalls schlucken, auch ihr Mann ist immer noch dreimal so groß. Sonst? Die Seepferdchen? In der Literatur steht, wie ich mich trostreich vergewissere, daß Anglerfische am besten mit Seepferdchen zu vergesellschaften sind. Also rette ich alles „Kritische", mein Aquarianerkollege übernimmt den Segen gerne, und ich warte ab. Bis zum nächsten Freitag, diesmal gegen Abend. Wieder großes Hallo,

rundum machen sich Zweifel breit, ob ich nicht des Gags wegen irgendwie nachhelfe. Vorsorglich habe ich Moderlieschen und Forellensetzlinge bereitgestellt, und tatsächlich gelingt es mir, ihm so ein kläglich zappelndes Schwänzchen zu servieren – er atmet es ein! Schlupp – weg ist es! Auch ein zweites verschwindet ebenso blitzgeschwinde, und dann ist er wieder weg – bis zum nächsten Freitag . . . Pünktlich wartet er auf seine Moderlieschen. Ebenso am übernächsten Freitag – inzwischen ist schon jeder im Büro alarmiert, und bereits ab dem frühen Morgen patrouilliert die gesamte Belegschaft immer wieder am Becken vorbei, bis er endlich gegen Abend auftaucht. Man glaubt mir also.

Der Angler wächst zusehends, und der große ruppige Büschelbarsch bleibt plötzlich unauffindbar. Am nächsten Freitag ist mein Angler deutlich gewachsen, dick, und weder an Moderlieschen noch an Forellen interessiert. Er läßt sich bestaunen und taucht ab. Die Geschichte multipliziert sich. Freitag bleibt der Tag der Wahl. Irgendwann fehlt zu meinem eisigen Schreck auch der Mandarin, und meine „Alte" glotzt manchmal knurrend in eine finstere Ecke, während ihr kleiner Mann nervös um die Anemone tänzelt – nein, das ist unmöglich!

Inzwischen ist fast ein Jahr vergangen. Der Angler hat das Becken – mit den beiden Seepferdchen – für sich allein, die Anemonenfische sind in ein neues Aquarium übersiedelt. Ab und zu unterbricht der Angler die Freitagsroutine und kommt, Moderlieschen-gierig, auch „zwischendurch" zum Vorschein. Eines Morgens, ein Dienstag, ich sehe bereits aus den Augenwinkeln Ungewöhnliches – ein sich eigentümlich windendes Bündel, das an der Oberfläche treibt, offenbar hilflos der Strömung preisgegeben. Gräßlich! Ein Seepferd mit starr gedunsenem Anhängsel am Wickelschwanz, es zuckt noch krampfartig, ist aber offenbar schwer havariert. Es gelingt mir kaum, meinen starren, toten Angler vom Schwanzkringel zu lösen. Der Seepferd-Schwanz ist übrigens bis auf die Wirbel und einige Knochenplatten abverdaut. Das war's also. Vorbei alle die spannenden Freitage . . . Die böse Gier hat dem ein Ende gemacht. Ich sitze nun ein bißchen traurig, enttäuscht vor meinem schönen, leergefressenen Becken und hadere mit der Wissenschaft: Man sollte auch gegenüber ganz gescheiten Worten eine gewisse Skepsis bewahren. Aber vielleicht war einfach mein Seepferd zu klein, es war höchstens dreimal länger als er. Es bleibt mir nichts anderes übrig, als mit Angler-Phlegma zuzuwarten. Vielleicht taucht irgendwann einmal wieder einer auf. Es müßte ja kein Freitag sein. Wenn ich mir das so überlege, für einen Angler wäre mir jeder Tag recht!

Zeig mir dein Maul, und ich sage dir, was du bist!

Sind sie „echte" Freunde, die sich harmonisch ins Aquarienleben einfügen, oder sollte man sie besser mit Vorsicht, zumindest mit Nachsicht betrachten? Das ist die Frage.

Was mich betrifft: Meine Freunde sind sie allemal! Es begeistert mich, anhand der Morphologie, der äußeren Form des Fischmaules, des Gesichtes, zu erraten oder schon zu erkennen, wovon er tatsächlich – könnte er, wie er wollte – lebt. Bei langschnäuzigen Fischen ist das besonders interessant. Einem *Chelmon* oder gar einem *Forcipiger* sieht man es ja schon von weitem an, daß er seine Beute aus kleinen Hohlräumen, Spalten, Ritzen holt, nur: welche Beute?

Dasselbe gilt für die meisten Falterfische, auch für Seenadeln und Seepferdchen. Aber es wechselt die Methode, und es handelt sich um verschiedene Beuteobjekte. Nun sollte man sich genau ansehen, wie das endständige Mäulchen eines solchen „Rüsselfisches" beschaffen ist und wie er es einsetzt, um weitere Aufschlüsse zu erhalten. Pickt er? Packt er mit kleinen Zähnchen zu, rupft, reißt er? Beißt oder saugt er?

Ein *Chelmon* etwa setzt eine Art von „Mischtechnik" ein; er beißt schlürfend, oder er schlürft beißend, je nachdem, wie fest sich das Beutetier anklammert. Wenn man ihm (emotionslos, bitte!) einmal zusieht, wie er einem wunder-

schönen bunten Röhrenwurm den Garaus macht, dann kann man die ganze, raffinierte Freßtechnik bewundern: Zunächst pickt er in blitzschnellen Vorstößen die äußersten Spitzen der Fiederchen weg. Besonders gern nimmt er sie, wenn sie gerade vorsichtig über den Rand der Röhre geschoben werden; er lauert mit seinem phantastischen Augenspiel (haben Sie beobachtet, wie er seine Augen dreht und wie dann der dunkle Augenstrich quer zur Körperzeichnung steht?) knapp neben der Wurmröhre. Kaum versucht der, wieder ans Licht zu gelangen: Zack! Beklemmend, welche Ausdauer beide Beteiligten an den Tag legen. Wenn ich Wurm wäre, dann würde ich nachtaktiv werden! Doch der Wurm ist eben tagaktiv und hasardiert, und der *Chelmon* gewinnt. Hat der Wurm seine Tentakelkrone fast eingebüßt, dann wird er tatsächlich sehr vorsichtig, und dann beginnt der *Chelmon* mit einer „Zermürbungstaktik". In dieser krassen Form wird sie sicher nur in unseren Aquarien ablaufen, denn im Freiwasser hat er ja die Wahl unter verschiedenen Beutetieren. So aber patrouilliert er hundert- oder, je nach Aquariengröße, tausendmal am Tag vorbei, und er kriegt auch das allerletzte Fiederchen der Tentakelkrone. Das ist sicher! Er sitzt am längeren Hebel!

Jetzt beginnt Stufe 2 des Wurm-Massakers: Der *Chelmon* umkreist den Wurmköcher, der ja immer ein Stück weit aus dem Substrat ragt, und sucht eine dünnere Stelle, eine, wo er viel-

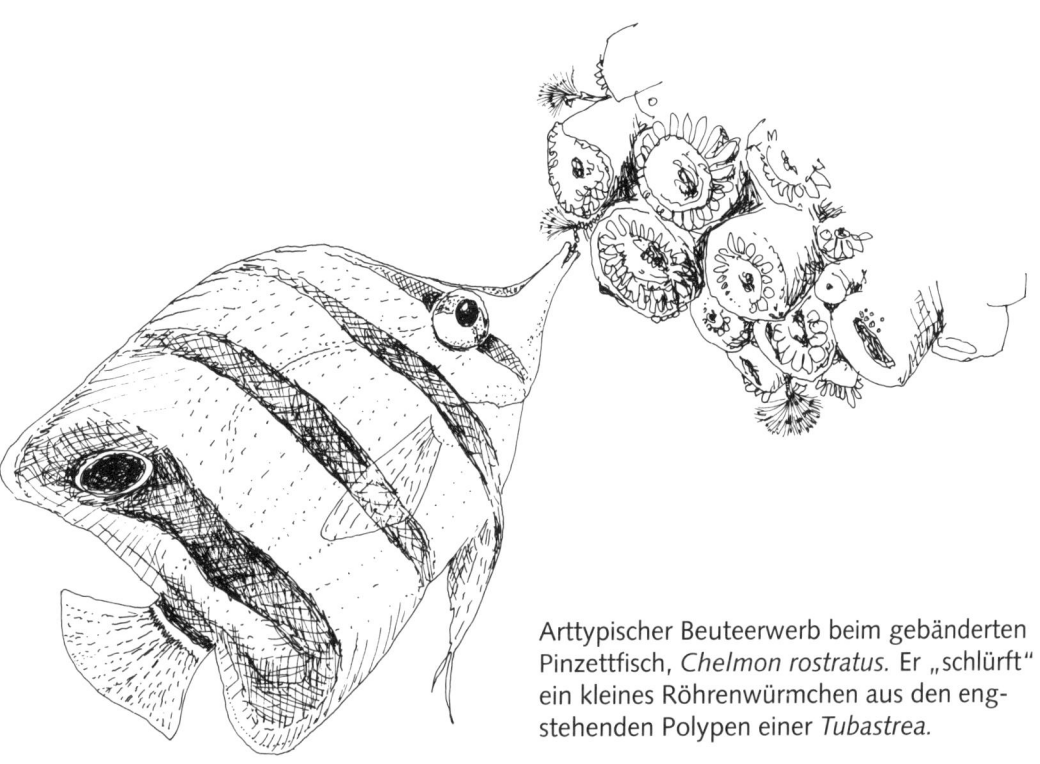

Arttypischer Beuteerwerb beim gebänderten Pinzettfisch, *Chelmon rostratus*. Er „schlürft" ein kleines Röhrenwürmchen aus den eng-stehenden Polypen einer *Tubastrea*.

leicht die Bewegung des Wurmkörpers sehen, ahnen kann. Dort setzt er an! Er pickt, reißt, zupft so lange zu, bis er ein Stückchen Wurmkörper erwischt, bevor der sich tief in den Sand zurückziehen kann. Nun geht es rasch. Der *Chelmon* zerrt schlürfend alles, was er fassen kann, aus der Röhre, schleppt den ver-letzten Wurmkörper durch das ganze Aquarium, schüttelt ihn, wie es ein Hund mit einem alten Hausschuh macht, und schlürft, schlingt, was das Zeug hält! Unglaublich, welche großen Brocken durch das enge Röhrenmaul gehen! Nun, wenn man nicht zusehen kann, ist man selbst schuld. *Chelmon* und Wurm vertragen sich zu gut, aber eben einseitig.

Nicht weniger aufregend ist es, wenn sich der *Chelmon* auf die Suche nach Winzigem begibt. Meiner tut dies gern abends, wenn nur noch das Nachtlicht brennt. Das ist sicher eine Aquarien-dressur, denn im Freiwasser darf sich abends kein *Chelmon* aus seiner Schlaf-spalte wagen! Hier aber ist er sicher und hat gelernt, daß die schmackhaftesten kleinen Krebschen vor allem abends unterwegs sind. Das wissen übrigens auch die Mirakelbarsche, Riffseenadeln, Mandarinfische und sogar die See-pferdchen! Es tut sich ja ein besonders gutes Jagdrevier auf, denn abends schließen fast alle Weichkorallen ihre Tentakelkrönchen und geben das, was sich tagsüber zwischen ihnen versteckt

hielt, frei. Unglaublich, welcher Jagderfolg ihm da beschieden ist; pausenlos pickt er zu, zupft dünne Würmchen, kleine Ruderfuß- und winzige Fangschreckenkrebschen aus den Korallenpolstern. Man kann gut abschätzen, wie es um die Mikrofauna eines Aquariums bestellt ist. Manchmal erwischt er einen großen, hart gepanzerten Ruderfußkrebs. Den knackt er dann mit seinem noch härteren Maul; hörbar knirscht das Chitin, er zerlegt die Beute in mehrere Stücke. Ist der Panzer zu hart, dann schlürft er eben die Weichteile heraus.

Und welche Augenweide, wenn sich der *Chelmon* auf Glasrosenpirsch begibt! Sie läuft ganz ähnlich ab wie die Röhrenwurmjagd. Kleine rupft er ohne Umstände aus den Ritzen, aber große Exemplare, die sich nesselnd und schleimend verteidigen, sobald er den ersten Tentakel abgerissen hat, schätzt er nicht besonders. Doch wenn er einmal begonnen hat, dann packen ihn offenbar die Wut und die Gier, und dann führt er das grausige Werk zu Ende. Während er zwischen die Schleimschlieren stößt, schüttelt er sich ständig, weicht den Tentakeln und Schleimfäden geschickt aus, versucht immer, mit der Strömung – nie gegen sie! – an seine Beute zu kommen. Ein raffinierter Fisch!

Einige andere Falterfische gehen recht ähnlich vor. Der Mondfleck-Falterfisch, *Chaetodon lunula*, ist ein wahrer Meister. Aber wenn ich ihm bei seinem Tun zusehe, dann weiß ich genau, daß nach der Glasrose gleich meine hübsche,

selbstgezogene, junge Lederkoralle an der Reihe ist. Und das tut dann doch weh...

Deshalb betrachte ich die gefährliche, aufgeworfene Schnauze des *Chaetodon xanthocephalus* (auf Deutsch: Gelbkopf-Falterfisch) und vor allem den meißelartig vorspringenden Unterkiefer. Er sieht ganz nach einem Spezialwerkzeug zum Aushebeln, Ausräumen bestimmter Korallenpolypen aus.

Oder gar die Palettenfeilenfische. Als ich sie winzig bekam, und – leider zu spät – der Literatur entnahm, daß sie nicht haltbar, weil auf *Acropora*-Korallenpolypen spezialisiert sind, da hatte ich sie schon überredet, daß weiße Mückenlarven im Korallengeäst ebensogut schmecken. Doch wenn man ihre vorgeschobenen, ovalen, steinharten Röhrenmäuler ansieht, kann man sich gut vorstellen, daß sie haargenau in die Vertiefungen der *Acropora*-Äste, dorthin, wo sich die Korallenpolypen zurückgezogen haben, hineinpassen. Mittlerweile machen meine beiden sogar schon effektiv Jagd auf Kleinkrebschen und im Bodengrund lebende Würmchen, sind also doch recht flexibel. Man erkennt jedoch, daß sie viel lieber Beute aus sperrigen Kalkalgenrippen, auch aus Rotalgengestrüpp schlürfen; dort können sie besser ihre arttypische Jagdstrategie anwenden.

Besonders raffinierte Techniken finden wir bei Seenadeln und Seepferdchen. Hier wird im Implosionsverfahren angesaugt. Verblüffend präzise inhaliert

ein Seepferd, im schwankenden Algengewirr hängend, vorbeitreibende Kleinkrebschen! Es pipettiert sie mit einem winzigen, kaum erkennbaren Ruck ab; aber wenn man genau darauf achtet, erkennt man, wie Kiemen- und Mundbogenspangen gleichzeitig abgespreizt werden, damit der nötige Sog entsteht: Schlupp!

Derzeit pflege ich ein junges, noch ganz kleines Seepferdchen, ein *Hippocampus kuda*, das die Technik weiter perfektioniert hat. Wenn ein *Cyclops*-Würfel langsam im Becken auftaut, dann verläßt es seinen Auslug und läßt sich von der Strömung mitten in die *Cyclops*-Wolke treiben, wirbelt hin und her und schluckt trotz der scheinbar unvorhersagbaren Wasserbewegung in aller Ruhe seine winzigen Krebschen. Aber nicht nur das: Es wählt trotz Wildwasser genau diejenigen, die ihm zusagen, frißt also nicht alles, was da schwimmt, wahllos in sich hinein. Und da sage einer, daß Seepferdchen keine Strömungsjäger sind, oder gar, daß Riffseenadeln keine Strömung mögen! Gerade Blaustreifenseenadeln, die in den verschiedensten Fachbüchern noch immer als „strömungsscheu" bezeichnet werden, nutzen ganz gezielt die stärkste Strömung mit allen Wirbeln und Turbulenzen; sie jagen dann mit oder gegen den Strom. Sogar die unbeholfen wirkenden bleichen Riffseenadeln der Gattung *Corythoichthys* schlagen sich wacker, wenn sie Schmackhaftes in der Strömung entdecken.

Blaustreifen-Seenadeln sind ja besonders elegante, vielseitige Spezialisten. Solange sie winzig sind, bieten sie sich als Putzer an. *Chelmon, Chromis* und Fahnenbarsche suchen sie gezielt auf und lassen es zu, daß diese Würmchen in ihre Kiemenspalten schlüpfen. Es sieht regelrecht bedrohlich aus, wenn die ganze Seenadel darin verschwindet, während der Fisch mit verdrehten Augen stillhält!

Rufen wir uns nun nochmals die Schnauzenform des *Chelmon* in Erinnerung und vergleichen sie mit der des Gelben Segelflossers, dann finden wir oberflächliche Übereinstimmungen. Bei genauer Betrachtung, und vor allem dann, wenn sie nebeneinander in derselben Spalte rüsseln, springt einen das Verschiedenartige an: Der *Chelmon* lauert, stößt plötzlich zu, der Gelbe raspelt emsig zupfend, zwar ebenfalls mit spitzer Schnauze, aber zusätzlich mit scharfen Zähnchen an den Lippenrändern schwerzugänglichen Algenrasen weg, rasiert ihn ab! Es ist in jedem Fall ein Genuß zuzusehen, wenn Spezialisten zeigen können, wozu sie fähig sind. Wir sollten es ihnen ermöglichen!

Das „schwimmende Blatt" von Phuket

Phuket, und ganz besonders der weiße Sandstrand der kleinen Bucht von Kha Kattah, hat sich verändert. Ich möchte

gar nicht mehr wissen, wie es jetzt, seit unserem letzten Besuch 1986, aussieht, denn es war damals schon schlimm genug: Der Club Méditerranée hatte den größten Teil des Strandes gefressen und die verwilderte Mangrovenlagune, die sich ins Hinterland zog, mit anmutig geschwungenen Brücken und Türmchen aufgekitscht. Es war kaum noch möglich, Schlammspringer zu fangen, geschweige denn einer Kobra zu begegnen. Sogar Bartvögel machten sich rar; nur Unmengen von Jungwelsen knäuelten sich in dichten Klumpen im trüben Wasser. Schade.

1983 kam ich zum erstenmal dorthin. Narit, mein thailändischer Dissertant, ein ungemein ernsthafter und guter Wissenschaftler, hatte diesen Aufenthalt vermittelt. Er selbst war vor allem an der Vogelwelt interessiert. Dem Meer konnte er wenig abgewinnen, aber er wußte, wie gern ich einmal ein tropisches Korallenriff kennenlernen wollte.

Und es war tatsächlich mein erster Blick in die tropische Unterwasserlandschaft, in ein ganz kleines, leicht zu erschwimmendes, aber völlig intaktes, verwirrend buntes Riff! So etwas bleibt im Gedächtnis. Ich glaube, ich kann mich noch an jeden Schnorchelgang, an jeden Fisch und jede Korallenformation erinnern! Und ich kann mich ebenso präzise an die rasend schnell fortschreitende Veränderung, Verarmung der drei Folgejahre erinnern.

Jetzt will ich mich aber nur an den ersten Einblick in diesen Korallengarten erinnern, der von *Acropora*-Stöcken in zartesten Farben und Wuchsformen geprägt war. Strömungen gab es kaum; der Wechsel von Hoch- und Niedrigwasser verlief undramatisch, wenig auffallend. Dann waren da noch einige herrliche gelbe und bräunliche Hirnkorallenblöcke, in denen unzählige bunte Röhrenwürmer wohnten; ich glaube, jede der Tentakelkronen war anders gemustert und gefärbt. Und an Fischen war alles da, was Rang und Namen hatte. Zum erstenmal einen Weißkehldoktor sehen und einen Palettendoktor! Papageifische! Feilenfische! Schnabellippfische! Und Scherenschwanzgrundeln! Vermutlich ist es diese erste Begegnung mit den eleganten Grundeln gewesen, die mich geprägt hat. Seither gehören sie zu meinen Lieblingsfischen. Alles war neu, alles war unbeschreiblich aufregend. Nach einer Woche erst war ich in der Lage, Fische wirklich zu beobachten, zu bestimmen und nicht nur hingerissen zu bestaunen! Obgleich mir, sobald wieder etwas Neues, etwa eine Seelilie, ein Haarstern oder ein bunter Seeigel, auftauchte, auch dann noch jede wissenschaftliche Konzentration abhanden kam.

Ich erinnere mich noch ganz genau, habe das Bild gestochen scharf vor Augen: Es gab eine enge Passage zwischen zwei monumentalen Granitblöcken. Sie waren sehr rauh, über und über mit scharfkantigen Seepocken besetzt , und diese Engstelle war auch nur bei Flut zu durchschwimmen. Mich zog sie immer wieder an, denn dort traf ich stets auf Neues; und auch an schon besser Bekannte, wie die riesigen Streifendoktoren, kam ich so nahe heran wie sonst nirgends. Außerdem waren die kleinen Grundeln, die direkt an und über der Wasserlinie Algen abraspelten und bei meinem Näherkommen stets mit großen Sätzen aufs Trockene auswichen, ungemein lustig!

Die Blöcke lagen ufernah, und gerade über ihnen breitete ein mächtiger Tao-Peh-Baum mit besonders großen, ledrigen, glänzendgrünen Blättern seine Krone aus. Ab und zu segelte eines seiner wenigen, tiefroten Blätter, die verteilt im saftiggrünen Laub wie Früchte oder Blüten wirkten, herunter ins Wasser.

Deswegen habe ich auch nicht besonders reagiert, als ein solches braunrotes Riesenblatt an mir vorbeitrieb. An Engstellen mit Strömungswinkeln bleibt ja alles Treibgut lange an Ort und Stelle, und beim Beobachten nütze ich gern diese konstante Wasserbewegung, um mich ohne eine Bewegung mittreiben zu lassen. Beim zweiten, dritten Besuch meiner privaten „Meerenge" ist immer ein solches Blatt zugegen. Irgendwann, ich weiß auch selbst nicht weshalb, schenke ich ihm einen Blick und schaue in zwei rötlichbraune, große, interessiert blickende Augen. Ein breites, dicklippiges Mäulchen zeigt zwei gutbezahnte Kiefer, fast als lache es.

Eine Halluzination! Knapp vor meinem Gesicht, fast auf Berührung mit der Taucherbrille schwappt das Blatt, gleitet sachte mit der Strömung hin und her. Dreht es sich etwas, so daß die Augen und das Maul verdeckt sind, dann rückt das eben Gesehene wieder ins Unwirkliche, Phantomhafte, denn die Lederblatt-Mimikry ist überwältigend! Kein Detail ist übersehen worden: Die Blattränder sind etwas dunkler, da und dort eingerissen, es gibt sogar einige durchscheinende Stellen, an denen man das Blattgeäder genau erkennt. Der Ansatz des Blattstiels ist als runder, heller Fleck angedeutet. Der Schwanzansatz ist nur eine kleine Unregelmäßigkeit, ein Buckel in der Blattmitte, die winzige Schwanzflosse ist transparent, unsichtbar. Und der Kopf? Er liegt genau gegenüber, aber sein Umriß löst sich in der dunklen Blattrandlinie auf. Nur dann, wenn mich das Wundertier fixieren will und sich dreht, sehe ich Augen und Maul! Natürlich will ich mein Blatt – einmal entdeckt, daß es keines ist – fangen, das kann doch nicht schwer sein, es ist ja direkt vor mir! Dachte ich … Mein Blatt muß sich totgelacht haben. Es hat mich stundenlang gefoppt, ist kaum jemals weiter als einen halben Meter entfernt von mir hergetrieben, einmal näher, dann wieder gerade außer Reichweite. Irgendwann war es plötzlich, ohne irgendeine erkennbare Schwimmbewegung, weg.

Unnötig zu sagen, daß die Strömungsengstelle nun noch viel reizvoller für mich wurde, und selbstverständlich

Der junge Gelbflossen-Fledermaus-fisch, *Platax orbicularis*, betreibt „Blatt-Mimikry".

war das Blatt immer zugegen! Und machte sich offenbar einen Spaß daraus, mir etwas vorzugaukeln; es konnte gar nicht anders sein! Ich habe dann auch gar nicht mehr versucht, es zu kriegen, denn es war ja viel interessanter, ihm zuzusehen: Es schwamm tatsächlich immer in Seiten- oder Schräglage, wie ein Blatt eben; nur ganz selten, wenn es die Strömung grob packte, richtete es sich kurz auf. Ich habe dann ein braunrotes Tao-Peh-Blatt vom Ufer ins Wasser genommen und

„freigelassen", sobald mein falsches Blatt auftauchte, und „meines" verschwand blitzartig, kam aber gleich wieder zum Vorschein: Dann schaukelten Falsch und Echt nebeneinander, identisch im Aussehen und synchron in der Bewegung, ein geradezu schizophrener Anblick!

Mancher tropenerfahrene Leser wird schon erraten haben, daß das Blatt ein junger Fledermausfisch, *Platax orbicularis*, war. Von ihm ist bekannt, daß er

eine sogenannte Blatt-Mimikry betreibt. Aber man muß das eben einmal selbst erleben. Es ist ein überwältigendes Aha-Erlebnis! Ein bisher blutloses Lehrbuch-kapitel, das auf einmal greifbar, leben-dig wird. Ich träume sogar ab und zu davon!

Warum sich der Fisch gerade dort aufhielt weiß ich nicht. Vielleicht trägt die Strömung besonders viele Kleinor-ganismen mit sich. An dieser Stelle gab es ja auch unzählige andere Fische. Ich konnte ihn nie beim Jagen oder bei irgendeiner Art von Nahrungssuche beobachten, doch könnte es sein, daß ich ihm nicht geheuer war und er mich nicht aus den Augen lassen wollte? Diese Blatt-Mimikry eines Fisches ist etwas ganz Besonderes, nicht zu ver-gleichen mit der Tang-Mimikry eines Sargassofisches, auch nicht mit der Blatt-Mimikry der Gespenstschrecke, des echten „Wandernden Blattes". Denn dieses Blatt-Vorbild kommt ja aus der Luft! Solche Formenangleichung, solche minutiöse Übereinstimmung bis ins kleinste Detail mit einem nicht nur artfremden, sondern auch milieufrem-den Objekt ist eigentlich unverständlich; unerklärlich, wie es sich entwickeln konnte. Außer man stellt sich vor, daß an solchen Uferstellen diese Bäume eben schon seit Jahrtausenden, viel-leicht Jahrmillionen ihre Blätter im ruhi-gen, steten Rhythmus ins Meer segeln lassen.

Ehrfurcht kommt einen an: Man ist dann ganz winzig, ein vergängliches Stückchen Treibgut, das sich möglichst unauffällig verhalten sollte, nicht stören, nur schauen ...

Jetzt ist dort eine Betonwand hochge-zogen, die das Fundament eines kunst-voll geschnitzten Bungalows trägt. Die Granitblöcke sind versiegelt, es gibt keine Strömungsenge mehr. Die Tao-Peh-Bäume haben sich aus der vorder-sten Uferlinie zurückgezogen; Laubblät-ter fallen keine mehr ins Wasser.

Als ich 1986 zum letztenmal dort war, gab es keinen *Platax* mehr, übrigens auch keinen Weißkehl- und Paletten-doktor. Die Korallenbank ist unansehn-lich geworden, und vom Strand aus kann man beobachten, wie bei Flut der eine oder der andere Surfer eine Bruch-landung macht, dann zerschunden und fluchend mit seinem Brett unter dem Arm versucht, wieder ins Tiefwasser zu gelangen. Ich gebe zu, daß ich scha-denfroh zugesehen habe.

Alles, was putzt

Längst nicht alles, was laut Literatur putzen sollte, tut es tatsächlich, jeden-falls nicht in unseren Aquarien. Dazu kommt noch, daß längst nicht jeder Fisch in unseren Aquarien auch geputzt werden möchte. Und kein Fisch will ständig, pausenlos geputzt werden!

Der Fachhandel bietet uns heute eine recht gute Auswahl an Putzern: zu aller-erst den obligatorischen Putzer-Lipp-fisch, manchmal neben dem „üblichen" Blaugestreiften den eher selteneren

Gelb-schwarzen. Dann die winzigen Neongrundeln, blau- oder gelbgestreift, und natürlich alle möglichen Garnelen, allen voran die elegante, weiß-rot längsgestreifte Putzergarnele *Lysmata amboinensis*, eine emsige Arbeiterin. Alle anderen sind dagegen nicht ernstzunehmen! Aber auch kleine Lippfische, wie junge Zitronenjunker oder Sechsstreifen-Lippfische, und manche Seenadeln putzen. Auch ganz kleine Kaiserfische sind dazu bereit, doch weiß man nie genau, ob sie es nicht nur aus Langeweile tun.

Beginnen wir also mit dem Paradeputzer, *Labroides dimidiatus* oder auch *bicolor*. Er will putzen! Kaum jemals muß man ihn dazu auffordern. Meist nähert er sich in auffallendem Schaukeltanz temperamentvoll seinem auserwählten Putzkunden. Wenn der mag, stellt er sich vorschriftsmäßig, seitlich, mit abgespreizten Kiemendeckeln und Flossen hin, verdreht oft noch die Augen, reißt das Maul weit auf und wartet willig auf die Wohltaten. Oft ist er enttäuscht, wenn der Putzer nach flüchtiger Beschau das Interesse verliert und abgeht; er schwimmt ihm nach und biedert sich wieder und wieder an. Wenn es so läuft, dann läuft es gut.

Alptraumartig aber entgleist die Situation, wenn ein fanatischer Putzer, dem es offenbar schrecklich langweilig ist, die Fische zu verfolgen beginnt! Wenn er hungrig ist und sich sein Mittagsbrot derart verschaffen will. Furchtbar! Oder wenn er, unterbeschäftigt, Fische putzen will, die ihrerseits nicht geputzt werden möchten. Denn es gibt offenbar viele Arten, die für den Putzer tabu sein sollten, wie zum Beispiel Anemonenfische. Das fällt auch im Freiwasser auf.

In unseren Becken können wir gut beobachten, wer sich gern, wer sich selten, wer sich nie putzen läßt. Schläfergrundeln lassen sich recht selten putzen, alle Mandarinfisch-Arten fast nie. Aber man hüte sich davor zu verallgemeinern, etwa zu sagen, daß sich Grundeln oder Schleimfische nie putzen lassen. Zwar hat *Ecsenius bicolor*, der Orangeschwänzige, ein gestörtes Verhältnis zu Putzerlippfischen: Sie bekämpfen einander! Aber der schwarzgelbe Säbelzahn hat nichts dagegen, und der fette *Salarias*, der Braune Felsenhüpfer, legt sich wie eine Diwanwurst bereitwillig zurecht! Dunkle Fische mit hellen Punktmustern sollen, laut Literatur, auf Putzer besonders einladend wirken; darauf bin ich andernorts eingegangen. Doch scheinen es nicht die Punkte zu sein, die den Lippfisch so faszinieren, daß er lästig wird. Es gibt eine ganze Reihe feingepunkteter Lippfisch-Arten, die sich alle gern putzen lassen, auch die schwarzen, weiß getupften *Anampses*-Arten. Bei den Mirakelbarschen gibt es, wenigstens in meinem Aquarium, Schwierigkeiten, denn meine beiden möchten ab und zu offenbar geputzt werden, doch sind sie recht groß, und mir will scheinen, als fürchteten sich die Putzer? Korallengrundelchen mögen nicht gern

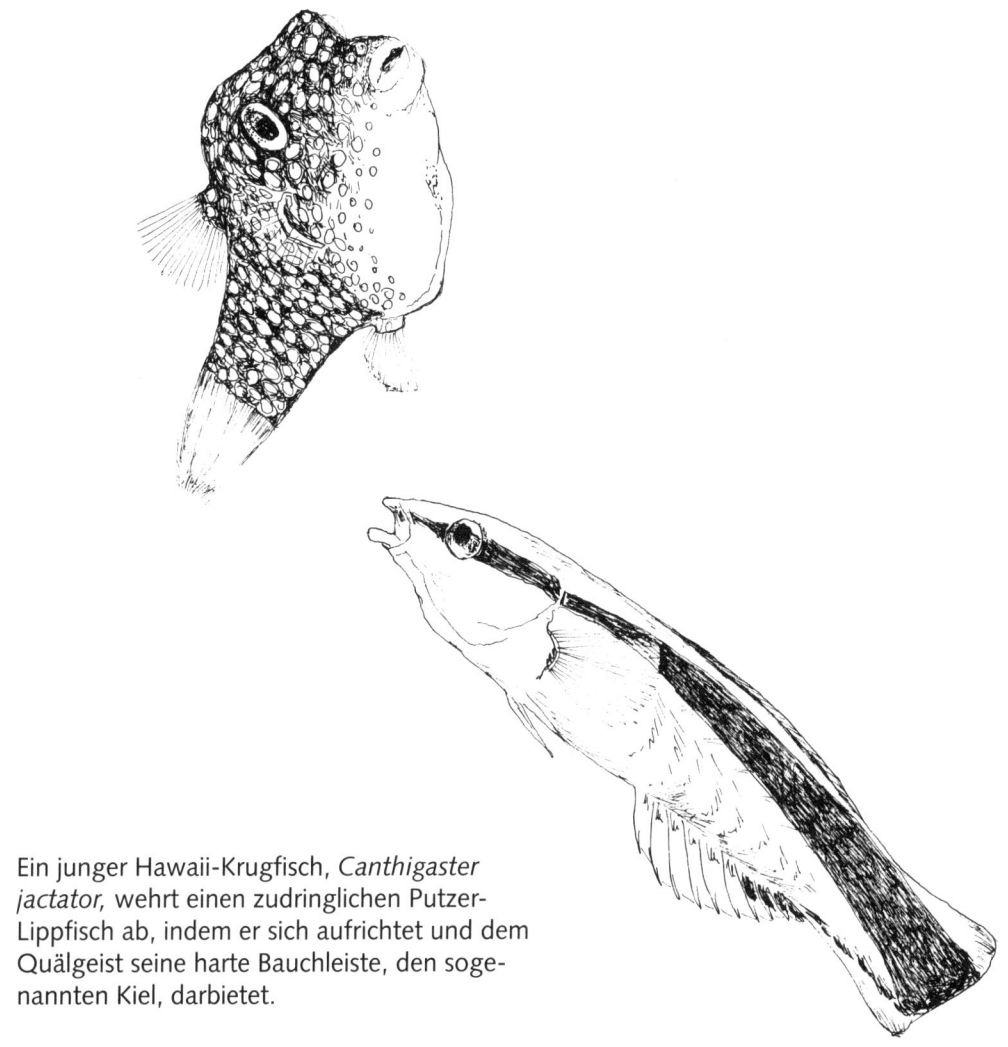

Ein junger Hawaii-Krugfisch, *Canthigaster jactator,* wehrt einen zudringlichen Putzer-Lippfisch ab, indem er sich aufrichtet und dem Quälgeist seine harte Bauchleiste, den soge-nannten Kiel, darbietet.

geputzt werden, doch vielleicht will sie kein Putzer bedienen? Ich habe den Eindruck, als ginge ein „Sich-nicht-put-zen-lassen-Wollen" Hand in Hand mit „Nicht-putzen-Wollen"! Das würde bedeuten, daß der Putzer „weiß", wer ihn schätzt und wer nicht. Vielleicht schmecken unwillige Kunden einfach

schlecht? Das wäre bei den Korallen-grundeln gut denkbar: die sondern ja einen bitter schmeckenden Schleim ab. (Aber ich frage mich: Wer hat das ver-sucht? Hat man den Putzer gefragt?)

Eine Faustregel jedenfalls gilt: Fische, die sich gern putzen lassen, nehmen jede Art von Putzer an, gleichgültig ob

Fisch oder Garnele. Doch gibt es deutliche tageszeitliche Vorlieben: Tagsüber lieber Fisch, abends lieber Garnele! Und wenn jemand nicht geputzt werden will, so gilt das ebenfalls unterschiedslos für alle Arten von Putzern.

Vielleicht sollte man noch einige Worte zu den sogenannten „Putzern" sagen, die aber in Wahrheit alles andere als putzen. Zum Beispiel die prächtigen Scherengarnelen aus der Familie *Stenopus* sind beileibe keine Putzer, auch nicht die zarten, kleinen Arten, wie *Stenopus scutellatus*. Tanzgarnelen sind wenigstens harmlos, aber von Putzen keine Spur! Kardinalsgarnelen putzen zwar im Freiwasser häufig, in unseren Aquarien aber kaum einmal, und wenn, dann sehr flüchtig. Auch die filigranen *Periclimenes*-Vertreter sind kaum dazu zu bringen, im Aquarium ihre Anemone zu verlassen. Vielleicht fühlen sie sich nicht sicher genug?

Auch zum Putzer-Lippfisch kann man ab und zu Vorbehalte haben, etwa wenn ein großer Putzer mit wenigen kleinen Fischen gepflegt wird; ja, sogar ein winzig kleiner Putzer kann zu einer echten Plage werden, wenn das Aquarium klein oder kaum strukturiert ist. Oder wenn wenig gefüttert wird...!

Denn Putzer sind eben richtige Lippfische: lebhafte, verfressene, intelligente, also neugierige und daher vielfach unterbeschäftigte Kerle. Wenn sie einmal das Aquarium in- und auswendig kennen, dann schöpfen sie alle Mög-lichkeiten aus, um sich Abwechslung zu verschaffen. Das heißt: Fische verfolgen, zwicken und nicht etwa putzen, Muscheln und Weichkorallen ärgern, aus Röhrenwürmern und Gorgonien, sogar aus Anemonen Futterbröckchen stehlen und dergleichen mehr. Doch ein ausgelasteter, mit sich zufriedener Putzer ist in jedem Becken ein hochwillkommener, ein unersetzlicher Pflegling.

Aber es gibt eine Steigerung: nämlich zwei Putzer! Dann ist die Gefahr der Unterbeschäftigung schon fast gebannt. Denn zwei befassen sich miteinander! Und noch etwas: Fische, die an einer der Pünktchenseuchen, etwa an *Cryptocarion*, erkrankt sind, denen kann auch von Putzern nicht geholfen werden. Aber Hautparasiten, Außenparasiten, wie Kiemenwürmer, Saugwürmer oder parasitierende Krebse, die sind dran!

Oben: Palettenfeilenfische, *Oxymonacanthus longirostris,* sind extreme Nahrungsspezialisten, die normalerweise nur von Steinkorallen leben. Sie auf Ersatznahrung umzugewöhnen ist sehr schwer. Sie sind außerdem sehr aggressiv, es sei denn es gelingt ein gutes Paar zusammenzustellen. Männchen und Weibchen lassen sich an der Form der Bauchflossen gut unterscheiden: Bei „ihm" leicht eckig, bei „ihr" rundoval. Diese Feilenfische sind auch im Freiland stets paarweise zu beobachten.
Unten: Der Streifen-Drückerfisch ist ein übler Raufbold, besonders wenn es um sein Revier geht! Hier verteidigt er diese Gruppe von Lederkorallen besonders intensiv. Vermutlich ist seine Laichgrube in unmittelbarer Nähe.

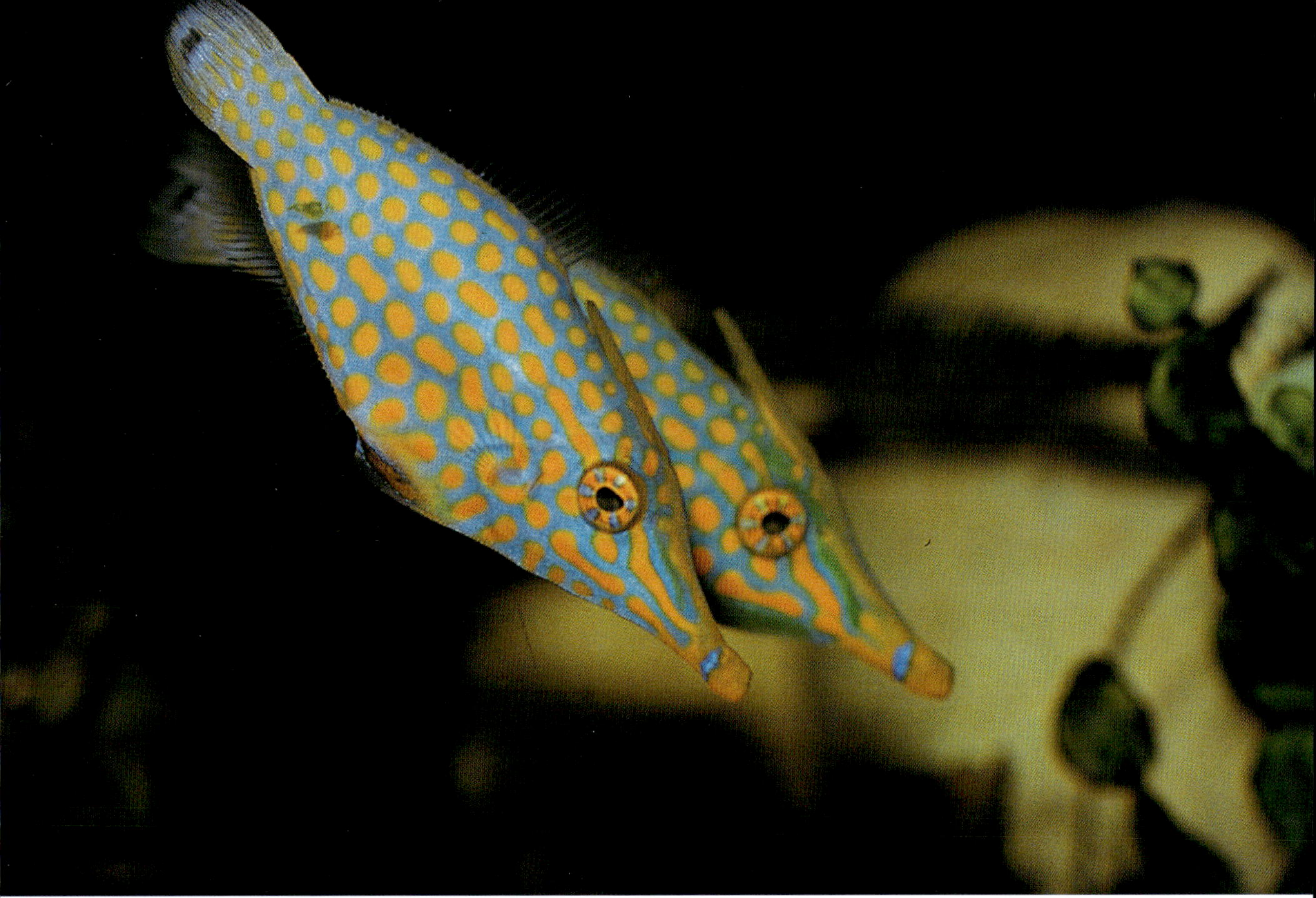

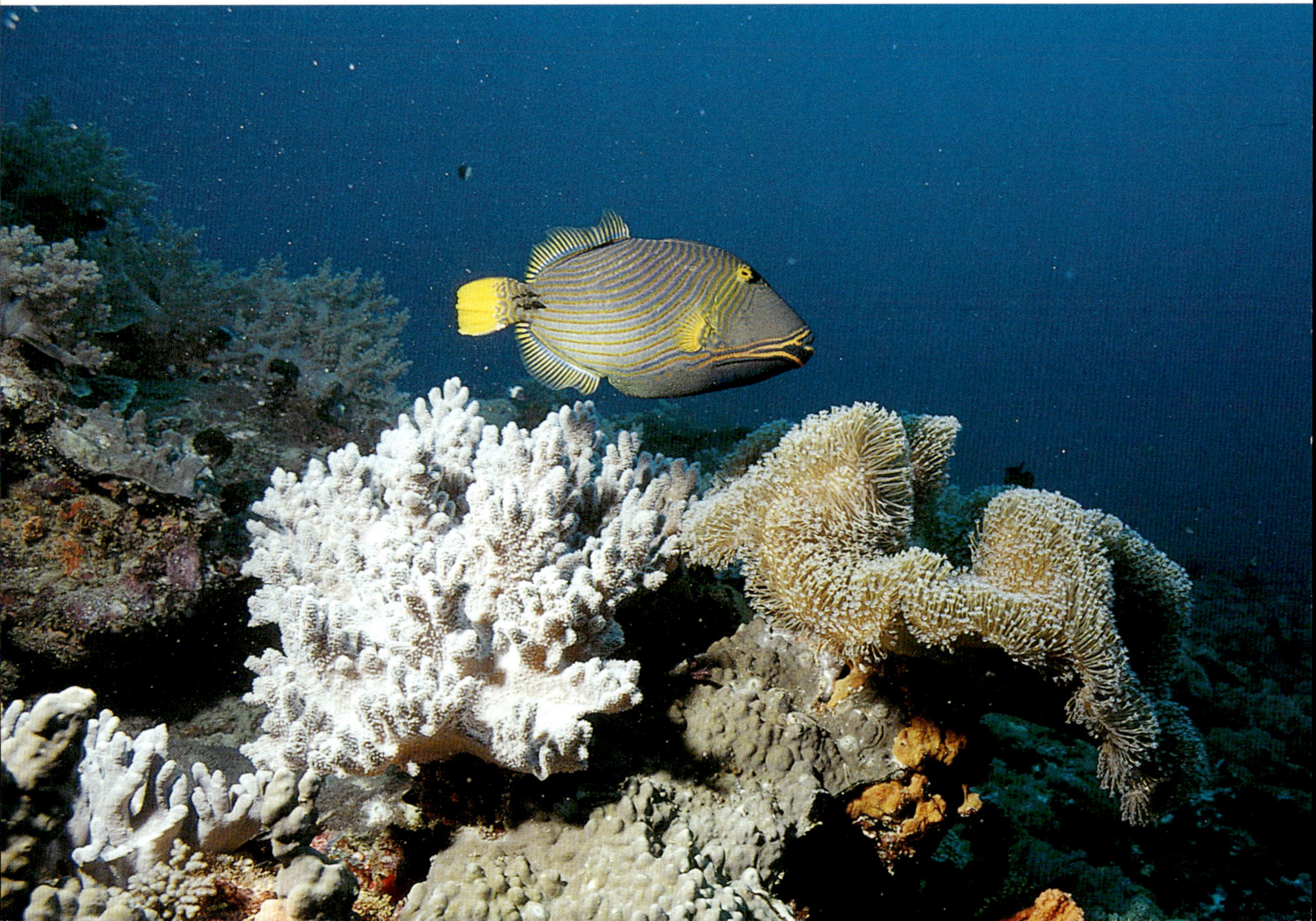

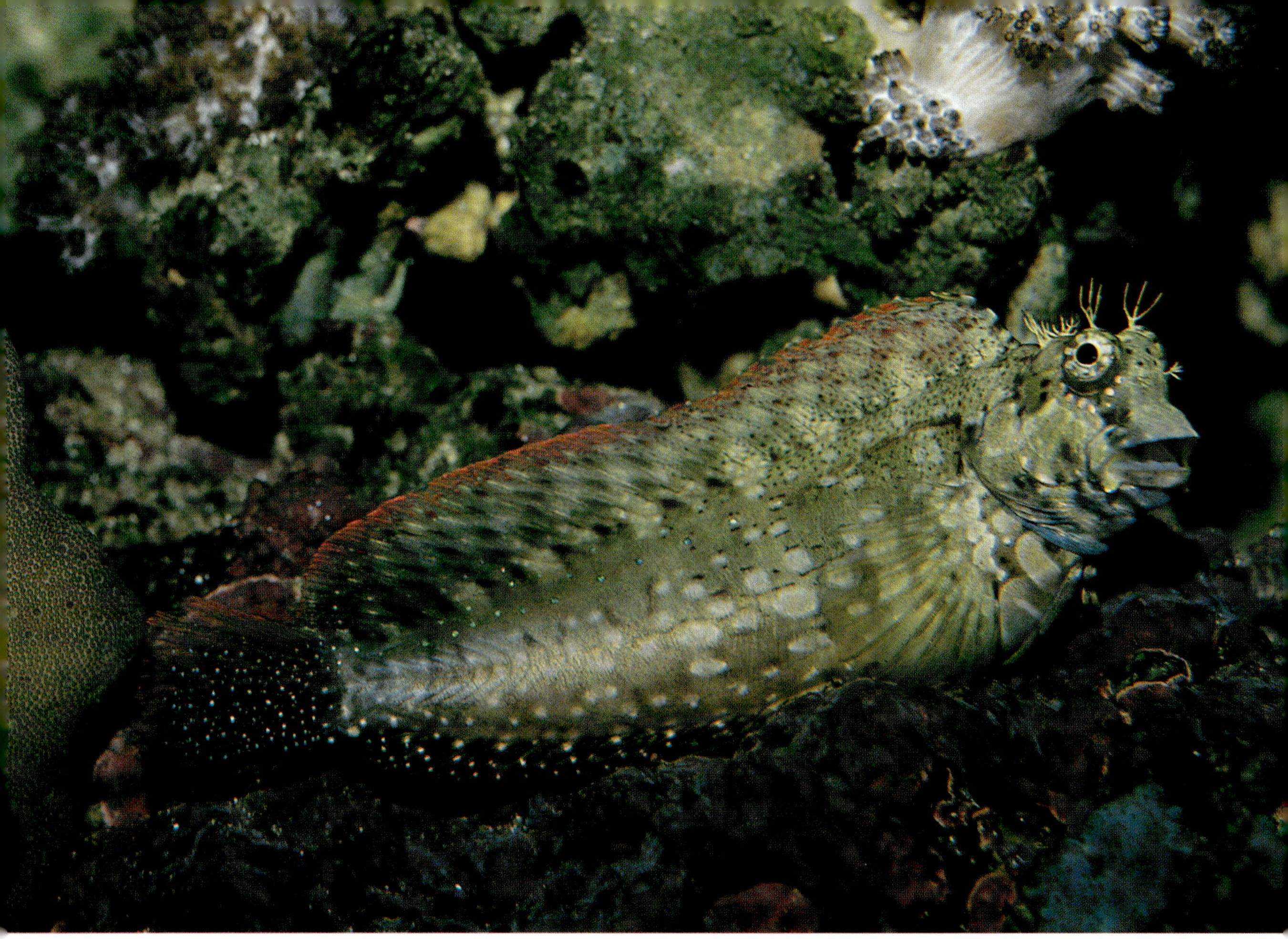

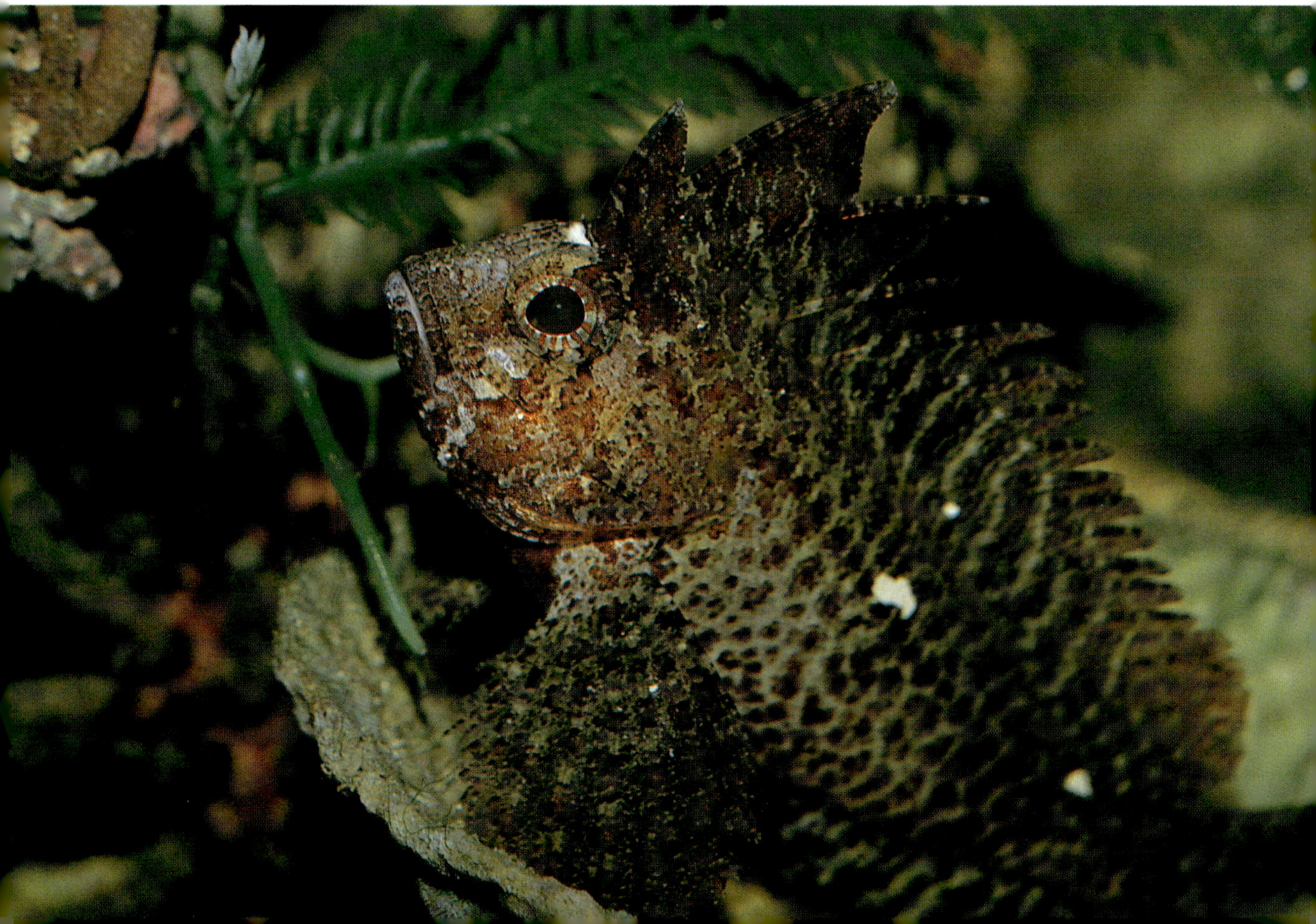

Strauchritter, oder: Das Spiel der Anpassungen

Ja, was schwimmt denn da Sonderbares in Franzens Schaubecken? Auch Franz selbst weiß es nicht ganz genau. An sich hat er Neongrundeln und Aalgrundeln bestellt, aber das sind sie jedenfalls nicht! Doch, schau einer an, in der Beckenecke liegt ein Diademseeigel, und zwischen dessen Stacheln sitzen gleich vier oder mehr solcher Dinger. Sie sind winzig, wurmartig dünn und haben eine verlängerte, an der Spitze eigenartig abgeschrägte Schnauze. Das einzige, was sie mit den nicht angekommenen Grundeln gemeinsam haben, sind Längsstreifen, tiefschwarz und silbrigweiß. Eine hervorragende Tarntracht zwischen den Seeigelstacheln, einfach phantastisch. Wenn sie sich nicht bewegen, sind sie unsichtbar.

Oben: Der braune Felsenspringer, *Salarius fasciatus*, ein großartiger Fisch! Ein unentbehrlicher Fadenalgenverzehrer und ein temperamentvoller Liebhaber! Hier lümmelt er auf seinem Lieblings-Ansitz.
Unten: Ein gefleckter „Falscher" Schaukelfisch. *Amblyapistus binotatus*, der zu den Krötenfischen gehört. Er lauert unbeweglich auf irgendwelche Krebschen und ist in braunem Tang so gut wie unsichtbar.

Es muß, so vermuten wir, etwas Ähnliches stattfinden wie zwischen Schnepfenmesserfischen und Seeigel. Doch mit diesen haben sie nichts außer dem Seeigel gemeinsam. Sie sind, wie ich an denen, die sich außerhalb des Igels herumtreiben, feststelle, schlechte Schwimmer. Ein starker Filter ist dann wohl tödlich für sie, aber sie können sich grundelähnlich mit ihrer Bauchseite an glatte Flächen anheften. Allerdings nicht mit umgewandelten Brust- bzw. Bauchflossen, sondern mit einer länglichen abflachbaren Leiste. Sie mag den Bauch- und Afterflossen entsprechen.

Es ist unvermeidlich, daß ich einige von ihnen mitnehme, vorläufig sind es drei. Zwei Diademseeigel habe ich im Becken, also wohl genügend Komfort. Ich freue mich schon drauf, hinter ihre Schliche zu kommen und sie zu bestimmen. Da ich zunächst im „großen Burgess" an falscher Stelle suche, dauert das einige Zeit, dann finde ich sie, in der kleinen Gruppe der sogenannten „Klebefische", Klingfishes auf Englisch, das paßt irgendwie besser. *Diademichthys lineatus* heißen sie also, diese gestreiften Fädchen, die sich in meinen Becken eilends auf die Suche nach einem Seeigel begeben. Zwei nehmen den größeren, der Nachzügler stolpert über den kleinen Seeigel, und weg sind sie.

Nun wird die Beobachtung schwierig. Ich kann nur ahnen, wo sie zwischen den langen Stacheln sitzen, dort nämlich, wo der Igel seine Stacheln deutlich

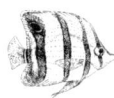

schwenkt. Sie liegen den Stacheln direkt an, bewegen sich kaum. Nur dann, wenn sie ihre Schwanzflosse zeigen, fällt dies auf, denn sie ist löffelartig gerundet, und eine der weißen Linien beschreibt am Saum einen Bogen. Es sieht so aus, als wäre dies eine Art Signal für den Kumpan, allerdings muß sich erst erweisen, ob es ein freundliches Signal ist oder ob er mit seinem Schwanzfächeln am Ende sagen will: Vorsicht, Seeigel besetzt! Diese letzte Version scheint besser zu passen, denn die beiden im selben Seeigel versuchen, sich aus den Stacheln herauszudrängen. Endlich flüchtet einer und klebt unwillig am Glas. Also sollte ich wohl einen dritten Seeigel besorgen? Die Idee mißfällt mir etwas. Da ich ja ganz gerne wenigstens einen dieser Fischzwerge ab und zu in „voller Größe" sehen möchte, unterlasse ich es. Am nächsten Tag hat den Armen der Filtersog eingeatmet. Zwar kann ich ihn noch lebend retten, aber er ist abgeschunden und kaum mehr bewegungsfähig. Er sinkt zu Boden und ist bald verschwunden. Also, ohne Igel geht da nichts!

Wie aber kommen diese Winzlinge, die offenbar den Seeigel nur verlassen, um sich gegenseitig zu vertreiben, an Futter? Ich versuche mein Bestes, und die Seeigel sitzen in den nächsten Tagen in einer permanenten Futterwolke, stochern sich zum größten Mißfallen aller anderen Fische die besten Happen aus „der Luft" und verleiben sie sich ein. (Keiner soll mir das Märchen erzählen,

sie fräßen nur Grünes!) Aber so genau ich auch zusehe, die gestreiften Untermieter zeigen sich an nichts von dem interessiert, was da durch den Stachelwald rieselt. Ab und zu fällt mir beim Anblick meiner Igel auf, daß sie auch untertags recht rege sind, auch oftmals hektisch ihre Stacheln schwenken. Da es mich stört, nicht zu wissen, wie die Kleinen an Futter kommen, beobachte ich die Situation nun gezielt. Ich sehe nichts, und da die beiden Überlebenden eigentlich sehr gut und gesund ausschauen, kann ich mir nur vorstellen, daß sie nachts fressen, dann, wenn auch die Igel ihre aktive Zeit haben. Aber so komisch es klingen mag, die beiden Seeigel und insbesondere der Kleinere der beiden, schauen unzufrieden aus. Die sonst so schön orangerot gefärbte Analpapille ist bläßlich, die Stacheln starren unordentlich in die Gegend, und sie rennen ständig durch das Becken, fallen sogar von der Glasscheibe mitten in irgendwelche Korallen und beeilen sich dann verzweifelt, wieder wegzukommen. Ich zücke die Lupe, als einer gerade besonders günstig und ruhig sitzt, und suche meinen kleinen Igelreiter: da ist er. Er liegt in einem Stachelbündel, die sonderbare lange Haifischschnauze nach innen gerichtet, ganz tief „im" Seeigel, er ist tatsächlich nur zu sehen, wenn der Igel seine Stacheln hektisch schwenkt, und das tut er, gerade jetzt. Es sieht aus, als wolle er den Winzling zwischen den Stacheln einklemmen! Der aber wieselt wendig in das nächste Stachelbüschel. Der Igel

zeigt gerade dort, wo der Fisch sich hingeklemmt hat, eine Lücke im Verhau, man kann wunderbar die unzähligen verschiedenartig geformten Pedicellarien, die Saug- und Greiffüßchen, Atemorgane, Freß- und Gehwerkzeuge sehen. Da schießt der Winzige plötzlich vor, er schnellt geradezu in die Bresche, reißt sich ein solches weiches Pedicellarium aus dem Igel, und, happ happ, hat er es verschluckt. Etwas weißliche Flüssigkeit tritt aus der Wunde, der Fisch stößt nochmals rasch nach, erwischt noch ein Stückchen aus den Weichteilen des Igels, dann muß er sich aber rasch in Sicherheit bringen, denn der Igel trachtet, ihn zwischen den Stacheln zu zerquetschen! Verständlich!

Aha! Wieder was gelernt! *Diademichthys lineatus* benutzt den Igel also nicht als sicheren, lebenden Unterstand, so wie es eine ganze Reihe kleiner Fischchen, auch Krebschen, tut. Nein! er benutzt ihn als lebende Speisekammer! Er ist ein kleiner, ekelhafter Parasit!

Ich könnte mir vorstellen, daß ein riesengroßer Seeigel einen solchen Störenfried leicht verkraftet. Aber für unsere aquariengerechten Miniausgaben des Diademseeigels scheint dies sehr unangenehm, vielleicht sogar fatal zu sein. Verständlich nun auch, daß sich diese gut getarnten Räuberchen den Igel nicht teilen können, einander sich als Nahrungskonkurrenten betrachten und verjagen. Würden sie ihn nur als Schutzschild benutzen, so könnten sie ja

gut zu mehreren in ihm stecken, wie es gerade bei den Schnepfenmesserfischen der Fall ist.

Auch die Harlekingarnelen mit ihrem psychedelischen Fleckenmuster und dem surreal-bizarren Outfit würde ich gerne in die Kategorie „Strauchritter" einreihen! Wenn man sie in unpassender, steriler Aquarienumgebung sieht, dann fällt es schwer, sich vorzustellen, daß ihre überaus auffallende Körperform eine extreme Anpassung an ihren Lebensraum darstellt. Doch bin ich sicher, daß mir jeder Taucher, der eine Harlekingarnele im Freiwasser tatsächlich entdeckt hat (und das sind wenige!), recht gibt. Sie sitzen nämlich zwischen rötlich marmorierten Kalkalgenschuppen oder rosaweiß scheckigen Weichkorallen, schwanken ganz leicht mit der Strömung und machen auf „unsichtbar".

Sie kommen immer wieder in den Handel, und sie sollten es nicht. Denn sie sind aufgrund ihrer Nahrungsspezialisierung meist Todeskandidaten, außer, man gibt ihnen regelmäßig einen Seestern zum Fraß. Da sind sie gottlob nicht wählerisch: Sie fressen jeden, ob blaue oder grüne *Linckia* oder rote *Asterias* oder schön genoppte Kissenseesterne und andere Prachtstücke- ja, nicht einmal die riesigen Dornenkronen sind vor ihnen sicher. Tatsächlich wollte man die Kleinen mit ihren eigenartigen Eßgewohnheiten im Australischen Great Barrier Reef als lebende Waffe gegen

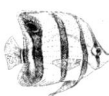

diese korallenvernichtenden Dornenkronen-Seesterne einsetzen. Daraus ist aber dann doch nichts geworden.

Nun habe ich einen leichten Zugriff zum gewöhnlichen, roten Nordsee-Seestern, er wird im Zoologischen Großpraktikum als Demonstrationstier eingesetzt. Zwar hält sich die Kaltwasserform nicht lange im Tropenaquarium, aber immerhin lange genug, um die Harlekinsgarnelen zu erfreuen, und so habe ich, leichtfertig in meiner Begeisterung, ein Pärchen erstanden. Ihre Familienverhältnisse hat Wolfgang Wickler mit seinen Mitarbeitern schon seit langem erforscht. Sie sind monogam, und es ist kaum möglich, ein Pärchen zu trennen. Einmal verheiratet, nehmen sie keine neuen Partner an, eher kommt es zu Mord und Totschlag! Sie kennen einander persönlich an bestimmten Duftstoffen. Und sie sind tatsächlich bei ihren unwahrscheinlichen Raubzügen aufeinander angewiesen!

Man muß das erlebt, beobachtet haben, um es zu glauben: meine beiden Garnelen sind noch recht klein, das Weibchen kaum zwei Zentimeter lang, der Mann halb so groß. Der Seestern, den ich ihnen offeriere, ist handtellergroß, es gab keinen kleineren. Ich bin wirklich neugierig, wie sie die Sache angehen werden. Sie müssen furchtbar hungrig sein, denn kaum setze ich den Seestern ins Wasser, schaukeln sie wie elektrisiert los. Sie finden ihn ohne Umwege, sofort. Vermutlich orten sie ihn nach dem Geruch. Das Weibchen besteigt ihn ständig, heftig hin- und her schwankend, er hält sich an einer Armspitze auf. Sie rudert heftig mit ihren skurrilen verbreiterten Scherenbeinen und Augenstielen, beginnt in raschem Stakkato, den Seestern mit zarten, stilettartigen Beinpaaren zu betrillern. Der Stern bäumt sich auf, wechselt die Farbe, bekommt ein eigenartiges braunrotes Schuppenmuster, als versuchte er, sich gegen diese Angriffe zu panzern! Er steht jetzt regelrecht auf seinen fünf Fußspitzen, das Männchen schaukelt langsam unter ihn und beginnt seinerseits, den Seestern von unten her zu stechen, mir scheint, er versucht, die Ambulakralfurche zu erreichen. Dort ist der Seestern besonders empfindlich, sein Gefäßsystem liegt offen zutage. Es sieht geradezu lächerlich aus, wie die beiden Zwerge auf dem roten Ungeheuer umherturnen, aber es wirkt, als wollten sie ihn hypnotisieren, denn der Stern ist tatsächlich stocksteif, starr, die beiden Garnelen drehen ihn nun mit spielerischer Leichtigkeit auf den Rücken, es geht so schnell, daß ich die Arbeitsteilung gar nicht richtig erkennen kann. Und dann rennen die zwei mit dem verkrampften Riesentier in eine Felsspalte, hau-ruck, und verschwunden ist er!

Diese Spalte, besser Höhle, in der nun das Festmahl beginnt, ist recht gut einzusehen, besonders mit der Taschenlampe geht es vorzüglich. Ich erwarte eigentlich immer noch, daß sich das bedauernswerte Opfer zu wehren

beginnt, aber nichts. Beide sitzen nun schwankend, schaukelnd, die Augenstiele drehend auf ihrem roten Futterberg, und offenbar fressen sie ihn, aber zu sehen ist nichts! Saugen sie ihn aus? Sonst kann man immer gut erkennen, ob Garnelen fressen, sie haben ja genügend Mundwerkzeuge und Beinpaare, die dann in Aktion sind.

23 Tage hocken die zwei in ihrem Loch und auf dem Seestern, der langsam aber sicher schrumpft, die Beine werden kürzer und er immer winziger. Zuletzt sitzt nurmehr das Weibchen auf einem roten Rest, wie ein kleiner Knopf sieht das, was noch vom Seestern da ist, aus. Zwei Tage später ist alles weg, und sie sind wieder hungrig!

Nun habe ich das makabre Schauspiel schon einige Male genau verfolgt, sogar Videoaufzeichnungen sind gelungen, und mir will scheinen, daß die beiden Garnelen eine grausige Taktik einsetzen: Zuerst impfen sie ihm offenbar irgendeine lähmende Substanz ein, dann saugen sie ihn aus! Das würde auch erklären, wie sie mit solchen Riesenigeln wie der Dornenkrone fertig werden. Offenbar ist da noch längst nicht alles geklärt bei diesen buntscheckigen Räubern. Jedenfalls ist auffallend, daß sich niemals ein Fisch an ihnen vergreift. Sie werden geflissentlich gemieden!

Auch die nun folgende Begebenheit würde ich dem Strauchrittertum zuordnen: In meinem kleinen Spezialbecken sitzt eine große, sehr friedliche karibi-sche Seespinne, die mit dem dünnen, endlos langen Fortsatz auf der Stirn. Wenn ich Tiefgefrorenes, wie *Mysis* oder größere Garnelen, in das Becken gebe, dann beginnt sie, hektisch mit dem zweiten und dritten Beinpaar umherzurudern, sie fängt die größeren Partikel also nicht mit den Scheren, sondern klemmt, spießt sie an den stark bedornten Beinsegmenten auf! Das geht viel schneller, als wenn sie die Beute mit den Scheren ergriffe. Sie könnte dann auch immer nur zwei Bröckchen schaffen, und so können es zehn und mehr sein, je nachdem wie dicht die Futterwolke ist. Und da sie mittlerweile eine Bein-Spannweite von mindestens zwölf Zentimetern hat, fängt sich allerhand in dieser Dornenreuse! Wenn der Zustrom versiegt, dann beginnt sie eilends, mit ihren robusten lilafarbenen Scheren die aufgespießte Beute abzuernten und zu verzehren. Oft rafft sie eine ganze „Faust" voll Köstlichkeiten an sich und stopft sich voll. Ich schau ihr gern zu, es ist jedesmal spannend, wie erfolgreich sie war.

Nun wohnt im selben Becken ein glücklich verheiratetes Pärchen Goldgelber Partnergrundeln. Sie sind auch recht gut bei Appetit und warten nicht immer darauf, daß die Happen in den Sand vor ihrer Höhle fallen, sondern holen sie aus dem freien Wasser. Und da wütet die Konkurrenz mit langen Beinen! Aber die Grundeln sind schnell, und sie sind schlau: Jedesmal, wenn die Seespinne ihre Arme weit ausbreitet, schießt eine Grundel wie der Blitz vor, erntet die auf

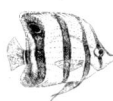

Stacheln gespießte Beute ab und kehrt blitzschnell um, noch bevor die Spinne die Arme anwinkelt! Das ist ein sehenswertes Schauspiel, es sieht so aus, als hätten es die Akteure in minutiöser Perfektion einstudiert, in vielen Proben, ähnlich wie bei besonders raffinierten Zirkuskunststückchen. Wenn man, was bei der Schnelligkeit gar nicht einfach ist, genau beobachtet, so erkennt man, daß die Grundeln von den Beinstacheln mehr Futter abernten, als sie in derselben Zeit im freien Wasser erhaschen würden. Mit der Videokamera läßt es sich letztlich auch zählen und beweisen. Es ist ungefähr fünf- bis sechsmal soviel! Das sind doch tatsächlich Strauchrittermethoden!

Nun bleibt allerdings die Frage offen, ob dieses Verhalten nur hier, in meinem kleinen Becken bei eher beschränktem Beuteangebot, zustandekam, oder ob es ähnliches auch im Freiwasser gibt. Tatsächlich habe ich nicht beobachtet, daß sich diese Art des Beuteerwerbs langsam, aus stümperhaften Versuchen heraus, entwickelt hätte: nein, es war, als ich es erstmals beobachtet habe, vollendet vorhanden. Aber vielleicht hab ich den Anfang übersehen, nicht erkannt...?

Die „Unfischigen"

Da packt es jeden, der auch nur eine Spur von Interesse an den Wundern der Natur bewahrt hat: wenn er einen Anglerfisch, oder einen Schaukelfisch, einen Steinfisch, oder auch ein Seepferdchen, eine Seenadel, einen Kofferfisch gar! oder sonst eines der vielen, vielen unwahrscheinlichen Bewohner des Meeres vor sich sieht. Mich packt es auch. Ich wehre mich dagegen. Man darf kein solches Geschöpf nur seines skurrilen Aussehens wegen in sein Becken setzen!

Das weiß ich ganz genau, aber dennoch passiert es. Vor mir selbst, ganz persönlich und verstohlen, rechtfertige ich das mit wissenschaftlichem Interesse. Aber im Grunde erliege ich der Faszination des Ungewöhnlichen. So, wie man früher Siamesische Zwillinge und haarige Riesen angestarrt hat!

Deshalb habe ich jetzt ein sogenanntes „Spezialaquarium". Wäre ich ganz ehrlich, dann müßte ich es „Raritätenkabinett" nennen. Da wohnen ein Schaukelfisch, ein – was sonst! – Anglerfisch, ein Kofferfisch. Und besagte Seespinne, und ein Paar Goldgelber Partnergrundeln mit einem *Alpheus*, einem Knallkrebs.

Vorübergehend wohnte dort auch ein Zwergrotfeuerfisch, ein blauäugiger verfressener Kerl. Im Gegensatz zum eher zurückhaltenden Angler wuchs er in Rekordzeit aus dem Becken, es ist nämlich ein kleines 100 Liter fassendes. Deshalb sitzt er jetzt bei Karl. Auch er hat einen solchen Hang zum Ungewöhnlichen, aber er befriedigt ihn auf 1000-Liter-Basis. Das ist dann eher vertretbar!

Nun versuche ich, meine „Unfischigen" vorzustellen: den Schaukelfisch, der kein echter Schaukelfisch, sondern ein naher Verwandter aus der großen Familie der Krötenfische ist, ein *Amblyapistus taenionotus*. Es ist mir trotz vieler Nachsuche nicht gelungen, einen zweiten zu bekommen, und so hat er es vielleicht ein bißchen langweilig. Ich versuche, dieses Manko mit reichlicher Fütterung auszugleichen. Das Ergebnis: ein finger- bzw. pinzettenzahmer, wunderschöner Fisch, der stets in einer bestimmten Beckenecke lauert, den Blickwinkel, aus dem ich mich dem Becken nähere, im Auge hat und, sobald er einen sich bewegenden Schatten erspäht, schaukelnd einen erhöhten Stein erklimmt und dort hoch aufgerichtet auf Futter wartet! Um ein wenig Eigeninitiative zu beobachten, muß ich mich regelrecht auf Lauer legen! Und viel ist es auch dann nicht: Er schaukelt eher lustlos zwischen den Korallen umher und späht mit zeitlupenlangsamen Bewegungen nach kleinen Krebschen. Hat er eines erspäht, so schiebt er sich noch langsamer heran und – schlupp – hat er es inhaliert. Man kann dem Vorgang nicht mit freiem Auge folgen, so rasch geht es. Ganz selten attackiert er die Seespinne, dann nämlich, wenn sie aus Versehen über ihn stolpert. Wenn sie ihn daraufhin mit einem ihrer langen Beine, das sie ihm entgegenreckt, sich vom Leib hält, und er dann alle seine Flossen voll ausfährt und imponierend damit wedelt, ist das schon full action! Also hoffe ich immer

noch, einen Partner für ihn zu bekommen, obwohl sie auch zu zweit vermutlich alles in Zeitlupe abwickeln werden.

Der kleine Rotfeuerfisch war im Verhalten ziemlich ähnlich, nur wollte der große Brocken, so wie der Angler. Aber von letzterem ist ja anderswo die Rede, ebenso vom Kofferfischchen. Die Seepferdchen und Seenadeln leben in den anderen Becken, da sie sich ja gut vergesellschaften lassen und gerne mehr Platz beanspruchen.

Kommen wir nochmals auf meine statischen Lauerer zurück: sie benötigen tatsächlich kaum Bewegungsraum. Aus Freiwasserbeobachtungen kann ich das bestätigen: Ein solcher *Amblyapistus taenionotus* hielt sich während dreier Wochen (solange währte mein Urlaub) immer im gleichen Kelp-Büschel auf, und nicht nur das, er war eigentlich immer in gleicher Höhe anzutreffen, obwohl der Kelp etwa zwei Meter lang war, er reichte fast bis zur Wasseroberfläche. Ich habe mehrfach versucht, ihn wegzutreiben, habe ihn auch einige Male gefangen und auf ein anderes Algenbüschel gesetzt. Eine Stunde später war er wieder an Ort und Stelle.

Deshalb läßt er sich auch in einem kleinen Becken gut halten. Vermutlich ist es für solche Fische von Vorteil, eine möglichst genaue Ortskenntnis zu erlangen. „Mein" freilebender Schaukelfisch war auch dermaßen gut an seinen Standort inmitten der ledrig-braunen, gezackten Kelpblätter angepaßt, daß ich ihn häufig nicht gefunden habe,

obgleich ich genau wußte, wo er saß, und ein einmaliges, kurzes Wegsehen genügte, daß ich wieder neu beginnen mußte!

Der in meinem Becken saß ursprünglich auch am liebsten in einem großen Rotalgenbüschel und war dort bestens getarnt. Doch habe ich ihm diesen Aufenthalt abdressiert, da er sein Futter stets an der Frontscheibe erhielt. So hat er die Tarnung zugunsten der Bequemlichkeit aufgegeben. Schade!

Was ich mit dieser Schilderung bezwecke? Ich will nur einer gewissen Enttäuschung zuvorkommen: Wenn man von einem Fisch mehr erwartet als dessen bizarres Aussehen, dann sollte man weder die kleinen Vertreter der Skorpionsfische, noch Schaukelfische, noch Angler, Krötenfische und alle Verwandten, also alle jene, die so besonders hinreißend getarnt sind, halten. Denn sie tun nichts! Sie lauern „nur". Sie sind für diesen Job ausgerüstet, und zwar so perfekt, daß jede Art von Aktivität für sie gefährlich oder zumindest widersinnig wäre. Vermutlich würden sie eher verhungern, als sich auf aktive Jagd zu begeben. Das sollte man wissen. Aber wenn man diese Lebenshaltung akzeptiert, dann sind sie allesamt phantastische Fische, die einem einen dieser unvergleichlichen aufregenden Blicke in den Zaubergarten der tropischen Meere erlauben.

Ökologie im Aquarium

Ökologie" ist modern, ist eines der neuen Zauberworte. Alles ist ökologisch, entweder ökologisch einwandfrei oder bedenklich oder nur ökologisch, und meist wird es in gleichem Atemzug mit „biologisch" gebraucht. Wenn man jedoch den Ausdruck hinterfragen möchte, bekommt man meist eine verschwommene Antwort. Dabei gibt es eine ganz simple Übersetzung: Ökologie ist die Lehre von den Zusammenhängen.

Komplexe Zusammenhänge

Jetzt sind Fragen berechtigt: Was hängt denn zusammen? Wie und womit? Tatsächlich hängt alles mit fast allem irgendwie zusammen. Die Ökologie eines Waldes, einer Wiese zu erfassen, eine Erklärung zu versuchen, ist schlechthin ein Ding der Unmöglichkeit. Die Zusammenhänge sind so komplex, so vielschichtig, daß sich ein ganzes Heer von Wissenschaftlern jahrelang bemühen müßte, und auch dann würde sie immer wieder überholt, neu überdacht werden. Was soll also unsere Aquarium-Ökologie? Läßt sie sich in einem geschlossenen, künstlichen System erfassen?

Diese Frage läßt sich zumindest in Ansätzen klären, denn ein bißchen Ökologie können wir in unserem Aquarium recht gut hinterfragen, ja, ihre Präsenz macht sich unentwegt bemerkbar! Denn ein Aquarium ist ein winziger und daher gut überschaubarer Tummelplatz für sie!

Man versuche sich nur folgendes Beispiel vorzustellen: Ich hebe rechts vorne einen kleinen Stein hoch und plaziere ihn ein bißchen weiter nach links. Bald darauf, vielleicht schon nach einigen Stunden, oder erst nach Tagen, fällt links hinten eine bisher stramm stehende Lederkoralle um, wird schlaff und siecht. Was ist geschehen? Worin besteht der Zusammenhang? (Vielleicht besteht gar keiner.) Nein, seien Sie unbesorgt. Es besteht ein Zusammenhang. Immer besteht einer..., und nun können wir zu rätseln beginnen: hat sich durch das Umsetzen des Steines die Strömung verändert, steht die Koralle nun im Strömungsschatten oder in stärkerer Strömung? Wird sie von den Absonderungen einer anderen Koralle oder Anemone nun stärker behelligt? Habe ich vielleicht einen Borstenwurm, eine Krabbe, die unter dem weggerückten Stein wohnte, aufgescheucht, und sitzt das Vieh jetzt unter meiner schlappmachenden Koralle? Oder hat der Stein nun die Lichtverhältnisse ver-

ändert? Die Litanei läßt sich endlos fortsetzen.

Solange ich jetzt nur sinniere, sonst aber nichts tue, also ruhig, untätig vor dem Becken sitze, nicht umrühre, nochmals versetze, umschichte oder Wasser wechsle, dann kann sich ein neues Gleichgewicht einstellen, eine neue Situation solidieren, oder es kann sich – scheinbar! – das alte, ökologische Gleichgewicht wieder herstellen. Ökologisch ist es auf jeden Fall! Wir können in unseren vier engen Glaswänden tatsächlich kein winzig kleines Algenfiederchen bewegen, ohne daß wir irgendeinen Zusammenhang schaffen, unterbrechen, stören. Und, was mich an der Sache so begeistert, wir können fast immer mit einer ganz raschen, wenngleich nicht ein- oder vorhersehbaren Reaktion rechnen. Wir machen unsere Ökologie selbst!

Jetzt gerade schlage ich mich mit so einem schwerwiegenden ökologischen Problem herum: Ich möchte eine wunderschöne Riffseenadel aus meinem kleinen Becken in das große umsetzen. Sie würde mir dort besser gefallen, sie käme sicher besser zur Geltung (das sind an sich schon sehr gefährliche Überlegungen). Also sitze und rekapituliere ich, bemühe mich, wirklich jedes Detail zu berücksichtigen: Welche Nahrungskonkurrenten hat die Nadel? Die wichtigsten sind sicher die beiden Leierfische (*Synchiropus stellatus*); sie fressen dasselbe. Dann folgt gleich der *Chelmon*, weiter die beiden Zwergkai-

ser, aber die sind schon eher vernachlässigbar. Dasselbe gilt für den Gelben Segelflosser, und letztlich sind alle Fische, die da „irgendwo herumzupfen", Futterkonkurrenten. Nun, so tragisch wird die Sache wohl nicht sein. Es gibt viele Kleinkrebschen (allerdings, die früher so häufigen winzigen Asseln haben die Leierfische zur Gänze vertilgt, und es sind auch nicht mehr so viele Hüpferlinge abends an den Scheibenkanten). Dennoch, solange die Leierfische jeden Abend balzen und laichen können, muß Nahrung im Überfluß da sein. Also zieht die Seenadel um (und macht sich, wie erwartet, wunderschön), und alles bleibt beim alten. Tatsächlich?

Wenn ich meine Minutenprotokolle vergleiche, so bewegen sich jetzt, 14 Tage später, die beiden Leierfische etwa ein Drittel schneller durchs Unterholz, schnappen dabei weniger oft zu (das läßt sich leicht abzählen und quantifizieren), vermutlich laichen sie nicht mehr jeden Abend, und wenn, so eine halbe Stunde später. Das fällt auf! Auch, daß der *Chelmon* auffallend häufiger an der Scheibe bettelt, sobald ich mich zeige. Sonst war er eigentlich immer mit Futtersuche beschäftigt. Und die grünen Fadenalgen nehmen deutlich zu, obgleich der *Zebrasoma* emsig rupft. Sicher wuchern sie nicht deshalb, weil die Seenadel das Wasser belastet!

Eine weiter Woche später machen sich bereits da und dort Schmieralgen breit.

Vor allem an den Stellen, wo die Fadenalgenpolster zu lang geworden sind. Dann sind sie auch für den Gelben Segelflosser nicht mehr attraktiv, sterben und geben einen guten Nährboden für Schmieralgen ab.

Unglaublich: die winzige, kaum zehn Zentimeter lange, zahnstocherdünne Nadel hat all das ausgelöst! Sie hat das schöne ökologische Gleichgewicht gestört, hat es jedenfalls verändert. Alle Fische wirken hungriger, alles ist eine Spur hektischer, die unruhig gewordenen Substratpicker machen auch die an sich schon unruhigen Strömungsjäger, wie Scherenschwanzgrundeln, Fahnenbarsche und *Chromis*, noch hektischer. Aggression nimmt zu, sogar unter guten Ehepartnern! Fazit: Die Seenadel zieht wieder um. Sie freut sich, verschwindet sogleich im Algendickicht und findet dort offenbar Futter im Überfluß. Im nunmehr Seenadelfreien Becken tut sich aber gar nichts! Es wuchern weiterhin Faden- und Schmieralgen, die Fische sind nach wie vor hektisch und hungrig. Auch nach 14 Tagen zeigt sich noch keine Reaktion.

Also bewahrheitet sich auch auf kleinstem Raum, daß ein gestörtes (oder verändertes) ökologisches Gleichgewicht sich viel langsamer wieder herstellt, als es zerbricht. Nichts Neues: Fällen geht immer schneller als Aufforsten, eine Binsenweisheit! Vermutlich sollte ich mich von einigen meiner Fische trennen, um das Wieder-Einpendeln zu beschleunigen. Ich könnte noch einen Doktorfisch kaufen, der schneller und auch mehr Fadenalgen frißt..., und damit könnte ich dann wohl dichtmachen.

Nun sollte ich versuchen, den Einfluß dieser Unglücksseenadel im richtigen Zusammenhang, ökologisch also, darzustellen.

Vorher hielt sich offenbar die Anzahl algenfressender Kleinstorganismen mit dem vorhandenen bzw. stets nachwachsenden Algenbewuchs im Gleichgewicht. Dann kam die Seenadel dazu, und das geringe, zusätzliche Wegfressen eben dieser Organismen hatte zunächst eine Zunahme von grünen Fadenalgen bewirkt. Das wäre weiter nicht schlimm. Es hatte aber auch zur Folge, daß alle Krebschen jagenden Fische immer weniger Jagderfolg hatten und offensichtlich hungriger wurden. Füttere ich in diesem Fall mehr, verschlechtert sich die Wasserqualität. Unterlasse ich es, steigt die Aggressivität (ich füttere mehr, da ich „normales" Fischverhalten sehen will). Also gibt es noch mehr Fadenalgen, die auch der Doktorfisch nicht mehr bewältigt, und in weiterer Folge Schmieralgen, Wasserverschlechterung und zunehmend unruhigere Fische. Da deren natürlicher Nahrungserwerb unattraktiv geworden ist, weil sie einfach nichts mehr finden, beginnen sie zu betteln. Trotz häufigerer Fütterungen werden sie immer aggressiver, einfach deshalb, weil sie mehr Zeit dazu haben!

Man kann recht viel am eigenen Aquarium lernen, zum Beispiel über Selbstbeschränkung, die sich bezahlt macht ... eben über Ökologie!

Die Unheimlichen im Aquarium

Es gibt sie in jedem ordentlichen Aquarium, schlimm, gäbe es sie nicht. Sie werden in jedem Buch, in fast allen aquaristischen Arbeiten mehr oder minder verteufelt. Eine richtige Hetze gibt es da gegen Glasrosen, Nacktkiemer, Krabben und Krebschen, ja und Borstenwürmer, Gehäuseschnecken, sogar Seeigel und Seesterne haben unter Verfolgung dieser und jener Art zu leiden. Auch ich begann als ein solch verhetzter Aquarianer, kaum daß ich das Primärstadium, in dem man Glasrosen verzückt bewundert, überwunden zu haben glaubte.

Ich erinnere mich mit Grausen an meine verzweifelten Wurmschlachten, wo ich allabend- bzw., nächtlich mit raffiniert konstruierten Fallen auf Borstenwurm-Jagd ging. Ich hatte kapitale Burschen! Fingerdick, fast so lang wie das Becken und sichtlich gefräßig, gefährlich gefräßig. Gut konnte ich mir ausmalen, wie sie heimlich nachts schlafende Fische überfallen – so liest es sich im Schrifttum – und sich einverleiben. Überall saßen diese Würmer und lauerten, vermutlich zu Hunderten. Ein Alptraum!

Mein nächster, sehr lange anhaltender Alptraum war die Borstenkrabbe. Ich entdeckte sie ebenfalls eines Abends, bei Taschenlampenkontrolle: Eine dick beborstete Schere (ehrlich: ein Scherlein) hantierte aus einem Röhrenwurm-Loch heraus. Ab und zu riskierte sie auch ein bewegliches, bläuliches Stielauge. Das mußte der fürchterliche Feind meiner herrlichen Kalkröhrenwürmer sein, die einer nach dem anderen traurig ihre Fiederkronen hängen ließen und nacheinander rätselhaft verschwanden! Sie mußte schon lange ihr Unwesen getrieben haben, ich fand in gewissen Abständen immer wieder kleine, beborstete Scheren, wie kleine wollige Boxhandschuhe. Also waren dies ihre Häutungsreste! Ich schmiedete Pläne, blutrünstige Feldzüge wurden vorbereitet, und als ich sie eines Abends in einem Lochstein verschwinden sah, habe ich tatsächlich den schönen Stein herausgerissen, und als die Krabbe weder mit List und Tücke noch mit Gewalt aus ihrem Schlupfwinkel zu stochern war, da kochte ich sie! Ich habe den herrlichen, lebenden Stein mit heißem Wasser übergossen. Wenn ich mir diese Szene wieder vergegenwärtige, dann schäme ich mich zutiefst, Damals aber, die Schauergeschichten von Wilkens waren noch ganz frisch in meinem Gedächtnis, war ich recht zufrieden über meinen Jagderfolg.

Bis ich nur wenige Wochen später die nächste sah. Mir wurde übel, als sie direkt im Schlafspalt der herrlichen

nichts ahnenden Dekorgrundel herum-
wütete. Rotalgensprosse riß sie zu sich,
Staubwolken von Sedimenten vernebel-
ten das Wasser, und meine Grundel
schlief daneben! Ganz sicher war ich,
daß am Morgen nur noch das Skelett
der Grundel im Spalt stecken würde,
wenn überhaupt. Wahrscheinlich fraß
sie auch die Gräten. Am nächsten Morgen war die Grundel vergnügt und
munter, und so sehr ich sie auch von
allen Seiten, sogar mit Vergrößerungs-
glas, begutachtete, sie war völlig intakt.
Abends lag ich wieder auf der Lauer:
Die Krabbe erschien an derselben Stelle,
stopfte sich mit Undefinierbarem voll,
und die Grundel schlief selig, fast
Wange an Wange mit ihr. Spätestens da
dämmerte mir einiges. Es kam aber
noch besser: Die Borstenkrabbe
betätigte sich als winziger Laokoon und
wickelte sich wild windende Borstenwürmer aus dem Sandboden, wie Spa-
ghetti vernaschte sie sie!

Tatsächlich hat keine Borstenkrabbe,
auch keine der Steinkrabben, jemals
einen meiner Fische angerührt, auch
keine anderen „Niederen Tiere",
Röhrenwürmer, Korallen, Scheibenanemonen oder was auch immer beschä-
digt. Mit gewisser Skepsis beobachte
ich derzeit einen dunkelblau-weiß
getupften Fangschreckenkrebs, den ich
versehentlich eingeschleppt habe. Er
bleibt – bis jetzt – im Untergrund, und
alle Fische kenne ihn längst. Nicht so
die hübsche Putzergarnele. Sie ist zwar
(noch!) bedeutend größer, aber der

rabiate Schreck greift nach allem, was
ihm nahekommt, so auch nach einer
der filigranen Garnelenscheren. Jetzt ist
die Schere weg und sie ist sehr vorsichtig geworden, sie muß kräftig regenerieren. Dieser Krebs könnte früher oder
später zu groß für meine Geschuppten
werden.

Dann gibt es im Becken auch
unheimliche Schönheiten: Mitten in den
Sternchenkorallen lebt ein Nacktkiemer,
eine dieser verrufenen Nacktschnecken,
die es scharf auf alle möglichen Lederkorallen haben (sollen?). Ich bewundere
ihn grenzenlos, seine Körperanhängsel
haben nicht nur dieselben Farbschattierungen wie die Sternchenkorallen, er
bewegt sie auch genau im gleichen
Rhythmus wie sie. Er wird unsichtbar,
verschwindet, löst sich auf in ihnen.
Was er tatsächlich annagt, weiß ich
nicht. Sollte er seine Sternchenkorallen
dezimieren, so tut er es mit Vorsicht
und Bedacht: Ich kann beim besten Willen keine Fraßspuren entdecken. Offenbar mag ihn keiner der Fische. Unlängst
bemerkte ich zwei weitere, winzige!
Einer davon saß mitten in den Straußenfeder-Korallen. Die zeigten deutliches
Mißbehagen, schau einer an! Vielleicht
werden Sternchenkorallen nur zur Tarnung und Täuschung bewohnt, und in
aller Heimlichkeit andere Dinge benagt?
Das muß ich im Auge behalten...

Ab und zu tauchen kaum millimeter-
kleine, bleichrosafarbene Seesternchen
– oder sind es Igel? – an der Frontscheibe auf. Wunderschön sind sie zu

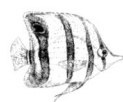

beobachten, und recht flink eilen sie wieder ins Dunkel. Was tun sie? Ich weiß nicht, welches Siechtum welcher Koralle man ihnen vielleicht anlasten könnte. Es wäre zu einfach, immer alles, was schiefgeht, einem dieser undefinierbaren, unkontrollierbaren Untermieter in die Schuhe zu schieben. Ich bin davon abgekommen. Jeder nützt und schadet wohl gleichermaßen und zeigt damit deutlich diese absurde Wertigkeit, wie wir sie allen Organismen aufzwingen wollen. Zweifelsohne kann sich das eine oder andere Unheimliche über Gebühr vermehren. Dann habe ich aber zu wenig aufgepaßt, beobachtet. Oder etwas wächst schneller, als meinen Fischen zuträglich ist – dasselbe gilt!

Mittlerweile scheint mir, daß gesunde Tiere sich bestens gegen alles Erdenkliche wehren können. Sogar Steinkorallen können lästige Fadenalgen abschütteln. Oder, vielleicht sollte man besser sagen: Freßfeinde und Fadenalgen überfallen mit Vorliebe geschwächtes Getier? Nun, sei es, wie es sei. Man lernt nie aus! Ach ja, da kommt neuerdings nächtens ein großes, unheimliches schwarzmanteliges Ungeheuer zum Vorschein, wohl eine Eischnecke? Was mag die wohl...? Und noch etwas: Glasrosen sind zwar schön. Aber die mag ich wirklich nicht!

Lebende Steine, kämpfende Steine

Ein lebender Stein kann, wie wir längst erkannt haben, das Aquarium nicht nur gesünder und schöner, für Fische lebenswerter, für uns interessanter machen. Er kann viel mehr, nämlich ungemein spannend, ja dramatisch in seiner Entwicklung werden. Das hängt nicht nur von ihm selbst ab, sondern zweifelsohne auch von seiner, des Steines Umwelt. Ich habe die ersten lebenden Steine zunächst pflichtschuldig zur Milieuverbesserung eingebracht. Dann, als ich mich für einen schon gewitzten Salzwassermenschen hielt, nahm ich sie entweder für die Fische, besser, für einen ganz bestimmten Fisch, oder einer gefiel mir einfach, der Farben und der besonderen Geschöpfe wegen, die an ihm saßen.

Jetzt ist es irgendwie anders geworden. Natürlich, wenn gerade neue „Niedere Tiere" ankommen, dann muß ich einfach diesen herrlich gelben *Parazoanthus* oder die grün fluoreszierenden Schirmchen der *Palythoa* nehmen oder sonst etwas ästethisch ungemein Ansprechendes. Doch wenn der erste Rausch vorbei ist, dann stehe ich lange, lange vor einem solchen Block und versuche, ihm, dem Stein, auf die Schliche zu kommen, sein verborgenes Innenleben zu erraten, und manchmal gelingt es mir, den Rechten zu bekommen. Franz scheint dies Spaß zu machen, er hilft dabei. Oft will ich gar keinen Stein, sondern Gefrierfutter oder überhaupt nichts, und er sagt: Da hab ich neulich oben so etwas sonderbar Blaues gehabt, wär was für dich, und schon wirbelt das Sediment auf, husten Garnelen und Grundeln. Der Stein ist schlicht und einfach grau, ich bekomme ihn auch „umsonst", aber wenn Franz etwas Blaues gesehen hat, dann ist was dran. Und zu Hause, wenn ich genug Zeit habe (die nehme ich mir einfach!), kommt dann tatsächlich die berühmte Blaue Blume des Aquarianers zum Vorschein: eine unendlich zarte bläuliche Wurmschnecke vielleicht, eine tiefblaue Röhrenwurmrosette oder…, es gibt undenklich viele Möglichkeiten! Manchmal rüsselt dann der Pinzettfisch häßlich darüber her, noch bevor ich überhaupt meinen neuen Schatz richtig erkannt habe, das ist eben das bißchen Wildnis, wie ich es mag. Soll er, der Pinzettfisch. Wenn es zäh genug ist, kommt es trotzdem durch, das blaue Wunder.

Wie war das mit meinen ersten lebenden Steinen, die ich bewußt, intensiv beobachtet habe? Der allererste bleibt mir schon deshalb für immer in Erinnerung, weil ich ihn vermutlich viele Dutzende Male fotografiert habe: zuerst nichts. Dann – endlich – saftiggrüne Fadenalgen, zusammen mit zerknittert durchscheinenden Tentakelspitzen von Glasrosen. (Franz hat mir damals gesagt: Also, mit dem Stein da würde ich nicht anfangen, nimm doch lieber…) Die Sternchenkorallen, die in ihren dunkellila Scheiden verborgen waren, blieben es. Sie kamen nie mehr ans Licht. Für mich war damals kein so großer Unterschied zwischen *Aiptasia*, *Anthelia* oder *Zoanthus*. Einige Tage später kam tatsächlich ein ganz zartes, bescheidenes Röhrenwurmschirmchen zum Vorschein und daneben ein zweites. Diesen beiden hielt ich übrigens eine jahrelange Treue, habe wieder und wieder die lästigen Fadenalgen weggebürstet und mich gewundert, daß sie trotz langen Hungerns immer wieder auftauchten. Vielleicht haben eher sie mir die Treue gehalten…

Jedenfalls, dieser erste Stein zeigte schon ein bißchen Dynamik: *Aiptasia* gegen Röhrenkoralle, Koralle k. o. Fadenalge gegen *Aiptasia*, ziemlich lange unentschieden. Dann wurde das Milieu so *Aiptasia*-freundlich, daß nichts mehr ihren Riesenwuchs bremste; und sie waren auf ihre gefährliche Art wunderschön. Fadenalgen blieben Fußvolk. Fadenalgen gegen Röhrenwurm, Wurm fast k. o. Dann: mein erster *Caulerpa*-Trieb gegen Fadenalgen, zunächst unentschieden, später stark wechselnd. *Caulerpa* hat erst gesiegt, als mein ganzes Becken von ihr überwuchert war!

Es ging weiter: *Caulerpa* gegen *Aiptasia*, siehe da, *Caulerpa* siegt, denn die Glasrosen übersiedelten notgedrungen auf die Blattalgen, die ihnen Lebensraum und Futterzufuhr abschnürten. Da hab ich sie, längst ein Glasrosengebranntes Kind, schleunigst samt *Caulerpa*-Trieben vernichtet.

Jahre später beobachte ich meine Stein-Kämpfe immer noch, vielleicht auf einer taxonomisch höheren Ebene, und das Wasser ist besser geworden. Fadenalgen bleiben zwar immer noch aktuell und spannend, aber nicht mehr so drückend. Jetzt läuft es zum Beispiel so: Straußenfeder-Korallen und rote Kalkalgen gegen ein einzelnes *Zoanthus*-Schirmchen, das angetrieben und irgendwo hängen geblieben ist. Im Hinterhalt lauert gespannt ein kleines struppiges Büschel schlauchförmiger Rotalgen. Ein zarter, unwahrscheinlich schön gezeichneter oranger Röhrenwurm, bedrängt von Kalkalgen und, ich bin ganz hingerissen, irgendein winziges Krebslärvchen, das mit langen Fiederantennen aus einem winzigen Röhrenwurmloch fächelt. Es hat knallrote Augenstiele und wird vielleicht ein Knallkrebs? Oder gar ein Fangschreckenkrebs? Nun, wie geht es weiter? Das grüne *Zoanthus*-Schirmchen verschwindet. Xenien, meine geliebten Straußenfederkorallen, breiten sich herrlich aus, ein wogendes rosa Meer! Der Röhrenwurm verschwindet, der Minikrebs ist zwar bedrängt, wird aber abends, wenn die Xenien ihre Tentakel falten und sich endlich zurückziehen, sehr aktiv. Im Gegenlicht sehe ich seine Fiederantennen wild strudeln, er fängt damit sogar Tiefkühl-Zyklops. Der Röhrenwurm kommt wieder, hat seine Röhre über die wuchernde Kalkalgenschuppe hinausgezogen, wie ein kleiner weißer Kamin ragt er hoch! *Xenia* gegen Kalkalgen: Beide bilden gegeneinander lappenförmige Wülste, Mauern, Wehre aus, wachsen dort, wo es besonders interessant strömt, gegeneinander hoch, absolut unentschieden! Die Straußenfederkoralle wächst rascher, dafür ist die Kalkalge robuster, sie mauert, zementiert alles nieder. Manchmal überkommt alle der Seeigel, mein einziger übrigens. Er nagt sich quer durch die Kalkalgen, auch den kleinen Kamin nimmt er dann mit. Der Röhrenwurm hat ihn ja nun nicht mehr nötig, dafür bleibt die *Xenia* unberührt. Übrigens, bei einer seiner Wanderungen über diesen Stein trug er das *Zoanthus*-Schirmchen auf dem Rücken davon – es war ganz sicher jenes verschwundene, ich erinnere mich an seine grellgrüne Farbe. Irgendwann bekommt plötzlich – über Nacht – das Rotalgenbüschelchen Oberhand und pflanzt sich zu meiner Freude in die Xenien. Dort bleibt es unberührt, vor allem vom gierigen Seeigel, der ungern über schleimende Xenien wandert.

Oben links: Ein Papageifisch, *Scarus* sp., zeigt sein korallenkalkbrechendes, schnabelartiges Gebiß.
Oben rechts: Der Gebänderte Pinzettfisch, *Chelmon rostratus*, auf Nahrungssuche.
Unten: Dieser junge Kaiserfisch, die Felsschönheit, *Holacanthus tricolor*, ist, wie die meisten Kaiserfische, ein Nahrungsspezialist.

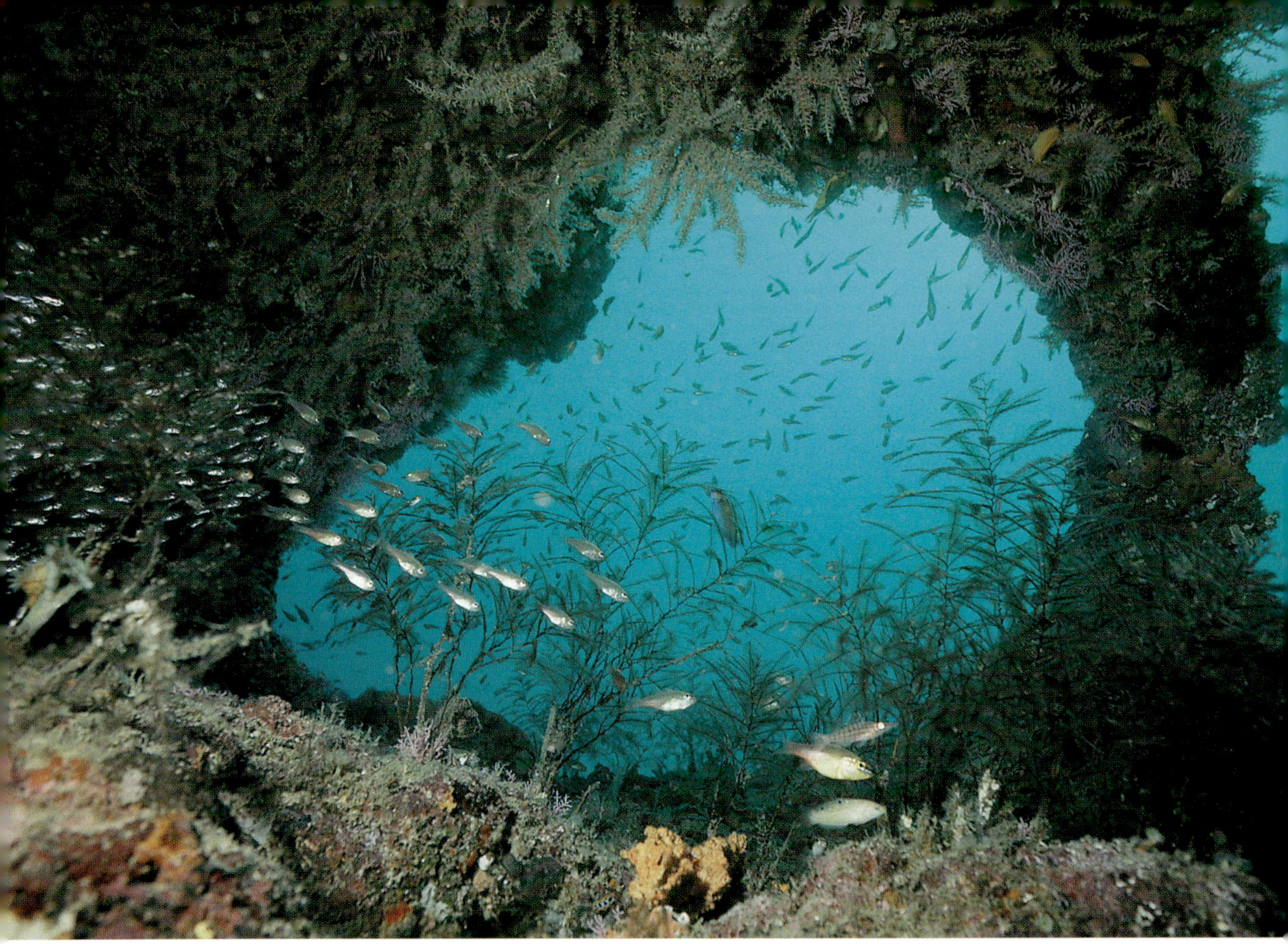

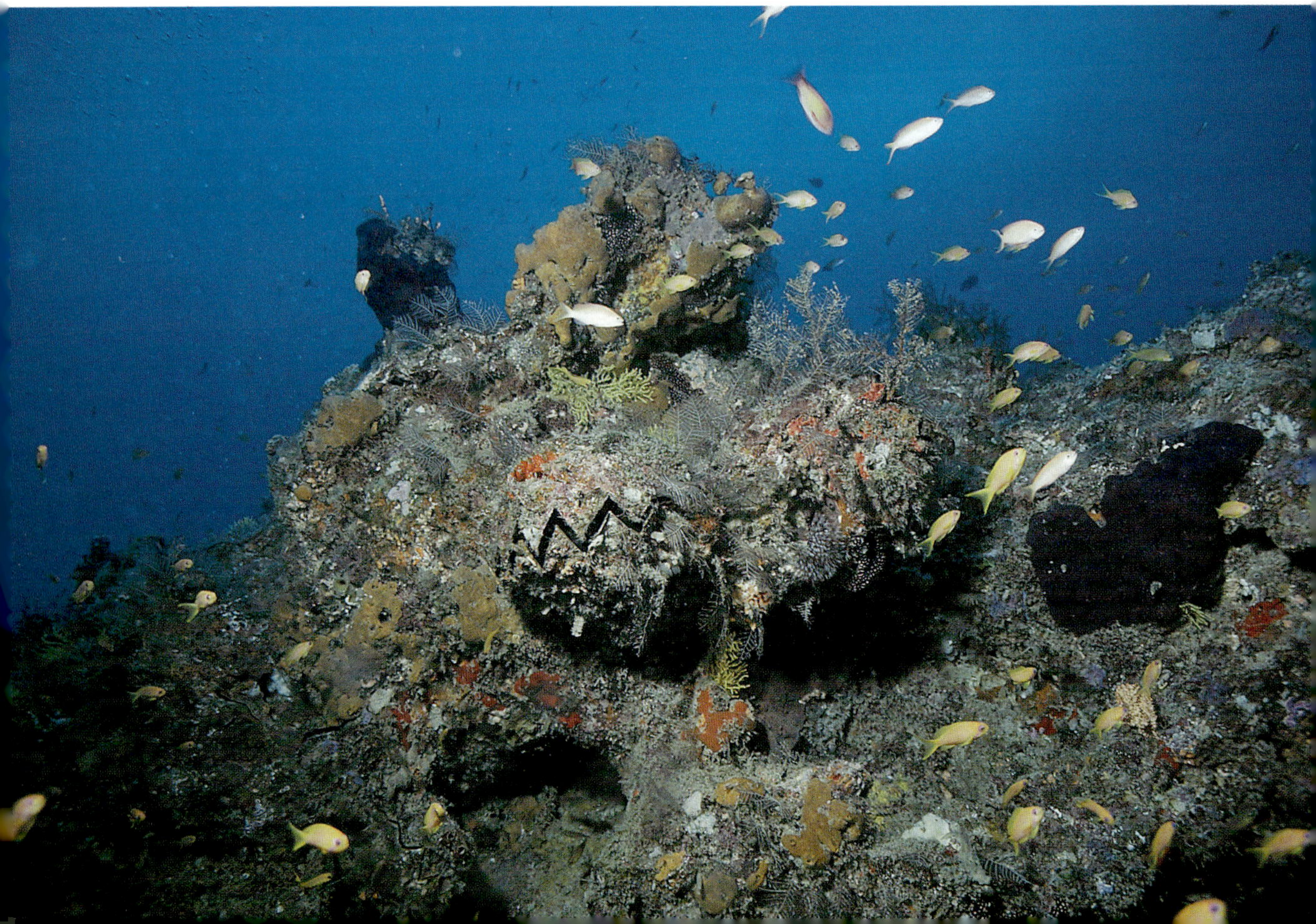

Aber dann, nachts wiederum, ist die rote Pracht verschwunden. Wer war es? Garnelen? Die Borstenkrabbe oder doch der Seeigel? Nur ein kleiner heller Fleck bleibt. Der Kampf zwischen *Xenia* und Kalkalge ist noch immer aktuell.

Es ist tatsächlich ein Kampf, wenngleich lange nicht so spektakulär wie etwa zwischen Blasenkoralle und Gorgonie (schrecklich!) oder Gorgonie gegen Orgelkoralle, auch *Parazoanthus* oder *Sarcophytum* gegen Hammerkoralle ist nicht uninteressant. Aber die versteckte, schleichende Dramatik, die sich auf einem einzigen, kleinen Stein abspielt, dartut, die hat es mir angetan. Da knirscht die Ökologie, da eröffnen sich eigene Unzulänglichkeiten, wenn man nämlich gar mit spitzer Pinzette versucht, einen bestimmten Liebling vom Würgegriff eines Ungeliebten zu befreien.

Nichts geht. Ein Dritter kommt plötzlich – aus dem berühmten Nichts? – und macht beide anderen kaputt. Und das Geschick des Steins geht irgendeinen ganz anderen, nicht vorhersehbaren Weg. Nur eines ist sicher: Er verändert sich, schneller einmal, dann wieder ganz langsam, aber stetig.

Wie hat das Wilkens so traurig-treffend, fast philosophisch formuliert: „Wie immer wir ein Aquarium auch technisch ausstatten mögen, wie immer wir es auch pflegen und versuchen, eine gewisse Gleichgewichtslage zu erhalten, unser mariner Kleinlebensraum ist und bleibt ein künstliches Gebilde. Von dem Augenblick an, da... der Reifungsprozeß abgeschlossen und die Insassen von außen mit Nahrung, Sauerstoff, Licht... versorgt werden, verändert sich ihre Umwelt langsam aber sicher... Alles, was der Aquarianer tun kann, ist, den Prozeß der Wasser- und Umweltverschlechterung so lange wie möglich hinauszuzögern. Aufhalten kann er ihn nicht". Derzeit sind es in meinem Becken die Fadenalgen, die ab und zu den Schlußstrich unter ein Stein-Drama ziehen. Noch geschieht dies selten. Aber ich werde achtsam sein.

Oben: Ein Blick in eine lichtdurchflutete Halbhöhle, ein silbriger Schwarm von Glasbarschen flüchtet, am Höhlendach wuchern Hydrozoenstöcke.
Unten: Zackenaustern sind weniger lichthungrig als die sogenannten „Mördermuscheln", und sie sind häufig von verschiedenen Weichkorallen völlig überwachsen.

Haltung und Verhalten

Jeder kann an seinen Fischen ernsthafte Verhaltensbeobachtungen anstellen. Je öfter man es praktiziert, um so spannender wird es, und um so mehr profitiert das ganze Aquarium davon. Ich habe da mein eigenes System, vielleicht nicht hochwissenschaftlich, aber es gefällt mir und nützt den Tieren. An zwei Beispielen versuche ich, es zu erklären.

Jeder kann es!

Ich habe vier Becken: zwei kleine mit 95 bzw. 120 Litern, ein mittleres mit 360 Litern und ein sogenanntes „Großes" mit 600 Litern. Die Wasserverhältnisse sind natürlich in den vier Becken völlig verschieden.

Ich wähle für meine Beobachtungen eine bestimmte Tageszeit; es kann immer dieselbe sein, oder man kann die Tageszeit „streuen" und erhält dann einen Ganztages-Querschnitt, wenn man es oft genug wiederholt. Dann nehme ich, ganz altmodisch, Papier und Bleistift. Fortschrittler könnten die Daten ins Diktaphon sprechen, oder gleich in den Computer eingeben! Etwas allerdings habe ich schon vorbereitet: eine Art Liste, auf der die Fische und die wichtigsten Wirbellosen nebeneinander aufgeführt sind. Hat man viele Beckenbewohner, tut man sich ein bißchen schwer. Beim großen Aquarium ist das schon der Fall; man könnte sich dann damit behelfen, daß man nur wenige Lieblingstiere auflistet und die anderen am Rande mitnimmt, falls sich Verbindungen ergeben. Man kann auch nur einen einzigen Fisch innerhalb der Gruppe beobachten. Wenn er aktiv und aggressiv ist, bekommt er sowieso Kontakt mit den meisten übrigen Beckenbewohnern.

Zur Sache also. Im großen Becken pflege ich folgende Fische und Wirbellose:
1 Palettendoktor (16 cm) – ich füge hier gleich meine Protokoll-Abkürzungen an, dann kann man sich die Wiederholung am Schluß ersparen: Padr;
2 Clarks Anemonenfische (7 und 14 cm) – Cla;
1 Gelben Segelflosser (8 cm) – Zeb;
2 Grüne Schwalbenschwänzchen (7 cm) – Chr;
3 Fahnenbarsche (8 und 8 und 5 cm – 2 Männchen, 1 Weibchen!) – Fah 1, 2, 3;
1 Putzer-Lippfisch (7 cm) – Put;
2 Säbelzahn-Schleimfische (7 und 5 cm) – Säb;
1 Büschelbarsch (10 cm) – Bü;
1 Nixenbarsch (6 cm) – Nx;

2 Zwergkaiser (*C. bispinosus*, 7 und 8 cm) – Cen;
2 LSD-Fische (4 und 5 cm) – LSD;
2 Zitronengrundeln (2 und 3 cm) – Gru;
2 Zebragrundeln (9 cm) – Zgru;
3 Krebstiere (1 Einsiedler, 2 Garnelen);
2 große alte *Tridacna* (20 und 38 cm) – Trid;
unzählige andere Muscheln, Schnecken etc., einen Haarstern, div. Schlangensterne, 3 Diadem-Seeigel – DS; div. kleine Seegurken, eine große alte Bludru-Anemone, etliche kleine Sandanemonen, einige Steinkorallen (*Turbinaria*, *Lithophyllium*, *Tubastrea*, *Goniopora*, *Fungia*);

1 kleine Orgelkoralle, viele verschiedene Leder- und Weichkorallen (Sarcophytum sp., Gorgonien – Go 1–8);

3 kleine Krustenanemonen-Kolonien, eine *Sphaerella krempfii*; *Zoanthus*- und *Palythoa*-Kolonien etc., *Xenia*, *Anthelia*, und *Sinularia*; die Bestände wechseln.

Caulerpa, lappige weiche Rotalgen, *Halimeda*. Und nicht zu vergessen: Fadenalgen!

Die Größe meiner Fische gebe ich deswegen an, weil dadurch andere Dominanzverhältnisse entstehen, als es nur aufgrund der Artzugehörigkeit der Fall wäre. Ein kleiner *Zebrasoma* hat zum Beispiel „weniger zu sagen" als ein größerer Palettendoktor; wären beide gleich groß, wäre es sicher umgekehrt! Männchen, Weibchen kürze ich mit M und W ab. Die sessilen Wirbellosen sind

deshalb wichtig, weil sie als „Ortsangaben" dienen. In meiner Liste sind die in diesem Zusammenhang wichtigsten durchnumeriert, wie Gorgonien, Muscheln, Krustenanemonen und auch andere „vielbenutzte" Wirbellose. Dann geht das Mitschreiben um so schneller.

Zum Becken selbst: es ist zwei Meter lang und mittig durch eine gelochte Plexiglastrennwand in zwei Abteile (A 1, A 2) unterteilt, an deren Oberrand befinden sich noch vier Schlitze, die man mit einem Plexiglasschieber rasch schließen kann, wenn es „brennt". Derzeit ist überall freier Durchgang, und ich könnte diese häßliche, stets veraltge Trennwand eigentlich entfernen, aber die Fische mögen die Unterteilung recht gern; sie können dann besser ihre Reviere gegeneinander abgrenzen. Und manche üben das „Lochhüpfen" als Sport!

Nun kann es losgehen: Ich setze mich bequem, etwas weiter vom Becken weg, damit die Fische ja nicht meinen könnten, es gäbe schon wieder etwas zu fressen! Und das ist enorm wichtig! Nie vom Futterplatz aus beobachten! Sonst verhält sich kein einziger Fisch mehr „normal".

Uhrzeit: 14.10, los!

Padr wechselt von A 1 nach A 2, gleich wieder retour, Put folgt; rempelt Ze, rempelt Fah 2; Fa 3 balzt mit 1, rempelt dann 2; Ze frißt bei Go 5; Pu putzt ihn; Padr A 1, zu Cla W, boxen; Cla M vertreibt ihn! Abt 2 rempelt Zeb;

Säb M droht wild! Säb W? in Höhle?
Ce M beißt bei Turb Algen? Hetzt dann
Ce W, keine Reakt, Ce M frißt bei Go 7
– Fah 3erBalz! Dann Fah 2 gegen Chr;
Chr ab, balzen in A 1, Cla M boxt Chr,
retour A 2. Cla M putzt bei Go 3; Ce
beißt bei X hinten; Gru reitet auf Trid 1,
dann auf Hirnk! Cla W boxt ihn, rutscht
über Hirnk, dann Zoant, kurz Padr jagt
Fah 1, dann Ce M W, dann Ze, frißt bei
Turb; Put putzt ihn, SD M W hinterein-
ander, Gru W gegen Cla M!, auf Go 1,
Säb M gegen Padr bei Go 7, Ce M bei
Go 8, frißt unten? Zgru von A 2 zu A 1
– Cla W boxt!!- Ende 14.35 Uhr.

Länger als 20, höchstens 25 Minuten
sollte ein solches Beobachtungspro-
tokoll nicht dauern, sonst leidet die
Konzentration; man übersieht dann
zuviel.

Vermutlich braucht man zum besseren
Verständnis doch einige Erklärungen!
Fisch-Paare, die fast immer alles gleichzeitig tun, unterscheide ich nicht, wie
Zgru oder Chr. Die Zitronengrundelchen
sind gerade in starker Balzstimmung,
und dann unglaublich frech. A 1 ist das
Großrevier der *A.clarkii*. Sind die
A. clarkii aggressiv, nenne ich dies
„boxen" im Gegensatz zum „Breitseit-
Rempeln", da es tatsächlich meist
Rammstöße mit geschlossenen Zähnen
sind, keine Bisse. Der Padr zum Beispiel
beißt, ebenso Nx (der hat sich diesmal
erstaunlicherweise ruhig verhalten –
übersehen habe ich ihn sicher nicht!).
Erwähnenswert ist, daß Cla W über die
Wulst- bzw. Hirnkoralle (Hirnk) rutscht;

das ist ein Zeichen, daß es irgendeinen
störenden Hautparasiten oder sonst
etwas Unangenehmes loswerden will.
Jeder größere Fisch hat eine ganz
bestimmte Reibe-Koralle oder Krusten-
anemone, die er dann aufsucht. Solche
Komforthilfen sind für das Wohlbefinden enorm wichtig. Säb M hütet wohl
gerade Laich in der Höhle, dann ist er
ungemein aggressiv! Die drei Fahnenbarsche haben sich trotz des unmögli-
chen Geschlechterverhältnisses arran-
giert. Fa 1 ist das W, Fa 2 ist der
dominante, Fa 3 der subdominante
Mann. Wenn Fa 2 sein W anbalzt und
der Fa 3 sich dazwischen schleicht,
kommt es vor, daß auch er angebalzt
wird, aber nur ganz kurz! Dann wird er
verprügelt.

Wo und was die Zwergkaiser benagen, das interessiert mich ganz besonders, darum bemühe ich mich, es immer
zu berücksichtigen. Sie haben ganz
bestimmte Algenplätze; aus der Nähe
kontrolliert, stellt man fast immer ganz
kleine Krebstiere fest, zum Beispiel winzige Meerasseln, die sich gerade in diesem Algenschopf aufhalten. Der Padr
frißt auch gern Rotalgen, was ich nicht
so gern sehe, und vor allem frißt er die
hellen, frischen Triebe der *Halimeda*-
Stöcke. Sie zeigen deshalb eine recht
eigenartige Wuchsform. Wen der Putzer bevorzugt bearbeitet, das interessiert mich ebenfalls. Er putzt nicht
jeden, und manche Fische, die er gern
putzen würde, mögen ihn nicht, wie
zum Beispiel die *A.clarkii*. Die Zitronengrundelchen hingegen lassen sich von

ihm, der ja dreimal so groß ist, ab und zu putzen!

Nun versuche ich eine kurze Übersicht, was mir dieses Kurzprotokoll an Information vermittelt:
1. Aggressivität Paletten-Doktor; wird er vertrieben, reagiert er sich immer an einem anderen Fisch ab, oft auch an mehreren!
2. Aggressivität *A.clarkii*; M ist aggressiver.
3. Balz bei *Gobiodon*, Fahnenbarschen, *Chromis*;
4. bevorstehende Eiablage bei LSD-Fischen (da er treibt und sie unförmig dick ist!) und vermutlich Eiablage bei Säbelzähnen. Die *A.clarkii* bereiten sich wohl auch wieder vor, da er Steine putzt.
6. Welche Koralle wird zur Körperpflege benutzt?
7. Nahrungswahl Palettendoktor, *Centropyge*, *Zebrasoma*;
8. Putzer-Aktivität.

Insgesamt hat sich ein ausgeglichenes, friedvolles Bild geboten, ich kann also zufrieden sein. Niemand wird bösartig verfolgt, keiner versteckt sich, ist krank etc. Wiederhole ich diese Protokolle regelmäßig, dann ergeben sich ungemein spannende Aussagen. So kann ich im Ausschlußverfahren feststellen, welche meiner Wirbellosen für das Befinden der Fische ohne direkten (erkennbaren!) Einfluß sind: etwa alle Gorgonien. Sie werden nie beknabbert, nie als Reibbäume benützt. Mit einer

Einschränkung: Ab und zu sitzen ein Büschelbarsch und das Gelbe Grundel M obendrauf. Denn wenn die Grundelchen streiten, dann „darf" der Mann nur auf Gorgonien sitzen, von allen anderen Stein- und Weichkorallen vertreibt „sie" ihn!

Ich weiß also, daß Wulstkorallen die besten Reibunterlagen für die Intimpflege darstellen, gefolgt von *Turbinaria* und zuletzt von *Fungia*. Da diese Korallen aber dabei nie berührt werden, weil der Fisch stets in Millimeter-Abstand darübergleitet, schadet es ihnen nicht. Die *A.clarkii* tun dies oft minutenlang immer wieder; sie rutschen dabei im Zeitlupentempo vor und zurück! Sonderbar, daß ihnen in solchen Situationen ein „Fremdnessler" lieber als die eigene Anemone ist.

Sehr lustig verhält sich dabei der Palettendoktor: Er stellt sich ebenso wie etwa die *A.clarkii* knapp darüber und schüttelt sich dann „auf der Stelle"! Ganz ähnlich verfahren manche Fische während der Kotabgabe, aber da schütteln sie sich, während sie schwimmen. Ich vergaß: Meine fünf großen *Sabellastarte*-Röhrenwürmer werden auch ab und zu als „Reib"- bzw. „Schüttel"-Hilfen benutzt. Das zeigt mir, daß alle Fische ganz genau unterscheiden können, welche der unterschiedlichsten Stein- Weich- und Lederkorallen etc. sich ausschließlich über Symbionten ernähren, und welche offenbar Kleinstlebewesen fangen. Denn sie nutzen nur letztere!

Aber ganz so einfach ist es auch wieder nicht. Unter den Gorgonien gibt es sehr wohl Partikelfresser, die bei jeder Fütterung recht „aktiv" nach Zyklops und ähnlichem greifen. Den pflegebedürftigen Fischen ist damit anscheinend nicht geholfen, die Gorgonien wollen vermutlich nicht das, was der Fisch loswerden möchte! Bevorzugt wird eine Korallenoberfläche, die leicht schleimt. Das, was der Fisch abstreift oder abschüttelt, bleibt dann wohl hängen. Jedenfalls ist die Kombination: „Schleimen *und* Nesseln" bei weitem bevorzugt.

Sogar zwischen den eher spärlich genutzten *Palythoa*- und *Parazoanthus*- oder *Zoanthus*-Arten unterscheiden sie. Manche werden kaum benutzt, schleimende Krustenanemonen und besonders Scheibenanemonen hingegen kommen immer wieder dran.

Solche Details zeigen erst richtig die unglaublich komplizierte Vernetzung der Lebensgemeinschaften, wie sie sich in einem Korallenriff auf allen Ebenen abspielen dürfte. Und wir können eigentlich stolz sein, wenn es uns tatsächlich gelingt, winzige Teilbereiche in unseren Aquarien anzusiedeln!

Nehmen wir nun zum Vergleich eines der beiden Kleinaquarien: mein ältestes 120-Liter-Becken läuft nun ins siebte Jahr; es hat sicher schon bessere Zeiten gesehen. Steinkorallen gedeihen nicht mehr, aber noch gut Blatt-, Kalkalgen und Weichkorallen.
Fische:

1 *Chelmon rostratus* (9 cm) – Ch;
3 Königsgramma (5 und 5 und 4 cm) – Gr;
2 Schwertgrundeln (7 cm) – Schwg;
1 Lippenzähner (4 cm) – Schl;
1 Mandarin W (5 cm) – Mand;
1 Riffseenadel (15 cm) – RS;
1 Blaustreifenseenadel (4 cm) – BS;
2 Zitronengrundeln (3 cm) – Gru;

etliche Borstenkrabben, Weichkorallen, Scheibenanemonen,
1 großer Schlangenstern, mehrere kleinere;
1 Diadem-Seeigel, Patellen, Kreiselschnecken und andere.

Hier ist die Beobachtung einfacher; die wenigen Fische sind außerdem recht ortsgebunden, mit Ausnahme des *Chelmon,* der unglaublich verfressen ist und mich ständig im Auge hat. Ich hab ihn nun schon über zwei Jahre, er ist entsprechend verwöhnt. Vor ihm muß ich mich regelrecht verstecken, sonst ist er „unbrauchbar", weil er ständig an der Frontscheibe auf- und abtanzt. Abgesehen von der Blaustreifenseenadel und den Grundelchen sind die Fische mindestens zwei Jahre bei mir, eine der Schwertgrundeln geht ins fünfte Jahr.

Also los. 15.30 Uhr: Gr 1, 2 nebeneinander, Gr 3 oben; Schwg stehen vor Loch; RS jagt im Sand v. l. BS ganz hinten; putzt jetzt Ch? Gr 1 drängt Gr 3 weg. Gr 3 zu 2, alle weg. Mand mitt. Ch bei Kr 3, gr. *Gammarus*! Schwg W vertreibt M, er rein, kommt sofort wieder. Ch wird von Gru 2 gehetzt:

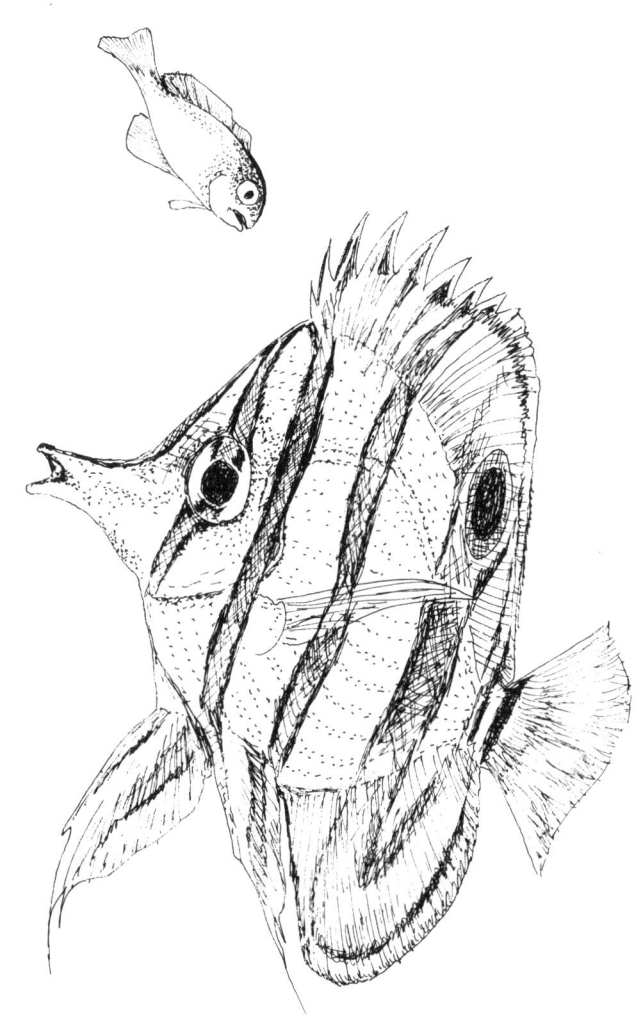

Der gebänderte Pinzettfisch, *Chelmon rostratus,* wehrt sich gegen eine winzige Korallengrundel, *Gobiodon okinawae,* die ihn aggressiv von ihrem Gelege vertreiben möchte. Er sticht mit seinen aufgerichteten, harten Strahlen der Rückenflosse nach ihr. Genau so würde er einen Artgenossen attackieren.

Kreiseln! Gru auf ihm, er sticht, sie geht. Gru 1 steht frei. RS ringelt in Anth, frißt viel? Schl auf Auslug, kommt jetzt zu RS nachschauen, frißt was, putzt Scheibe. Gru 1, 2 nebeinand., leichtes Imp., Gru 1 in Krust 2. Mand bei Schlangenstern! Er ringelt Beine! BS putzt Ch? er möchte. Gr 1, 2 nebeinander, 3 unten. Gr 2 dreht, zittert. Gru W gegen Ch, er sticht, flieht nach hinten.

RS jagt an o. Rand. BS knallt! RS und Borstenkrabbe nebeneinander, RS schnappt! 15.50 Uhr Ende.

Gramma 1 und 3 sind vermutlich W, 2 ist ein M. Sie halten eine sehr stabile Rangordnung ein; es gibt kaum Geplänkel. Jeder hat eine eigene Höhle. Am aggressivsten sind bei weitem die beiden Grundeln; das W attackiert regelmäßig während der Fütterung den

armen *Chelmon*. Er verteidigt sich, indem er mit aufgerichteten Rückenstacheln gegen die Grundel „sticht" und sich dabei ruckartig dreht. Das ist eine Kampfweise, wie er sie gegen einen Artgenossen einsetzen würde; gegenüber der winzigen Grundel sieht es sehr seltsam aus! Sie haben hier überhaupt keinen ernstzunehmenden „Feind" und benehmen sich dementsprechend. Im großen Becken sind sie zwar auch enorm frech, aber sie greifen nur an, wenn jemand ihrer Laich-Krustenanemone zu nahe kommt. Hier ist es anders! Sie gehen oft sogar auf die *Gramma* los.

Die Blaustreifenseenadel betätigt sich als sehr angenehmer, nicht aufdringlicher Putzer. Die Riffseenadel ist, wie der Mandarin, nur am Jagen interessiert. Laut Literatur müßte sie die Altersgrenze erreicht bzw. überschritten haben; sie ist über drei Jahre alt. Sie treibt sich mit Vorliebe in einem Anthelia-Büschel herum, ist dort nahezu unsichtbar, farblich hervorragend angepaßt!

Beim Mandarin fällt auf, daß er, sobald der Schlangenstern aktiv wird, ihn aufsucht und sich in der Nähe seiner Armspitzen aufhält. Vermutlich profitiert der Fisch davon, daß der Schlangenstern Kleinstgetier aus winzigen Spalten treibt. Ähnliches geschieht wohl zwischen Borstenkrabben und Riffseenadel. Auch der Diademseeigel wird manchmal derart benutzt, besonders dann, wenn er sich „verirrt" hat und ungestüm über ungewohntes Substrat läuft.

Also auch hier eine recht ausgeglichene, harmonische Fischgesellschaft; nur die Grundelchen stören ab und zu. Sie sind aber (für mich!) einfach zu klein, um ernstgenommen zu werden – ich bin aber nicht sicher, ob das für die anderen Fische ebenso gilt! Auch hier gibt es immer Neues zu entdecken. So habe ich das feinfühlige Putzen der Blaustreifenseenadel erst unlängst richtig beobachtet: Sie schnäuzelt sogar in den bereitwillig geöffneten Kiemenspalt einer Schwertgrundel! Daß sie auch sehr grob zuschnappen kann, verdeutlicht das „Knallen", mit dem sie Kleinstgetier im Implosionsverfahren tief aus den Ritzen herausholt.

Vielleicht ist es mir gelungen zu zeigen, wie man mit solchen fast spielerisch erarbeiteten Protokollen auch gute Wissenschaft machen kann. Man entdeckt ab und zu tatsächlich Neues, oder man kann „längst Bekanntes" auf diese Weise manchmal auch widerlegen! Viele Befunde lassen sich sinnvoll in unseren Aquarien umsetzen, und unsere Schützlinge profitieren davon!

Übrigens, der Hinweis auf den Einsatz eines Computers war ernstgemeint: So etwa sieht eine Computer-Auswertung zum Aggressivverhalten meiner Fischgruppe aus:

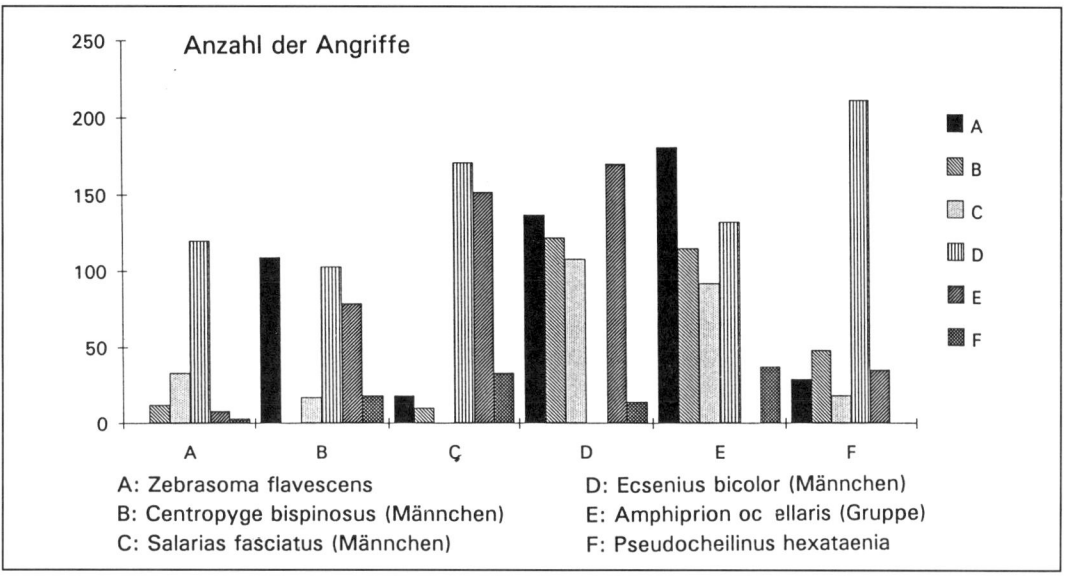

A: Zebrasoma flavescens
B: Centropyge bispinosus (Männchen)
C: Salarias fasciatus (Männchen)

D: Ecsenius bicolor (Männchen)
E: Amphiprion oc ellaris (Gruppe)
F: Pseudocheilinus hexataenia

In einem 600-Liter-Becken wurden von insgesamt 36 Fischen sechs repräsentative Fische ausgewählt und deren Aggressionsverhalten über einen Zeitraum von vier Tagen beobachtet (insgesamt 7,5 Stunden Beobachtungszeit). Als aggressive Handlung wird sowohl kurzes Androhen als auch Wegbeißen und anderes verstanden. 250 (bzw. 227) aggressive Handlungen, auf der Y-Achse aufgetragen, kennzeichnen die höchste individuelle Aggression, und die betrifft *Ecsenius bicolor,* den Schwarzgelben Schleimfisch. Auf der X-Achse sind jeweils fünf der sechs Fische geblockt, denen die Aggressivität des (fehlenden) sechsten Fisches gilt. So ist also „jeder gegen jeden" dargestellt. Das Ergebnis zeigt folgendes: A: *Z. flavescens,* der Gelbe Segelflosser, ist ein sehr hochrangiger Fisch. Er hat es nicht nötig, jemanden anzugreifen, da ihm jeder ausweicht, ausgenommen *E. bicolor,* denn der, das muß man wissen, verteidigt gerade ein Gelege, und da geifert er auf jeden, der seiner Höhle zu nahe kommt. So etwas kann sich aber der Gelbe nicht bieten lassen, deshalb der hohe Aggressionswert gerade gegen *Ecsenius.* B: Der Gestreifte Zwergkaiser, *C. bispinosus,* ist ebenfalls einer der dominanten Fische. Der relativ hohe Aggressionswert gegen *A. ocellaris,* die Clownfischgruppe, kommt dadurch zustande, daß die Höhle des Zwergkaisers genau unter der Wohn-Anemone der Clowns liegt. Das muß es zu Reibereien kommen. Würden die Clowns ein Gelege bewachen, so gäbe es viel höhere Werte! C: Der männliche Braune Felsenhüpfer, *S. fasciatus,* ist ebenfalls hochrangig, und außerdem ein streitlustiger, ständig provozierender Kerl. Kein Wunder also, daß überall gestritten wird! Über D haben wir schon gesprochen, und für E, die drei Clownfische, gilt ähnliches. Sie greifen jeden an, der ihrer Anemone zu nahe kommt! Und F, der Sechsstreifenlippfisch, *P. hexataenia,* ist eher niederrangig, doch ein übler Laichräuber. Er giert pausenlos nach dem Gelege von *Ecsenius!* Deshalb ist sein Aggressionswert so hoch.

Diese Darstellung kennzeichnet jedoch nur einen kurzfristigen Zustand. Einen Tag später kann sich bereits ein anderes Bild ergeben. Je häufiger wir solche Beziehungsdiagramme anfertigen, um so genauer können wir auch über längere Zeiträume das Fischverhalten interpretieren.

Aquarium? Aquarium!

Keiner soll mir erzählen, daß es ihm nie passiert wäre, daß bei ihm alles immer glatt gegangen, richtig gelaufen sei. Nie ein Fehler passiert sei, ein ganz kleiner zunächst, der dann einen ganzen Rattenschwanz an fürchterlichen Folgen nach sich gezogen hätte. Ich glaube es nicht. So etwas muß einfach passieren! Es geschieht entweder gleich zu Beginn, wenn ein neuer Springinsfeld sich übernimmt, alles besser weiß und dann vor dem vermurksten Becken steht. Dann gilt es etwa 50 zu 50, daß er aufgibt. Davon wollen wir nicht reden. Diese Springinsfelde gibt es ja überall dort, wo lockeres Hobby angesagt ist. Aquaristik ist aber beileibe kein lockeres Hobby. Sobald Lebendiges ins Spiel kommt, hört sich eben alles „Lockere" auf; Sie werden mir zustimmen. Deshalb komme ich auf die zweite, schrecklichere Version zu sprechen: Das Malheur geschieht nämlich gerade dann, wenn man ziemlich sicher ist, daß man zu den Auserwählten gehört, die ohne ein solches durchkommen. Beängstigend ist daran, daß man eigentlich nie ganz dagegen gefeit ist. Es passiert einem immer wieder! Man wiederholt seine eigenen Fehler, gerade als ob man seine eigene Dummheit testen wollte. Also, mir ist es bisher, das sind erst (oder immerhin schon) sieben Jahre, dreimal passiert.

Das erstemal nach etwa einem halben Jahr (und da könnte man noch von Kinderkrankheiten sprechen), mit einer

verfaulten *Artemia*-Kultur habe ich meine Fische, mit Ausnahme der Clarks Clowns, ins Jenseits befördert. Doch war der Fehler so offenkundig, die Reaktion darauf so rasch und unbedingt, daß ich diesen Hammer einigermaßen gut weggesteckt habe. Die vier Fische sind auch ganz schnell, fast von einer auf die andere Stunde, gestorben, und ich hatte bei all der Dramatik gar keine Zeit, um mitzuleiden.

Beim zweitenmal war es noch schlimmer. Zunächst sollte ich wohl der Ordnung halber erwähnen, daß ich mir rund um mein Aquarium einige Richtlinien aufgebaut habe, an die ich mich unbedingt und ohne Einschränkung halte: Keinen Fisch nehmen, der zu groß für mein Becken werden könnte! Keinen Fisch nehmen, von dem man weiß, daß er große Reviere beansprucht. Niemals einen Fisch halten, von dem bekannt ist, daß sein Nahrungsspektrum mit den verfügbaren Futtermitteln nicht abdeckbar ist, also keinen Spezialisten, wenn ich das Spezielle nicht beschaffen kann. Keine Gefährdeten, keine Seltenen und keine, von denen bekannt ist, daß sie unverträglich sind ...

Da kamen bei Franz mit einer frischen Sendung diese herrlichen, unwiderstehlichen Pfauenaugen-Falterfische an – allein schon ihr klingender Name betört! Ein traumschöner, kleinbleibender Falterfisch, einer, der angeblich gut an Ersatzfutter geht, der nicht gefährdet

ist und der es einem leicht macht, gute Vorsätze über Bord gehen zu lassen. Ich sah die Fischlein an, und schon hatten mich meine Erinnerungen eingeholt: Diese ungemein eleganten Schwimmkünstler, die zwischen den bizarren Zacken der Hirschhornkorallen dahineilten, immer paarweise, den dunklen Augenfleck wie ein zweites Gesicht stets dem neugierigen Verfolger zugewendet, so habe ich sie im südchinesischen Meer erlebt. Ich hatte verloren. Mein Vorsatz (keine Fische mit großen Revieren!) wankte und brach zusammen. Zwei Falterfische waren mein, und ich nahm sie, brandfrisch wie sie waren, mit, wohl weil ich meinem schlechten Gewissen doch nicht ganz traute.

Im Becken bezauberten sie mich vollends: Endlich einmal freundliche, friedliche Fische, die alle Winkel, alle Spalten und Strukturen nutzten, und daß sie auch meine bunten kleinen Kalkröhrenwürmchen nutzten, das verzieh ich ihnen ohne Vorbehalt. Sie schwammen stets zu zweit, Schulter an Schulter, fast wie Spiegelbilder. Sie hüllten mich augenblicklich in ein neues Flair, nämlich, ein arrivierter Aquarianer zu sein, einer, der sich auch an so etwas Heikles wie Falterfische wagen konnte, Überheblichkeit überkam mich, wie ich so dasaß und sie beobachtete, meine grauseidenen Pfauenaugen!

Mit der Überheblichkeit war es am nächsten Morgen schon vorbei: Schulter an Schulter standen sie in einem stark durchströmten Winkel; das gestern noch so elegante, fein gezeichnete Streifenmuster samt Augenfleck verblaßt, die glasklaren Brust- und Schwanzflossen trübe versponnen und aufgefasert, und sie waren übersät mit Pünktchen, ja sogar mit großen Flecken, weißverschimmelt sahen sie aus. Die Kiemen zitterten in rasender Atemnot, und völlig apathisch ließen sie sich in das Netzchen dirigieren. In Windeseile brachte ich sie zurück zu Franz, auf daß er sie in einem seiner Quarantäne-Becken kuriere. Er gab ihnen nicht viele Chancen, und wies auf die übrigen fünf Artgenossen hin, die auch bei ihm apathisch an den Scheiben lehnten und nicht viel besser aussahen. Das half zwar meinem angeschlagenen Ego, aber kaum den Fischchen.

Betrübt zog ich ab, mit wenig Hoffnung und einem schalen Gefühl, wie es stets den berüchtigten Satz: „Hättest du nicht..." begleitet. Im Büro schenkte ich meinen sonst gehätschelten Lieblingsfischen kaum einen Blick, mir kam das Becken leer vor, die zarte, unaufdringliche Schönheit der beiden Pfauenaugen vermißte ich schmerzlich. Meine Fische schienen das zu spüren; fade standen sie in den Ecken und wirkten beleidigt. Später standen sie immer noch fade herum, und als ich sie voll schlechten Gewissens endlich füttern wollte, da kam erst der richtige Schock: Alle waren krank! Die Flossen waren bei den meisten schon trübe, bei den anderen mit winzigen Pünktchen übersät, im

Gegenlicht sah man überall die aufblühende Seuche an den Fischleibern. Zwar hatten sie noch Appetit, aber sie schlangen mit krankhafter Hektik und zuckenden Kiemen. Sogar die alten Clarks Clowns waren schwer angeschlagen, die Augen mit grauschimmeligem Belag überzogen; fast blind waren sie und hatten Schwierigkeiten, die Futterbröckchen zu erhaschen.

Es kam dann noch viel schlimmer. Schuppen standen sperrig ab, Geschwüre brachen auf, die Flossen bestanden nurmehr aus fransigen Stummeln, ein Nixenbarsch starb, und die beiden Anemonenfische litten schrecklich. Zunächst versuchten sie offensichtlich, in ihrer Anemone Linderung zu finden, doch schien ihre schützende Schleimschicht nicht mehr intakt zu sein, und zuletzt flohen sie aus deren Umarmung und lagen apathisch, krampfhaft atmend, am Boden. Franz verweigerte seine Hilfe, da alle seine Quarantänebecken überbelegt waren. Zuletzt war die Haut der Clowns so geschädigt, daß das Streifenmuster bis zur Unkenntlichkeit verblaßte; die vorerst weißen Streifen waren hellrot blutunterlaufen, die schwarzen Streifen lösten sich in Geschwüre und schimmelartige Beläge auf. Doch brachte ich es einfach nicht über mich, sie zu erlösen, zu töten, solange sie so offensichtlich um ihr Leben kämpften.

Angesichts dieser Not kam es mir schal, unehrlich vor, mir einzureden, daß ich mitlitte. Das konnte ich nicht!

Aber ich war schuld daran! Der Gedanke an mein verseuchtes, mit sterbenskranken Fischen (insgesamt sieben) gefülltes Becken war mir körperlich unangenehm. Ich wollte kein Aquarium mehr, jedenfalls kein solches. Es gab in meinem Büro keinen Ort, von dem aus mich nicht mein Pfusch angestarrt hätte. War ich draußen, so tanzte vor meinen Augen das Fisch-Elend weiter; ich träumte nachts von hechelnden Kiemen, sich auflösenden Fischleichen.

Doch es ging – unfaßbar – vorbei! Die Clowns regenerierten ihre Haut innerhalb von drei Tagen; nach einer Woche waren sie fast wie neu, nur die Augen blieben noch einige Zeit trübe. Die Grundeln hatten weniger gelitten, Mandarinfische und Seenadeln waren nahezu verschont geblieben. Also hatte ich, hatten wir alles überstanden, kamen einigermaßen glimpflich davon, und ich schob die ketzerisch-anti-aquaristischen Hirngespinste schleunigst von mir weg. Aber der Stachel blieb, der steckte – Gott sei Dank – recht fest, und eine diffuse Unsicherheit blieb zurück: Was hatte ich denn eigentlich so falsch gemacht? Ich hatte doch schon frisch Importierte heimgebracht, ohne daß es so danebenging. Konnte ich jemals sicher vor solchen Gräßlichkeiten sein? Wann würde es wieder passieren?

Zwei oder drei Jahre später ist es abermals soweit gewesen, diesmal mit frisch importierten lebenden Steinen, aber es lief genauso ab. Wir kamen ebenso

wieder mit einem blauen Auge davon, meine Fische und ich. Es erscheint mir immer schwieriger, solche Fehler zu erkennen, so daß man rechtzeitig aus ihnen lernen kann. Man müßte sich abgewöhnen, spontan zu handeln, man sollte vorsichtiger sein, vielleicht, nein! Sicher: Noch viel mehr wissen, also, noch viel, viel mehr lernen. Also doch: Aquarium!

Wenn Fische wachsen

Ich mißtraue auch der besten Literatur, dann nämlich, wenn sie uns weismachen will, daß kleine Fischkinder, frühzeitig ins Becken eingesetzt, klein bleiben. Leider! Kaum ein Fisch, sofern er einigermaßen artgerecht gefüttert wird, hält sich daran! An jedem meiner Seewasserbecken habe ich an drei Stellen ganz dezent Meßstreifen angebracht, und zwar dort, wo sich die meisten Fische gern aufhalten. Dort kann ich, wann immer ich will, ablesen, wie groß meine wohlgenährten Lieblinge geworden sind.

Wenn ich zwei oder drei Wochen verreisen muß (und mein Kollege, der dann die Aquarien betreut, der kann hungrige Fische schon gar nicht sehen...), ja, dann erschrecke ich jedesmal: Du meine Güte, der *Zebrasoma*! Und erst der Palettendoktor! Sogar *Ecsenius*, Mandarin und Riffseenadel dehnen sich nicht nur in die Breite, sondern auch in die Länge, vom *Chelmon* ganz zu

schweigen, denn der dehnt sich in alle Richtungen aus! Dieser Massenzuwachs macht sich auch sonst bemerkbar. Etwas mehr Fadenalgen da und dort, das darf mich nicht verwundern. Große Fische fressen eben nicht nur mehr, sondern sie scheiden auch entsprechend mehr aus. Wenigstens trifft bei mir nicht zu, daß größere Fische bösartiger, streitlustiger werden, eher das Gegenteil: Sie sind eigentlich alle friedfertiger, als sie es in ihrer Jugend waren. Allerdings müssen sie satt sein.

Der Palettendoktor ist aber kaum satt zu kriegen! Und jetzt ist er 17 oder gar 18 Zentimeter lang (er schwimmt immer so schnell vorbei, daß er kaum zu messen ist), und wenn er temperamentvoll hinter *Mysis* und *Artemia* herjagt, dann fliegen die Korallen, manchmal sogar mitsamt massiver Unterlage! Viele der kleineren und nicht so rasch schwimmenden Fische, wie Säbelzähne und *Ecsenius*, auch *Salarias*, belagern nun den Filter, um neben der obligaten, eher faden Algenkost doch noch etwas Besseres zu ergattern, bevor es von der Technik eingesogen wird, das heißt, sofern überhaupt ein Futterhäppchen noch dort ankommt. Ich gebe es – ungern! – zu, aber der Palettendoktor, mein geliebter, großer Blauer, beginnt mich zu stören.

Nun habe ich für solche Fälle vorgesorgt. Mittlerweile kenne ich genügend Salzwasseraquarianer, bei denen ich vorsichtig vorfühlen kann: Möchtest Du vielleicht in einem Jahr (es könnte auch ein bißchen früher oder später sein...)

diesen oder jenen Fisch haben? Immerhin haben die, die ich anspreche, schöne große Becken zur Verfügung, richtige Badewannen, in denen sich einer meiner Riesen gut einleben könnte. Wenn es aber ganz arg wird, so wie etwa mit dem entzückenden, einstmals winzigen Köfferchen, dann kann guter Rat schon teuer werden. Man will ja niemandem ein Kuckucksei legen, und ein faustgroßer, reizender und fingerzahmer Kofferfisch kann Probleme schaffen. Zwar hat er bei mir tatsächlich fast nichts angenagt und sich auch nie als Giftschleuder betätigt, aber wer weiß, was in fremder Umgebung passiert! So etwas sollte in ein Spezialbecken kommen. Gute zoologische Gärten können da helfen, doch so etwas muß vorgeplant werden.

Jedenfalls, im großen und ganzen funktioniert das System. Oft sorge ich schon vor, bevor ein ganz besonders unwiderstehlicher, interessanter Pflegling bei mir einzieht. Und dann kommt es oft genug vor, daß der zukünftige Fischversorger „seinen" Fisch bei mir besuchen kommt und mir vehement einreden will, daß der ohnehin schon viel zu groß für mein Becken sei!

Jedenfalls kann ich nun gut einige Literaturangaben, die die Größe betreffen, nach oben korrigieren: Büschelbarsch (C. falco) 13 Zentimeter, also immerhin sechs Zentimeter mehr als bei Fossa & Nilsen (1993) erlaubt ist; das Schwalbenschwänzchen (Chromis viridis) gute

zwölf Zentimeter, beileibe kein Schwalbenschwänzchen mehr, eher eine Raubseeschwalbe! Der reizende Schleimfisch Ecsenius bicolor: eine dicke Wurst von 13 Zentimeter, und der Leierschwanz-Säbelzahn (Meiacanthus mossambicus) 14 Zentimeter. Und schon gar meine alten, friedfertigen Zebra-Torpedogrundeln (Ptereleotris zebra) schätze ich auf lockere 18 Zentimeter, ganz genau läßt es sich nicht sagen, weil sie nie an einen Meßpunkt kommen und es auch sonst immer so eilig haben.

All das beginnt sich zu summieren. Sogar die beiden Paletten-Feilenfische, die im kleinen 150-Liter-Becken kreisen, sind schon elf Zentimeter lang und erst zwei Jahre alt... das wird auch ins Auge gehen. Einen kleinen Trost habe ich oder glaube ich zu haben: Gute Paare, die häufig balzen und laichen, wachsen anscheinend langsamer als Singles, ein Grund mehr für die viel spannendere und artgerechte paarweise Haltung.

Nun ist da aber immer noch mein herrlicher, rabiater, kobaltblauer Palettendoktor. Gerade hat er dem Chelmon, der ebenfalls an Tiefkühl-Mysis interessiert war, unmißverständlich sein Stilett gezeigt, und nun schmeißt er gerade meinen gehätschelten, blütenweißen Nachwuchs der pumpenden Xenien heute zum drittenmal um! Jetzt ist es genug! Nun montiere ich die Falle, rufe meinen lieben Kollegen an, um ihm den lange schon angekündigten Blauen zu avisieren, und los geht es. Die Falle ist

ein Wunderwerk, ersonnen von einem wahrhaft fischverständigen Fachhändler, ein intelligentes Ding aus gelochtem Plexiglas mit gut funktionierender Falltür. Aber eilig darf man es nicht haben! Und man darf – um Gottes willen – nie einen Fisch verfehlen oder gar ein bißchen klemmen! Dann merkt man erst, wie klug Fische sind. Ein solcher Fehlfang hat mich, sage und schreibe, zwei Monate Schweiß gekostet, zwei Monate, in denen ich fast täglich versucht habe, einen bestimmten Anemonenfisch zu fangen.

Also montiere ich alles gut und fängig, ködere mit dem Besten, was ich finden kann (weiße Mückenlarven!), lasse sie hängen und vertraue auf mein Glück. Morgen krieg ich ihn sicher (es hat aber doch noch drei Tage gedauert).

Warum ich diese Über-Fische nicht meinem Fachhändler zurückbringe? Vermutlich aus purem Egoismus und aus Neugier. Ich möchte nämlich auch diese Fische noch weiterhin ein bißchen beobachten. Das geht aber nicht, wenn sie auf anonymen Wegen abschwimmen!

Kofferfische, Krugfische

Absichtlich steht da dieser Beistrich zwischen Koffer- und Krugfisch, und eben kein „und", denn die beiden Arten haben, außer einer hoffentlich soliden systematischen Grundlage, nichts gemeinsam, jedenfalls nichts, was uns Aquarianer angeht. Vielleicht sollte man

nicht verallgemeinern, und vielleicht gibt es ekelhafte Kofferfische und sanftmütige Krugfische. Ich kenne aber leider nur je eine Art einigermaßen, und zwar den Schwarzen Kofferfisch, *Ostracion meleagris*, und den Hawaii-Krugfisch, *Canthigaster jactator* . . .

Ihretwegen umgehe ich ein Konzept, das mich während der Arbeit an diesem Buch begleiten sollte, nämlich nur solche Fische zu behandeln, die ich mindestens sechs Monate durchgehend gepflegt habe. Eigentlich beginnt man erst nach etwa einem Jahr, den entsprechenden Fisch tatsächlich zu kennen; lebt er kürzer, so ist das, was man über ihn zu berichten hat, wohl nur Krankengeschichte. Manche Fische sterben eben langsam.

Aber mir scheint, daß ich in diesem speziellen Fall bereits nach 34 bzw. 27 Tagen dazu etwas sagen kann, was manchem von uns einige graue Haare ersparen würde, deshalb. Also, Franz bekam in zwei rasch aufeinanderfolgenden Sendungen zunächst einmal zwei entzückende, weiß gepunktete Kofferfisch-Kinder aus der Karibik. Ich hatte mich gerade schweren Herzens vom alten Zwerg-Rotfeuerfisch getrennt. Er war riesig groß geworden und paßte besser in das Riesenaquarium meines Kollegen! Deshalb war mein „kleines" Becken fast leer (nur ein Pärchen freundlicher Partnergrundeln, ein Mandarin-Weibchen). Ich war also anfällig für Neues, und junge Kofferfische sind

für jemanden, der empfänglich für das Lorenzsche Kindchenschema ist, unwiderstehlich. Und etwas ganz Neues waren sie auch für mich. Haltungshinweise quer durch die Literatur waren ebenso mager wie vage; weder Klausewitz noch de Graaf äußerten sich entschieden dazu. Kein Anfängerfisch, das stand sogar im „Burgess", und das will schon etwas heißen!

Besagtes Becken bot ihnen eigentlich alles, was gefordert wurde: viele Kleinlebewesen, gute Bepflanzung, Versteckmöglichkeiten, keine nesselnden Anemone, keine zu starke Strömung, alles da. Sie waren entzückend! Hinreißend! So anders, daß nicht nur ich, sondern alle Kollegen rundum hinschmolzen. Ein Köfferchen lernte sofort, Tiefgefrorenes zart von der Pinzette zu lutschen, und füllte so rasch seine leicht eingefallene Kofferseiten auf. Der andere war hektischer, drehte mit seinen winzigen Propellerflößchen eilige Runden und schlürfte dann ein, was übrig blieb. Es blieb genug übrig, und da er ein kluges Kerlchen war, lauerte er nach jeder Futtergabe neben dem Filter, denn dort kam letztlich alles an, was die anderen nicht rechtzeitig wegschafften. Bald wurde auch er rundlich.

Ich beobachtete sie zunächst sehr argwöhnisch: Sie waren an keiner Form Grünzeug interessiert, sie nahmen auch weder Krustenanemonen noch Füllhornkoralle noch *Xenia* (ich bin mir nicht ganz sicher), aber sie belauerten manchmal sehr hartnäckig den kurzstacheligen und besonders den Lanzen-

Seeigel; fast habe ich sie im Verdacht, an seinen Pedicellarien zu nagen. Aber es könnte auch sein, daß sie das, was er bei seiner Fahrt durchs Unterholz aufstöbert, interessierte, wie Kuhreiher mit Elefanten . . ., das bleibt vorderhand offen. Miteinander hatten sie's nicht besonders wichtig; sie ignorierten sich, wenn sie einander begegneten, waren höchstens ein bißchen futterneidisch, vor allem der Hektiker gegenüber dem Zahmen.

Oben links: Kalkröhrenwürmer in vielen verschiedenen Farbnuancen strecken ihre Tentalkronen aus einem Porites-Korallenblock.
Oben rechts: Farbenprächtige Unterwasser-Landschaft aus Weich- und Lederkorallen, Krustenanemonen und den zarten Fächern von Hydrozoen. Einige Lippfische, Demoisellen und ein Falterfisch setzen glitzernde Farbtupfer.
Mitte links: Der Kampf unter wirbellosen, sessilen Riffbewohnern ist in der Natur wie im Aquarium hart: Röhrenkorallen, Anthelien und Manteltiere streben zu den besten Plätzen.
Mitte rechts: Ein Waffenstillstand zwischen Gorgonie und Parazoanthus. Zu Beginn, als die Gorgonie gerade umgekippt war, habe ich eingegriffen, und beide Tierkolonien haben es mir monatelang übelgenommen.
Unten: Juwelen-Fahnenbarsche *Pseudanthias squamipinnis* über einem traumhaften Riffabhang mit vielfärbigen Tentakelkronen von Röhrenwürmern, tiefblauen Salpen-Kolonien, Korallen, Krustenanemonen und Schwämmen. Links unten im Bild das ausgefärbte Haremsmännchen, rund um 47 Weibchen bzw. Jungfische, ein Lippfisch und einige Kardinalbarsche.

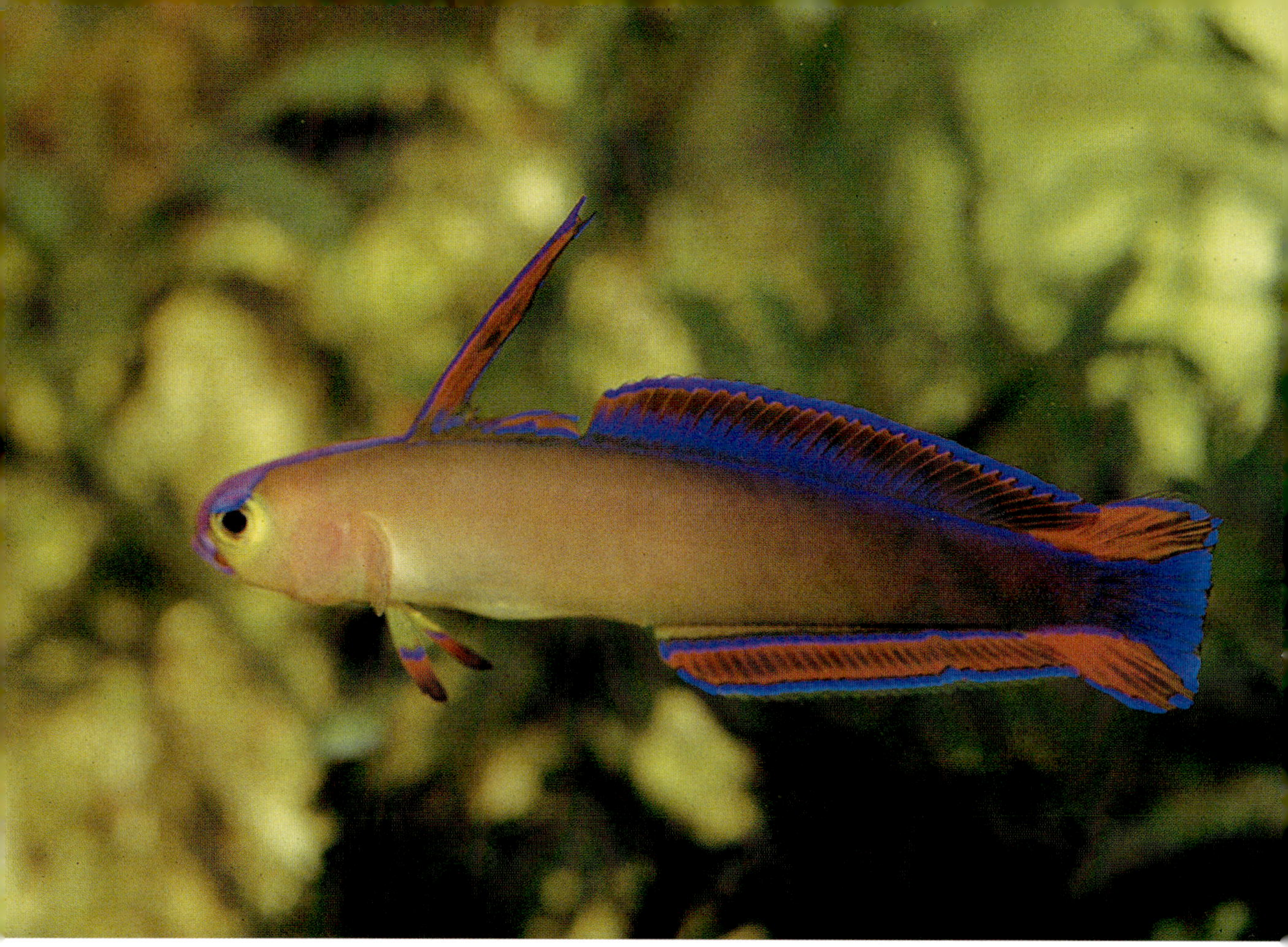

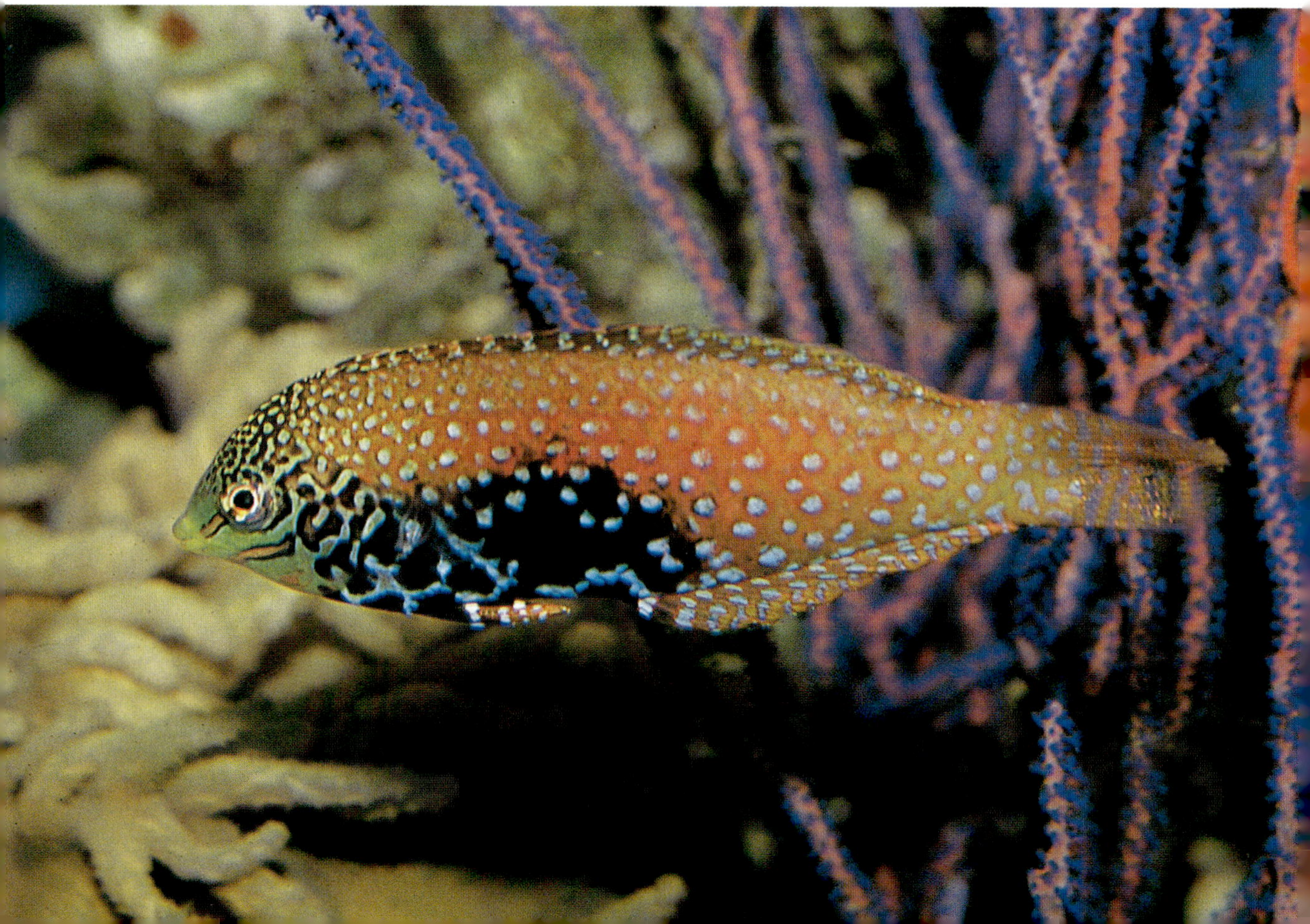

Dann kam Franzens nächste Sendung: Hawaii! Da waren schon wieder etliche Kofferfisch-ähnliche dabei. Ich schlich um sein Eingewöhnungsbecken, und da ich von den Kofferfischen her bereits vorgeprägt war, gab es kein Halten: Einer mußte her. Daß er „anders" war, das hatte ich gleich gesehen: Nicht so eckig, der Kopf deutlicher abgesetzt. Die bestechenden weißen Pünktchen waren bei ihm größer als bei den Kofferfischen, dort sind sie winzig, zart wie Silberflitter! Und, was mich ganz besonders beeindruckte: Er hatte wunderschöne, große, seelenvolle, grasgrüne Augen und ein hübsches, kleines Schnäuzchen. Da nun die Kofferfische sich als derart harmlos erwiesen hatten, wagte ich es, den Neuen gleich in mein großes Becken zu bringen, etwas, was ich sonst niemals tue:

Oben: Ein intaktes, nicht „abgekämpftes" Männchen der Dekorgrundel hat ein bedeutend längeres Schwert (die erste hartstrahlige Rückenflosse) als das Weibchen.
Unterschiede in der Form der Analpapille sind wohl nur am toten Fisch sicher zu erkennen?
Unten: Der zweigeteilte Lippfisch, *Macropharyngodon bipartitus,* hier vermutlich ein terminales, voll ausgefärbtes Weibchen. Imponiert es, so richtet es sich auf und zeigt den blauschwarz gemusterten Bauch!

Allzu oft hatte ich schon knirschend vor Wut Stunden um Stunden teils beim schmerzvollen Beobachten eines zerstörungswütigen Wüstlings vor dem Becken verbracht, teils mit meist nutzlosen, nervenaufreibenden Fangversuchen vergeudet. Der Neue erwies sich des Vorschußvertrauens würdig: Langsam glitt er nach unten, ganz anders als die Köfferchen, die immer wie dicke Hummeln eckig und rasch durch die Gegend brummen. Er war Herr der Lage. Er untersuchte alles im Zeitlupentempo. Jede Spalte, Höhle war sein. Die anderen Fische umstanden ihn, erstaunlich diszipliniert, nicht einmal der große Blaue vertrieb ihn.

Jetzt endlich bestimme ich ihn, es ist überhaupt nicht schwierig: ein Hawaii-Krugfisch. Nähere Haltungshinweise ähnlich dürftig wie bei den Kofferfischen... „kein Anfängerfisch..., frißt Schnecken..., hartschalige Mollusken..., kleine Krebstiere..., interessanter Pflegling..., verträglich gegenüber anderen Arten..., vorsicht bei Artgenossen..." Übereinstimmend wird jedoch überall erwähnt, daß alle Vertreter dieser Gruppe giftig seien, daß man sich vor Verletzungen hüten möge, die sofort das Wasser vergiften, und dann fällt alles im Becken tot um. Ich habe ja keine dummen Fische! Die wissen eben, wohin sie ungestraft beißen können und wohin nicht, deshalb dieser friedliche Empfang.

Klausewitz hält aber noch einen interessanten Hinweis bereit: Putzerfische

sind keine angenehmen Mitbewohner für unseren Krugfisch. Sie versuchen, an seinen Pünktchen zu naschen! Wie wahr! Mein Putzer, der ja schon eine recht ansehnliche Länge erreicht hat, nähert sich bereits lüstern dem Weißgepunkteten. Der, ebenfalls der Klausewitzschen Diktion entsprechend, wirft sich auf den Rücken – schön, wie man den Kiel auf der weißen Bauchseite sieht!

Das verspricht interessant zu werden. Ich ergreife natürlich sofort die Partei des Krugfisches; mein Gemüt verhärtet sich zusehends angesichts des lästigen Putzers. Schon überlege ich, wie ich ihn loswerden könnte. Die beiden bieten ein eindrucksvolles Ringelspiel. Der Putzer aber scheint irgendwie anders auf diesen Neuen zu reagieren als sonst auf einen Fisch, den er zwar putzen möchte, der aber nicht geputzt werden will. Kein Drehen, Tanzen, freundliches Zickzack-Auffordern! Nein, das sieht viel eher wie gemeine Attacke aus, ohne Vorwarnung anschleichen und zustoßen. Zwick! Was ist jetzt mit dem Gift? Gilt das nicht für den Putzer? Irgendwann wird es dem Putzer fade, vielleicht hat er sich auch tatsächlich sein Maul verbrannt, mir will scheinen, als hätte er mit einem Mal eine schwarze Schnauzenspitze! Er hält Abstand, aber er folgt ihm ständig. Das eigenartige Karussellverhalten zwischen Krug und Putzer hält dann noch tagelang an, allerdings in geringerer Intensität. Der Krugfisch nimmt ihn auch kaum mehr ernst; nur, wenn er plötzlich

überraschend heranprescht, zeigt er schnell Bauch mit Kiel.

Inzwischen bin ich nochmals bei Franz gewesen, und hab mir den zweiten Krugfisch geholt. Es könnte ja sein, daß sie zusammen gefangen worden, vielleicht sogar verpaart sind! Gut, daß ich wenigstens jetzt Vorsicht walten lasse; ich lege nämlich den Plastikbeutel mit dem neuen Krüglein auf die Wasseroberfläche, des langsamen Temperaturangleichs wegen, bevor ich mit dem Wasseraustausch beginne. Schau einer an: Trotz verfolgungslustigen Putzers steigt der eingesessene Krugfisch wie eine Rakete auf und schnellt an den Beutel, daß es richtig knallt!

Der Putzer ist ihm in seiner Wahnsinnswut, die ihn offenbar angesichts dieses Rivalen überkommt, völlig wurscht! Er würde, wenn ich ihm genügend Zeit ließe, wahrscheinlich mit seinem harten Gebiß den Plastikbeutel knacken. Der andere im Beutel beginnt nun seinerseits, mit grimmgrünem Blick gegen die Plastikwand und den davor rasenden Kontrahenten zu toben... Na, dann nichts wie weg! Diese Eheanbahnung war wohl wirklich ein Schlag ins Wasser.

Aber wird sich der Neue mit den Kofferfischchen vertragen? Wenigstens kann ich, falls es Schwierigkeiten geben sollte, dort gleich und leichter zugreifen; im kleinen Becken gelingt das Herausfangen besser. Der Krugfisch läßt die Kofferfischchen tatsächlich in Ruhe. Die

beiden Arten sehen also offenbar nur für mich, für menschliche Augen, so ähnlich aus. Der Krugfisch Nummer zwei benimmt sich ganz gleich wie der erste im großen Becken, ruhig, überlegt, zivilisiert, nichts bringt ihn aus der Fassung (außer ein Artgenosse, ha!) und auch hier wird er von niemandem behelligt. Putzer hab ich in diesem Becken nicht. Er lernt blitzschnell, aus der Pinzettenspitze Futter zu nehmen, aber im Gegensatz zum sanft zupfenden Kofferfisch knackt sein hartes Gebiß wie eine kleine Brechschere hörbar ins Metall! Ich kann nur hoffen, daß er sich dabei nicht weh tut!

Mein Interesse nivelliert sich, der Reiz des ganz Neuen flaut etwas ab, Routine kommt auf. Mit stetem Wohlgefallen beobachte ich alle meine kleinen gepunkteten Schwarz- und Grünäugigen, die sich einerseits so ähnlich, andererseits so ganz verschieden sind. Vor allem im kleinen Becken, wo beide Arten nebeneinander schwimmen, fällt der Unterschied enorm auf: Die Kofferfische sind nach wie vor ständig unterwegs, richtige kleine Unruhebolzen. Der Krugfisch schleicht dagegen bodennah im Gebüsch umher, dreht die Augen in alle Richtungen, sucht ständig irgend etwas – was wohl? Die vielen schönen kleinen Napfschnecken sind offenbar nichts für ihn, und auch der im großen Becken macht sich nichts aus Mollusken. Dabei hätte ich ein überreiches Angebot an winzigen Kreiselschnecken, auch andere, spitzschlanke, zarte

Beschalte kleben überall, und ich wäre froh, griffe er ein bißchen durch.

Es ist sonderbar, daß mir die Reserviertheit, die alle anderen Beckenbewohner ihm gegenüber an den Tag legen, nicht zu denken gibt. Ich bin immer noch im Glauben befangen, es sei wegen seiner Giftigkeit.

Jetzt kommt es: Die beiden Anemonenfische, meine A.clarkii, hatten eine schlechte Nacht. Man hatte gerade wieder gelaicht, und die gutmütige, riesengroße Bludru-Anemone hatte eben einmal genug von der ständigen Anrempelei und sich verärgert in den Spalt zurückgezogen. Die A.clarkii mußten also sowohl Laich bewachen als auch auf „nacktem" Fels schlafen, ohne ihre geliebte Steppdecke! Am Morgen sahen beide richtig übernächtigt aus, trübäugig und schlecht gelaunt. **Und** was war das? Die ganze Rückenflosse der A.-clarkii-Frau war ausgezackt, als hätte wer mit einem Keksstecher lauter winzige Halbmonde herausgestanzt! Und die schöne, gelbe Schwanzflosse des kleinen Mannes war sonderbar einseitig, verunstaltet! Um Gottes willen! Hatte ich schon wieder einen Fangschreckenkrebs im Becken? Jetzt war ich alarmiert, sah mir der Reihe nach alle meine Fische an. Der dotterblumengelbe Segelflosser: zwei große Stanzlöcher an der Rücken- und Bauchflosse. Der Büschelbarsch: sein Schwanz völlig deformiert, die wunderschönen, blaugesäumten ausgezogenen Flossenspitzen weg! Auch beim Palettendoktor

fehlte ein Schwanzflosseneckchen, und eine Brustflosse war gekappt.

Zwei Tage später: Auch des Putzers Schwanz war mehrfach gekerbt, ja, das gibt es doch nicht! Wer geht denn an sein Nachthemd, den schützenden Schleim-Mantel? Und ein Fahnenbarsch hatte ein Schwanzflossenzipfelchen verloren. Das war arg. Nachts schlich ich mit Taschenlampe um das Becken, leuchtete, starrte in alle Höhlen und Löcher... nichts, außer den beiden robusten Marmorgarnelen, die dafür sicher nicht in Frage kamen. Der Krugfisch schlief wie immer bauchaufwärts unter der Deckglasleiste, dem fehlte nichts.

Im kleinen Becken war ebenfalls die Hölle los: Beide Köfferchen rasten wie verrückt pausenlos im Kreis, klemmten ständig rechtwinklig ihre Schwänze ein. Noch dachte ich, daß es innerartliche Streitigkeiten gäbe, und als ich mir die beiden genauer ansah, bemerkte ich, daß bei meinem Zahmen die ganze Schwanzflosse fehlte. Bis auf ein paar traurige Flossenstrahlenreste war alles abgenagt. Der andere schaute irgendwie fleckig aus... Und der Krugfisch lauerte im Winkel hinter dem Schnellfilter – noch wollte ich es nicht wahrhaben! Aber zu Hause, im großen Becken, ging die Verwüstung flott weiter, die nächste Morgenkontrolle ergab wieder Überraschungen: Diesmal sieht der Mantelrand der großen *Tridacna* aus, als wäre die Blattschneiderameise darüber hergefallen, ein richtiges Spitzenmuster hat sie abbekommen! Ich kann das Märchen vom Fangschreckenkrebs auch mir gegenüber nicht mehr länger aufrechterhalten.

Jetzt muß etwas geschehen! Ich muß mir endlich Zeit nehmen, der Sache auf den Grund gehen. Also kauere ich mich ganz regungslos, tief in die Eckbank, da wo ich sonst nie sitze, und beobachte das Becken auf Distanz mit meinem kleinen „Ringleser", einem Mini-Feldstecher... Und da kommt er schon, grünäugig, er schleicht mit vorgeschobenem Maul an einen Röhrenwurm: Zack! Fiederchen weg! Und, absolut unglaublich, der Wurm reagiert nicht, bleibt offen, so schnell geht es! Zack! Nächstes Fiederchen, zackzack! Darum sehen meine Röhrenwürmer alle so sonderbar einseitig aus!

Er schleicht von hinten an den Fadenalgen weidenden Palettendoktor heran: Zack! Nein, daneben, daneben! Der hat es mitbekommen, macht einen Satz, flüchtet. Grünauge schleicht weiter, verschwindet in einer Höhle: Drei Fahnenbarsche stürzen heraus! Hat es einen erwischt? Wenigstens der Säbelzahnschleimfisch scheint sich zu stellen, schlängelt wie eine gereizte Muräne hin und her, das Maul weit aufgerissen, die Hauer gefletscht – ihm fehlt auch nichts. Grünauge schlüpft durch die Trennwand-Öffnung; nimmt er einen Anemonenfisch aufs Korn? Nein, die sind wieder sicher in ihrer Anemone, aber Büschelbarsch und Segelflosser machen Senkrechtstart!

Genug. Wir wissen es jetzt. Daß alle kleinen bunten Röhrenwürmchen nicht mehr zum Vorschein kommen, daß der Einsiedlerkrebs keine Antennen mehr hat, daß die Pilzkoralle sich plötzlich unförmig aufbläht, alle Tentakel winzig klein macht und einzieht, daß zwei der schönsten Gorgonien sich auch beim besten Futter nicht mehr öffnen... er war es. Im kleinen Becken hat es das eine Köfferchen das Leben gekostet, es ist über und über benagt gewesen: Giftfisch gegen Giftfisch hebt offenbar Giftwirkung auf?! Verschont bleiben also nur Wehrhafte oder im Boden Wohnende, wie die Partnergrundeln... Jetzt muß sich der übriggebliebene Kofferfisch, der ohne Schwanz, wohl erst langsam wieder erholen. Seine Panik, Hektik ist beklemmend, er ist noch immer auf der Flucht!

Franz bekam seine beiden Krugfische wieder. Warum bei ihm, in seinem Becken, nichts passierte? Franz, sag ich: „Schau dir doch bitte einmal diesen hübschen Masken-Falterfisch an, und deine beiden *Zebrasoma*! Die waren wohl zu Anfang mit den Krugfischen beisammen?" Sie waren es! Und jetzt weiß ich auch, was mein Putzerfisch wollte, oder, soll ich besser sagen, was der Putzer längst vor mir wußte!

Grundeln: Je schöner, desto dümmer?

Ich liebe Grundeln! Obwohl mir durchaus bewußt ist, daß das eine eher weitschweifige Liebe ist – es gibt immerhin 1500 verschieden Arten von Grundeln aus 200 Gattungen! Und sie sind nicht nur artenreich, sondern ebenso verschieden: Schläfergrundeln, Sandgrundeln, Krabbenaugengrundeln, Partnergrundeln, Torpedogrundeln, Korallengrundeln, Pfeilgrundeln usw., usw. Alle sehen sie anders aus, verhalten sich verschieden, sind ganz winzig oder ansehnliche Kerle, aber alle sind faszinierend! Manche sind umwerfend schön, verschwenderisch in Farben und Formen.

Wenn Franz gerade nicht in seinem Geschäft ist, und eines seiner netten, freundlichen Lehrmädchen, Annamaria oder Sabine, hütet seine Salzwasserabteilung, und ein Kunde, ein Interessierter findet sich ein, betrachtet hingerissen das kleine Schaubecken voll mit herrlichen Schwertgrundeln, dann bekommt er auf seine Frage, wie haltbar, wie verträglich diese wunderschönen Fische denn seien, etwa diese Antwort: „...ganz nette Fische sind es, ganz freundlich, sie tun überhaupt niemandem etwas, ja, und untereinander sowieso nicht, das sieht man ja hier!" Sabine, oder Annamaria, sie glauben es nämlich tatsächlich! Sie sehen ja, wie hübsch und wohlgeordnet diese farbensprühenden, in Rot, Gold, Orange

prunkenden zarten Dinger, lilaäugig und rosagepunktet im schwefelgelben Gesicht, wie ordentlich sie dastehen, fast militärisch ausgerichtet, und von Streitsucht nun wirklich keine Spur!

Verlassen wir nun den arglosen Käufer, der sich seine vier bis fünf recht teuren Grundeln fangen und verpacken läßt. Er wird sich vermutlich recht bald wundern, eher wohl ärgern, fluchen, vielleicht zu Franz zurückkommen, und wenn Franz dann da ist, hört sich die Auskunft ein bißchen anders an. Franz wird ihm, vermutlich, sagen: „So ganz einfach ist es mit denen da nicht! Ja, Sie können schon Glück haben und tatsächlich ein Pärchen erwischen, dann kann es gutgehen."

Sagt er auch, daß es durchaus nicht gutgehen muß? Und wer weiß schon genau, ob er nun ein Pärchen hat? Denn der Hinweis auf längere oder kürzere „Schwerter", das heißt die lang ausgezogenen, zarten Sicheln der Rückenflossen, sind weiß Gott kein Indiz. Zunächst sind sie fast immer bei einigen lädiert und deshalb kürzer. Es sind aber noch längst keine Weibchen! Meist sind es gerade die, die sich besonders unbeliebt machen! Es steht nicht zu unrecht in allen einschlägigen Fachbüchern, man möge diese filigranen Fischfeen möglichst einzeln halten. Da herrscht tatsächlich Übereinstimmung. Es muß zwar nicht so sein, daß Hinweise, die sich in mehreren Büchern gleichartig lesen, das wahre Evangelium sind, dem man blind vertrauen kann.

Aber es besteht ein begründeter Verdacht, daß da etwas Wahres dran ist..., im Zweifelsfalle ist Vorsicht immer gut.

Jetzt ist es aber an der Zeit, endlich einmal zu sagen, was nun tatsächlich passiert ist, bei jenem Käufer nämlich, der gleich fünf Feuerschläfergrundeln mitgenommen hat. Wenn er ein völlig leeres Becken, das heißt ein fischfreies Becken zu Hause stehen hat, dann mag es einige Tage, oder wenigstens einige Stunden dauern, bis die zarten Dinger anfangen, sich zu zerfetzen. Hat er ein offenes Becken, dann springen sie nacheinander heraus. Bis auf eine. Hat er ein gut besetztes Becken, in dem es lebhaft zugeht, dann springt auch die letzte heraus. Oder sie versteckt sich irgendwo am Boden und taucht nie wieder auf. Das ist es. Das wars also.

Und so geht das nicht nur bei der Feuerschläfergrundel oder Schwert-Torpedogrundel oder Pracht-Schwertgrundel (sie hat nämlich in jedem Aquaristikbuch einen anderen Namen: aber das geschieht vermutlich nur deshalb, weil eben jeder beim Anblick dieser, wie auch immer sie heißen mag, Grundel ins Schwärmen gerät). Es gibt einige recht nahe verwandte Arten, wie zum Beispiel die Gruppe der Dekorgrundeln. Sie sind nicht ganz so farbenprächtig, und bezüglich ihres deutschen Namens sind sich die meisten Autoren einig. Dekorgrundeln benehmen sich genauso, vielleicht beginnen sie einen Tag später, sich zu massakrieren oder herauszu-

springen. Manche verschwinden in der Unterwelt und halten sich dort, sofern sie genug Futter bekommen, erstaunlich gut, jahrelang!

Dann gibt es noch die Scherenschwanz-Schläfergrundeln. Nervöse Schönheiten! Auch bei Ihnen spielt sich dasselbe, wiederum mit etwas mehr Verzögerung im Vergleich zu den beiden Vorgänger-Arten, ab.

Damit hört meine Erfahrung mit den besonders farbenprächtigen Vertretern der Grundeln auf. Aber weil wir schon von Erfahrung sprechen: Mein derzeit ältester Fisch ist eine Dekorgrundel. Zwei von ihnen habe ich im Mai meines ersten Salzwasser-Jahres erstanden: 1989. Eine verschwand gleich im Untergrund, erst nach zwei Jahren sprang sie. Ich habe nur gesehen, daß sie wie ein Pfeil nach oben schoß, habe das gräßliche Geräusch ihres Aufpralls irgendwo hinter dem Aquarium im Ohr, aber ich konnte sie nicht erreichen... Sie klebt nun irgendwo, zwischen Wand und Glas...

Und mein drittältester Fisch, auch noch im Jahre 1989, im Dezember, bei mir eingezogen, ist eine der unaussprechlich schönen Feuerschläfergrundeln. Ich mag diesen Namen am liebsten. Er sagt alles: den eigenartig verträumten Blick, den alle Schläfergrundeln haben, und das Feuer, das sie wie eine Flamme umgibt. Unsere Sekretärin, deren Blick mehr für die praktischen Dinge dieser Welt geschärft ist, nennt sie schlicht: die

Taschenlampe. Und Fritz nennt sie „Mimi", Betonung auf dem zweiten „i"; er behauptet, sie sehe jener Sängerin, die er in der Arena zu Verona eben in „La Boheme" bewundert hat, so ähnlich. Nicht nur das Rüschenkleid, sondern auch der leicht beleidigte, durch die herabgezogenen Mundwinkel zustande kommende Gesichtsausdruck. Besonders der! Ich ignoriere das. Sie ist viel schöner und vermutlich ebenso teuer! Dann nämlich, wenn ich alle ihre Artgenossen aufrechne, die sie aus dem Becken gejagt hat. Denn zu Beginn wollte ich es einfach nicht glauben! Ich gesellte ihr also zunächst drei kleine bei. Nichts zu machen, alle heraus, und zwar immer nachts... Dann eine größere mit ganz kurzem Schwert. Die konnte ich, gerade noch lebend, vor dem Becken mit der bloßen Hand auffangen. Dann eine größere mit ganz langem Schwert. Auch die sprang, aber erst, als ihr Schwert bis auf den nackten Flossenstrahl abgekämpft war. Meiner fehlte nichts, das stellte ich schon fast mit einem gewissen sportlichen Ehrgeiz fest. Dann waren es noch zwei oder drei...

Sie selbst lebt nun offenbar vergnügt mit einem Pärchen LSD-Fischlein, einem Paar grimmiger Zwergkaiser (C. flavicauda), und einem traumschönen, farblich bestens mit ihr abgestimmten Paar Paletten-Feilenfische. Sie hat eine Höhle für sich, um die jeder einen Bogen macht, eine kleine blendend saubere Sandterrasse davor und ringsum allerlei hübsche Anthelien und ähnliches. Dabei

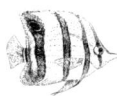

soll es nun endlich bleiben. (Obgleich es mich immer ein bißchen ärgert, denn im anderen Becken wohnt seit kurzem ein gut harmonierendes Paar!)

Ja, und was hat sich sonst noch an Grundeln um mich herum getummelt, besser, was tummelt sich noch? Ein wunderbares, freundliches Paar goldgelber Partnergrundeln. Sie laichen ab und zu, ich erkenne es daran, daß er dann für drei bis vier Tage von der Bildfläche verschwindet, sie aber für zwei frißt. Seit einem Jahr hausen sie endlich zusammen mit einem Knallkrebs, sind dadurch zwar ein bißchen scheuer, aber vielleicht glücklicher geworden. Den Knallkrebs habe ich, seit ich ihn in das Becken entließ, bis auf die Fühlerspitzen und gelegentlich Sedimentwolken, nie mehr gesehen. Aber hören kann ich ihn!

Dann gibt es ein Paar Zebragrundeln, die zweitältesten Fische. Wunderschön, völlig friedlich, ausgeglichen und bisher auch nicht sprungfreudig, obgleich ich sie nun bereits dreimal umgesetzt habe. Und die schon erwähnten Scherenschwanzgrundeln, auch ein gut harmonierendes Paar. Er ist für mich der Inbegriff von Eleganz, mit seinen Farbschattierungen in fast transparentem Schieferblaugrau bis Dunkelblauschwarz, und dazu die schwefelgelbe, schwarzgesäumte Rücken- und Schwanzflosse! Sie ist eine Spur vornehmer, ohne grelles Schwefelgelb. Sie schlafen mit den Zebragrundeln in der-

selben Höhle unter einer großen Lederkoralle, aber sie beteiligen sich nie an deren Ausbau oder Instandhaltung. Das machen nur die Zebragrundeln, die räumen ab und zu schlampig herumliegende Korallenstückchen weg, fast vorwurfsvoll!

Versucht habe ich mich noch an einem Paar Goldkopf-Schläfergrundeln, die mein erstes, recht kleines Becken pausenlos umpflügten und außerdem schrecklich schnell wuchsen, und zwei Schlankkopf-Symbiosegrundeln, die sich offenbar nicht entschließen konnten, ein Paar zu werden. Eine verließ „freiwillig" das Becken, ich war zufällig zugegen und konnte das Schlimmste verhindern! Einmal pflegte ich recht kurz eine einzelne, noch junge Partnergrundel, die nicht bestimmbar war. Bevor sie alt genug und dies möglich gewesen wäre, begegnete sie dem Angler... Das sind unliebsame Erinnerungen, zwar nützliche Erfahrungen, die man aber auch besser weniger wirklichkeitsnah, aus der Literatur, hätte erfahren können.

Ganz wichtige und liebe Beckenbewohner sind mir alle Neongrundeln, winzige, stets aktive Putzer, die schon aufgrund ihrer geringen Größe weniger „lästig" und fast ebenso effizient wie Putzer-Lippfische sind. Nicht vergessen darf ich alle Arten von Korallengrundeln. Man sollte sie jedem Aquarianer warm ans Herz legen! Sie sind für jedes gut eingerichtete Becken eine Bereicherung, und ich kenne keinen Fisch – außer vielleicht *Ecsenius* und seine Verwandten –, der eine so ausgeprägte Vorliebe für fotogene, dekorative Sitzplätze hätte! Nur muß man sie gut im Auge behalten, damit sie genug Futter bekommen und man darf ja nicht glauben (und auch diesbezüglichen Hinweisen in Büchern nicht trauen!), daß sie nur winzige Happen zu sich nehmen, im Gegenteil: Sie fressen Riesenbrocken! Eine Korallengrundelart, nämlich die bullige, ramsnasige Schwarze Korallengrundel, ist ab und zu mit Vorsicht zu genießen: Meine hat mit Vorliebe und wachsender Begeisterung Wulstkorallen und eine herrliche *Catalaphyllia* ausgeweidet! Kränkelnde Teile von Steinkorallen mögen alle Korallengrundeln „zum Fressen gern", und es ist nicht ganz auszuschließen, daß da ab und zu auch ein gesundes Teilchen mitgeht – aber wer möchte ihnen dies neiden?

Derzeit versuche ich mich an einem Paar *Fusiogobius* sp.; sie gehören zu den Glasgrundeln, sind tatsächlich glasig – transparente Dinger und derzeit noch winzig. Angeblich sollen sie kaum größer als fünf Zentimeter werden. Das hoffe ich sehr, wenn ich den stechenden Blick ihrer grünen Augen und ihr großes, vor Zähnen starrendes Maul betrachte. Und jetzt hätte ich beinahe meine allerersten Aquarienbewohner vergessen, die Schlammspringer!

Nun, was für Weisheiten beziehe ich aus dieser bunten Aufzählung? Doch,

da ist schon einiges, was zu denken geben sollte und was wir auch auf andere Fischfamilien übertragen können: Ausgesprochen bunte, farbenprangende Fische haben irgendwo einen „Pferdefuß"; vielleicht sollte man in diesem Zusammenhang besser von „Haifischflosse" oder ähnlichem sprechen. In der Natur ist ja auch nichts ohne Hintergedanken entstanden. Grelle Farben bedeuten: „Vorsicht! Ich beiße, ich stinke, ich bin giftig oder so ähnlich." (Es kann natürlich auch heißen: „Ich tu' nur so, als wäre ich giftig... etc.", aber davon später!) Bei unseren Schläfer- oder Schwertgrundeln heißt es eben: „Vorsicht". Ich (oder wir) wünschen keinen nahen Nachbarn! Ich bin ein guter Kämpfer! Bleib mir vom Leib!" Jedenfalls bewahrheitet sich, daß die farbenprächtigsten Vertreter die unverträglichsten und sensibelsten unter den Grundeln sind. Man könnte schöne Beziehungsdiagramme herstellen, die das verdeutlichen würden. Und noch etwas: Verpaarte Grundeln scheinen zumindest ausgeglichener zu sein. Sie springen nicht ganz so schnell. Offenbar gibt ein Partner dem andern ein Gefühl von Sicherheit. Auch im Freiwasser behält einer der Ehepartner den allfälligen Feind länger im Auge, während der andere schon einmal im Versteck verschwindet. **Debelius** beschreibt es sehr anschaulich!

Lippfische

Die lateinischen Namen geben schon einen Vorgeschmack, man muß sie auf der Zunge zergehen lassen: Labrus, Cirrhilabrus, Cheilinus, Pseudocheilinus und Paracheilinus! Coris, Bodianus und Anampses! Oder Halichoeres – da knirscht der alte Grieche! – oder gar Macropharyngodon! Es gibt immerhin über 600 Arten aus vielen Gattungen. Man könnte also noch seitenweise in lateinischen oder griechischen Namen schwelgen. Sie geben einen Vorgeschmack auf Fülle, Vielseitigkeit und Farbenpracht. Kaum verständlich, daß die Lippfische nicht längst schon einen Triumphzug durch unsere Aquarien angetreten haben. Ein einziger Vertreter ist allgegenwärtig, und zwar unser unentbehrlicher Putzer-Lippfisch. Von dem ist an anderer Stelle die Rede.

Lippfische unterwandern langsam aber sicher meine größeren Becken. In kleinen sollte man sie nicht halten, denn sie benötigen Schwimmraum, auch die Winzlinge unter ihnen. Manche haben einen diffizilen Speisezettel, mögen besonders gerne kleine Schnecken und Muscheln, oder sie schmeißen mit Steinen um sich, weil sie drunterschauen wollen. Andere holen mit Vorliebe Röhrenwürmer aus den Röhren, und manche sollen, laut Literatur, andere Fische belästigen. Doch kann ich mir das nicht vorstellen, wenn sie genügend Platz, abwechslungsreiches Gelände und gutes Futter erhalten. Sind sie jedoch in reizarmer Umgebung zu ständig gleichen Schwimmwegen verdammt, dann kann ich mir gut vorstellen, daß sie zu kleinen Teufeln, oder auch zu großen Satansbraten werden! Denn allesamt sind es intelligente, vielseitige, lernfähige Fische, und solchen wird eben leicht langweilig, ganz im Gegenteil zu den uns oft fad erscheinenden Spezialisten, die eben nur ihre spezialisierten Verhaltensmuster ablaufen lassen.

Diese Umweltoffenheit macht aber Lippfische so interessant. Sie haben jedoch noch ganz andere Facetten: Wie wir bereits aus der Literatur wissen, wechseln sie ihr Geschlecht im Verlauf ihres Lebens, beginnen als Weibchen und „enden" als Männchen, und sie wechseln damit auch ihr Aussehen, ihre Färbung in einem Maß, daß die Wissenschaftler bis vor wenigen Jahren von derselben Art für jedes Geschlecht, manchmal auch für jede Altersstufe eine eigene Species machten.

Im Aquarium verläuft das genauso, und, wie zu erwarten, können die Fische bei Bedarf auch mal die Richtung wechseln und von der Männchenform zurück auf die Weibchenform umsteigen. Da alle diese Veränderungen von unwahrscheinlichen, phantastischen Farbänderungen begleitet sind, kann man den Wechsel optisch mit Genuß verfolgen.

So geschieht es mir jedenfalls, wenn ich mein balz- und laichfreudiges Paar

Rotflossen-Lippfische (auf lateinisch: *Cirrhilabrus rubriventralis*) beobachte. Denn zu all den Farbspielereien kommt noch dazu, daß balzende Männchen ein wahres Feuerwerk mit Anheben, Abspreizen bestimmter Flossenpartien aufsprühen lassen. Ah – das ist ein Schauspiel der Leidenschaft, mir bleibt die Luft weg! Kaum eine Buchillustration kann das wiedergeben.

Das Weibchen ist schimmernd rot, bis auf einen schwarzen runden Fleck an der Schwanzwurzel. Ein leuchtend hellroter Ring um die Augen verstärkt das ständige Augenspiel, sie wirft ihm nicht nur bildlich, sondern tatsächlich glühende Blicke zu. Dabei hält sie sich bevorzugt unter einer gelb-orangen Gorgonie auf, schlängelt sich durch deren Geäst und ziert sich.

Er, schnittig, mit ganz eng angelegten Flossen das purpurne Rot zu schwerem Violett abdunkelnd, stößt wie ein hungriger Räuber in zischenden Schwenk-Manövern auf sie hinunter, aber während des Abwärtsstoßens öffnet er alles an Flossen, was er bieten kann: feuerrot gesäumte, leuchtendblau gepunktete Bauchflossen, die lang, haardünn ausgezogen sind und sich vom blendendweißen Bauch deutlich abheben. Fast sieht es aus, als zöge er eine schimmernde Blutspur unter sich nach. Gleichzeitig richtet er zwei überlange, ebenfalls purpur- und blau gesäumte Rückenstacheln und die ganze, blau gezeichnete Rückenflosse auf, über dem Körper erscheinen fluoreszierende bläulich aufleuchtende, zu

einem Punktmuster zersplitternde Längslinien, die sich bis in die zarten Schwanzflossenspitzen fortsetzen. Dieses Feuerwerk dauert einen Sekundenbruchteil, flammt immer dann auf, wenn er sie fast erreicht. Stiebt er wieder hoch, ist alles verschwunden. Atemberaubend!.

Und erst der Zweigeteilte Lippfisch, der den klingenden griechisch-lateinischen Namen *Macropharyngodon bipartitus* trägt. „Bipartitus" heißt zwar auch „zweigeteilt", aber es hört sich besser an.

Er wird zwar reichlich groß, gut und gern zwölf Zentimeter, ist aber freundlich interessiert, lammfromm und einfach bildschön. Die Weibchen lassen sich in ihrer Buntscheckigkeit kaum beschreiben, schürzen stets ihr apfelgrünes Schnäuzchen und sind enorm neugierig. Wenn man sie so bunt durch das Becken tanzen sieht, fällt es einem schwer, sie sich im Freiwasser vorzustellen. Doch habe ich sie gerade dort zum erstenmal gesehen und war sofort völlig vernarrt in sie: Zwei Jungfische in der typischen Weibchentracht schaukelten in einer kleinen, von Korallenbruchstücken bedeckten, stark durchströmten Kuhle auf und ab, zusammen mit zwei Bäumchen- und einem Juwelenlippfisch im weiß-schwarz-roten Clownshemd. Ab und zu mischten sich noch zwei dunkelbraun gestreifte Säbelzähne dazu, doch das ganze Fischgewimmel war so gut wie „unsichtbar", es schwankte, schaukelte, schwappte mit

der Strömung auf und ab, hin und her, und wenn ich nicht rein zufällig daneben einen großen Drückerfisch beobachtet hätte, dann wäre mir diese buntgemischte Versammlung gar nicht aufgefallen – unglaublich! Es sah so aus, als wäre durch die Strömung eine Handvoll Tang hier zusammengetrieben worden, die nun im Wirbel tanzte!

Ebenso verhalten sich frisch eingesetzte, junge *Macropharyngodon*! Zunächst glaubt man, sie hätten Gleichgewichtsstörungen, oder sie wären auf einem Auge blind. Aber nein! Es ist genau dasselbe Verwirrspiel, das sie vor unseren Augen treiben! Hätte ich es nicht schon gekannt, ich wäre von meinen neuen Fischen entsetzt gewesen. Übrigens, sie hören bald damit auf, wenn sie einmal eingewöhnt sind. Doch sie vollführen solche Schaukelmanöver an oder vor neu eingebrachten Steinen, und abends, bevor sie sich eingraben, da schaukeln sie, was das Zeug hält! Und in diesem Zusammenhang kann man es sich auch erklären: als Täuschungseffekt für einen allfälligen, beobachtenden Beutegreifer. Nichts ist zufällig in der Natur!

Aber ich bin vom Wesentlichen abgekommen, von der Beschreibung des *Macropharyngodon*-Mannes! Da versteht man, warum er „zweigeteilt" heißt: ein bis zur Hälfte mit gedämpft schimmernden orangen Mäandern auf blaugrünem Grund gemalter Fisch. Die hintere Hälfte ist einfärbig blaugrün,

aber nur scheinbar, denn jede Schuppe trägt einen bronzefarbenen oder türkis- bis smaragdgrünen Rand, der sich aber nur am bewegten Fisch abzeichnet, vor allem dann, wenn er sich produziert und alle Flossensäume, die wiederum ein feines orange-türkis-blaugetupftes Muster tragen, abspreizt. Und die Schwanzflosse erst! Sie ist das beste am Fisch: eine strahlende Pfauenfeder, transparent manchmal und dann fast leuchtend. Wie dürftig ist dieser Fisch, diese unwahrscheinlich schöne Schwanzflosse doch bei manchen Autoren beschrieben: „. . . Die terminalen Männchen besitzen grüne Bänder am Kopf und vorn am Körper und einen großen U-förmigen schwarzen Fleck in der Schwanzflosse" (Mergus 1992). Man kann es eben kaum beschreiben, man muß es selbst sehen!

Kaiserfische? Nein. Aber Zwergkaiser!

Ich kenne nun schon viele Meeresaquarien, solche von privaten Pflegern, und sogenannte „öffentliche", also Schauaquarien von zoologischen Gärten. Aber ich habe, mit einer einzigen Ausnahme, noch nirgendwo einen tatsächlich intakten, sich normal verhaltenden großen Kaiserfisch gesehen, einen, der mit seinen freilebenden Artgenossen vergleichbar gewesen wäre, der jenes überzeugende Selbstbewußtsein demonstriert hätte. Im besten Fall het-

zen Kaiserfische mit angelegten, geklemmten Flossen von einer Höhle zur anderen oder der Front- oder Rückscheibe hin und her, oder sie versuchen pausenlos, einen bestimmten Mitbewohner, manchmal auch mehrere, niederzukämpfen. Meist sind sie stumpf in der Farbe, hektisch, hysterisch oder apathisch. Oder sie kreisen unentwegt an der Stelle, wo sie gefüttert werden. Man sieht ihnen an, wie sie das Gedränge stört, und wenn man ihnen lang genug zusieht, dann überträgt sich dieses Mißbefinden geradezu körperlich auf den Betrachter. Die meisten haben zerschundene Flossen von früheren, aussichts- und erfolglosen Kämpfen. Sie sind verheilt, aber die Spuren bleiben. Wenn sie tatsächlich schön, bunt anzusehen sind, so haben sie dennoch irgend etwas verloren. Sie haben aufgegeben, sind „angepaßt".

Die einzige Ausnahme schwimmt bei Herrn F., ein junger, gut halbwüchsiger Franzosenkaiser. Herr F. hat ihn als winzigen Fisch erhalten. Er hat viel Raum, nette Gesellschaft, darf nach Herzenslust an *Sinularia* und *Sarcophytum* nagen (weniger gern sieht Herr F., wenn er die Scheibenanemonen bearbeitet, aber die schmecken ihm nicht so gut!). Er hat einige faire Streitpartner, die er immer wieder besucht oder die ihn besuchen , wie zum Beispiel ein riesiges *A. percula*-Weibchen, und er ist atemberaubend schön, völlig makellos. Den berauschenden Schwung seiner Rücken- und Afterflosse verunziert

nicht die geringste Unregelmäßigkeit, und er schwimmt frei, er imponiert auch vor dem Betrachter, läßt dann die fadenfeinen Ausläufer der Flossen bei seinen rasanten Kehrtwendungen förmlich knattern! Jede der goldfarben gerandeten Schuppen blinkt dann auf, und man sieht ihm an, wie er es genießt, sich zu produzieren! Wie es sein wird, wenn er ausgewachsen, riesig also, geworden ist, das steht noch offen. Vielleicht schafft er es so, wie er ist, angepaßt zu bleiben, ohne Identitätsverlust!

Nun kann ich nur hoffen, daß mir diese langatmige Einleitung kein Aquarianer, der zu Hause einen besonders netten, dicken, angepaßten Kaiserfisch pflegt, übelnimmt. Denn jetzt komme ich zur Sache: zu den Zwergkaisern! Sie verkörpern genau das, was wir Aquarianer so sehr an den großen Kaiserfischen lieben, aber in aquariengängigem Kleinformat. Sie sind selbstbewußt, kämpferisch, wunderschön, und auch im Freiwasser ist ihr Raumanspruch gering. Meist verteidigen sie ein relativ kleines Revier, müssen auf der Hut vor größeren Freßfeinden sein, das heißt, sie können sich zumindest im Freiwasser kein allzugroßes Selbstbewußtsein leisten. Allerdings, in unseren Aquarien nehmen sie sich dort, wo sie es dürfen, schon einiges heraus! Und dann erst fühlen sie sich auch richtig wie zu Hause! Dann hat man erst seine helle Freude, oft allerdings auch seine liebe Not mit ihnen!

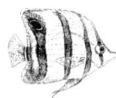

So hat es sich ergeben, daß in jedem meiner Becken ein Pärchen Zwergkaiser wohnt. Besser wohl sollte ich sagen: Jedes meiner Becken gehört einem Paar Zwergkaiser. Ich habe da nicht mehr viel mitzureden. Wenn es ihnen nicht paßt, dann kann ich einpacken und gehen, im wahrsten Sinn des Wortes! Kalte Schweißausbrüche stehen an, wenn ich irgendeinen Neuling einschleusen möchte, der ihnen nicht zu Gesicht steht. Sie machen ihre Ansprüche anders als etwa Anemonenfische geltend, sie sind absolut konzessionslos, unbestechlich in ihrer Abneigung. Anemonenfische verhalten sich eher wie bissige Hofhunde, unberechenbar, und deshalb kann man sie auch leichter umstimmen. Nun, ich akzeptiere den Willen meiner drei Pärchen Zwergkaiser.

Vielleicht noch ein Wort zu den „Pärchen": Auch das ist ein großer Pluspunkt der Zwergkaiser, daß sie sich gut verheiraten lassen, wenn das Umfeld stimmt. Wenn man zwei verschieden große nimmt, dann läuft alles von allein, ohne unser Zutun: Sie machen untereinander aus, wer was wird, so, wie das ja bei vielen anderen Barschartigen auch der Fall ist.

Jetzt stelle ich meine drei Pärchen vor: Im „Großen Becken" haust ein Paar des Gestreiften Zwergkaisers, im kleineren ein Paar Orangerücken-Zwergkaiser und im kleineren ein Paar Gelbschwanz-Zwergkaiser. Sie sind im vielen Verhaltensweisen sehr ähnlich, aber doch wieder recht verschieden. Am deutlichsten zeigt sich dies, wenn ich sie mit einem Neuling konfrontiere. Ähnlich sind Kampfkraft, Angriffslust und Revierverteidigung, aber der Streitbarste, der Choleriker, ist der Orangeblaue! Er geht zunächst auf jeden neuen Fisch los, ganz gleich, ob er ein ernstzunehmender oder überhaupt kein Gegner ist. Er muß ausprobieren, ob er akzeptabel ist. Er fällt sogar über Glasgrundeln her, pufft Streifenseenadeln weg und rammt Seepferdchen! Aber nach einigen Attacken beschließt er folgerichtig, den Neuzugang entweder zu ignorieren oder umzubringen. In diesem Fall muß ich rasch eingreifen. Übrigens: Das Sagen hat nur der Mann! Sie ist überhaupt nicht gefragt, hält sich wohlweislich zurück. Wenn aber die Fronten geklärt, der Neuling „zum Abschuß freigegeben" ist, dann beißt auch sie!

Bei den Streifenkaisern läuft dasselbe mit taxierender Verzögerung ab: Die beiden schauen sich bedächtig, überlegt, an, was ich ihnen da für ein Kuckucksei gelegt habe. Wenn es nicht der Rede wert ist, beachten sie es nicht weiter. Anscheinend geht es um Körperform, ein bißchen auch um Farbe. Denn alles Spindelförmige, also Grundelähnliche (nur Feuerschläfergrundeln sind unwillkommen), auch Schleimfische und Lippfische werden akzeptiert, alles Hochrückig-Flache aber wird vernichtet. Zu Doktorfischen haben sie ein leicht gestörtes Initialverhältnis. Da müssen erst die Fronten geklärt werden, bevor

man kämpft oder wegsieht. Und ein weiterer auffallender Unterschied: Vernichtungsfeldzüge beschließen beide Partner, das Weibchen ist durchaus stimmberechtigt!

Nun zu den letzten beiden, den Gelbschwänzen: Sie sind die Hyänen unter den Zwergkaisern, die erst hinter der Koralle lauern, sich mit rollenden Augen den Neuling besehen, ganz still und heimlich hinter ihm herschleichen. (Man sieht sie auch kaum! Nur die rhythmischen Bewegungen der hellen Schwänze sind kenntlich.) Dann aber fallen sie plötzlich, auf Kommando sozusagen, über den armen Fisch, sogar über eine neue Garnele, her. Und zwar nähern sie sich dem Eindringling in Schräglage, mit kleinen, ruckweisen, wütenden Vorstößen, es sieht gräßlich aus! Auch bei ihnen herrscht weitgehende Übereinstimmung zwischen den Partnern.

Mir bleibt in allen Fällen nichts anderes übrig , als mit dem Netzchen in der Hand zu warten, bis sie mir ihr Opfer, zermürbt, verstört, hysterisch und oft auch schon zerbissen, an der Wasseroberfläche präsentieren. „Sofort weg damit", heißt das. Ich habe keine Wahl. Und Franz (oder Karl) übernimmt hoffentlich meine Fehlgriffe. Doch langsam aber sicher lerne ich, begehrenswerte Fische mit Zwergkaiser-Augen anzusehen, bevor ich sie nehme. Das ist sehr hilfreich! Und es beugt vermutlich einer Übersetzung vor.

Zwergkaiser, oder zumindest die Arten, die auch in der Literatur als gut haltbar ausgewiesen sind, gehören zu den reizvollsten Aquarienpfleglingen. Sie wollen aber ihre Umgebung und den Umgang selbst gestalten und wählen, und das sollte man ihnen zugestehen. Denn dann kann man sich unbeschränkt an ihnen erfreuen. Meine drei Paare sind offenbar mit dem, was ich ihnen biete, recht einverstanden. Sie prangen in den schönsten Farben, sind bei bestem Appetit (aber man hüte sich, sie als „Weidegänger" abzuqualifizieren; sie lieben Tiefgefrorenes über alles), und sie balzen und laichen regelmäßig, leider aber erst im Dämmerlicht. Man muß nicht alles ganz genau sehen. Sie lieben etwas Privatsphäre, sind eben kleine Aristokraten!

Die Seefeder in der Filmdose

Es liegt auf der Hand: Je länger wir unser, oder besser noch unsere Aquarien betreiben, um so häufiger geschieht Unerwartetes, Skurriles. Ich müßte nur mein Protokoll achtsam durchblättern und fände Stoff genug für ein neues Buch! Also beschränke ich mich besser auf das, was sich so in allerletzter Zeit zugetragen hat, wie etwa gerade heute: Ich habe ein ungemein kooperatives Pärchen Brunnenbauer, die karibische Art *O. aurifrons*. Meine Mutter nennt sie je nach Jahreszeit einmal

„Weihnachtsengel" und einmal „unangezogen", und damit meint sie, daß sie im Nachthemd dasteht! Kooperativ nenne ich sie deshalb, weil sie ihre Höhlen direkt an der Frontscheibe, und außerdem knapp nebeneinander, angelegt haben. Wenn man nicht irgend etwas Brandwichtiges im Aquarium im Auge behalten muß, dann gibt es überhaupt nichts Netteres, Lustigeres, als den beiden zuzuschauen. Sie stehlen sich gegenseitig attraktives Baumaterial, wie etwa eine schöngefärbte Kreiselschnecke oder einige Kaurischneckengehäuse. Ungeeignete Korallenstückchen spucken sie einander vor den Eingang – vielleicht geschieht es zufällig, aber es geschieht recht oft!

Nun habe ich unter den Wirbellosen einige besondere Lieblinge, wie etwa die bäumchenartig wachsenden, weißen, pumpenden Xenien. Jetzt kenne ich die schon so gut, daß ich genau weiß, wo und wann ich einer solchen Minikolonie einen kleinen Stein naherücken kann, damit ein Bäumchen einen Ausläufer aussendet und auf dem neuen Stein ein winzig kleines neues Bäumchen „pflanzt". Das ist eine Art von Aquariengärtnerei, die fast soviel Spaß macht wie Brunnenbauer beobachten. Vielleicht hat deshalb die Brunnenbauer-Frau ein besonders hübsches, rundes, kleines Steinchen, auf dem gleich zwei Xenienbäumchen saßen, in ihr Riesenmaul genommen und unter einigen Anläufen vor ihr Loch bugsiert. Immerhin mußte sie gute zehn Zenti-

meter zurücklegen! Zuerst war ich schockiert, wollte die Xenien retten und wieder zurücksetzen, doch siehe da, denen gefiel es am neuen Platz mindestens ebenso gut. Trotz des heraus- und hereinfegenden Fisches blieben sie herrlich offen und pumpten, fächelten mit der übrigen Kolonie um die Wette. Also blieben sie, und der Anblick eines gelbgesichtigen, blaßblau umwehten Fisches vor oder hinter der Kulisse des strahlend weißen Xenienbusches war schlechthin umwerfend, und manchmal kam mir, ketzerisch fast, der Vergleich mit einem üppig blühenden Geranienfenster, hinter dem wer herauslugt... kitschig!

Auf einmal aber war die ganze Pracht verschwunden. Ich war konsterniert, doch auch das Steinchen, auf dem die Xenien saßen, war weg. Bis ich tief, tief in der Höhle des Brunnenbauer-Mannes etwas weißlich-rosafarbenes rhythmisch zucken sah... aha! (Typisch Mann, hätte ich mir fast gedacht.) Ihm geht es

Oben: Für mich einer der schönsten Zwergkaiser: Der Gestreifte Zwergkaiser, *Centropyge bispinosus.* Sehr selbstbewußt! Und in bestem Einvernehmen mit allen Wirbellosen. Unten: Die Zitronengrundel, *Gobiodon citrinus,* kann auch gelblichgrau oder fast schwarz sein, je nach Laune! Doch hat sie immer ein zartblaues Streifenmuster im Augen- und Kiemenbereich. Zitronengrundeln nagen gern an absterbenden Steinkorallenteilen. Gesunde Tiere werden nicht behelligt.

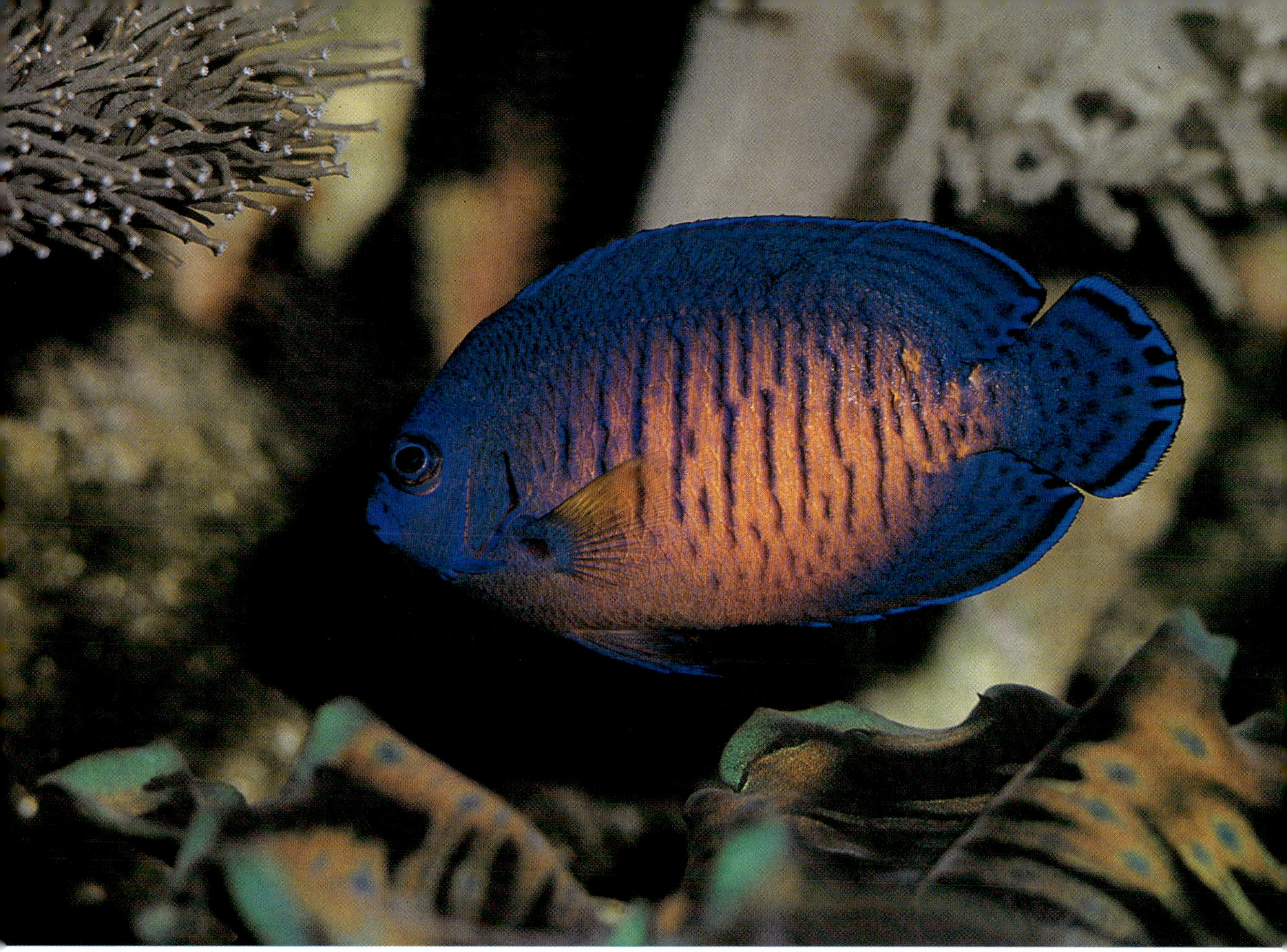

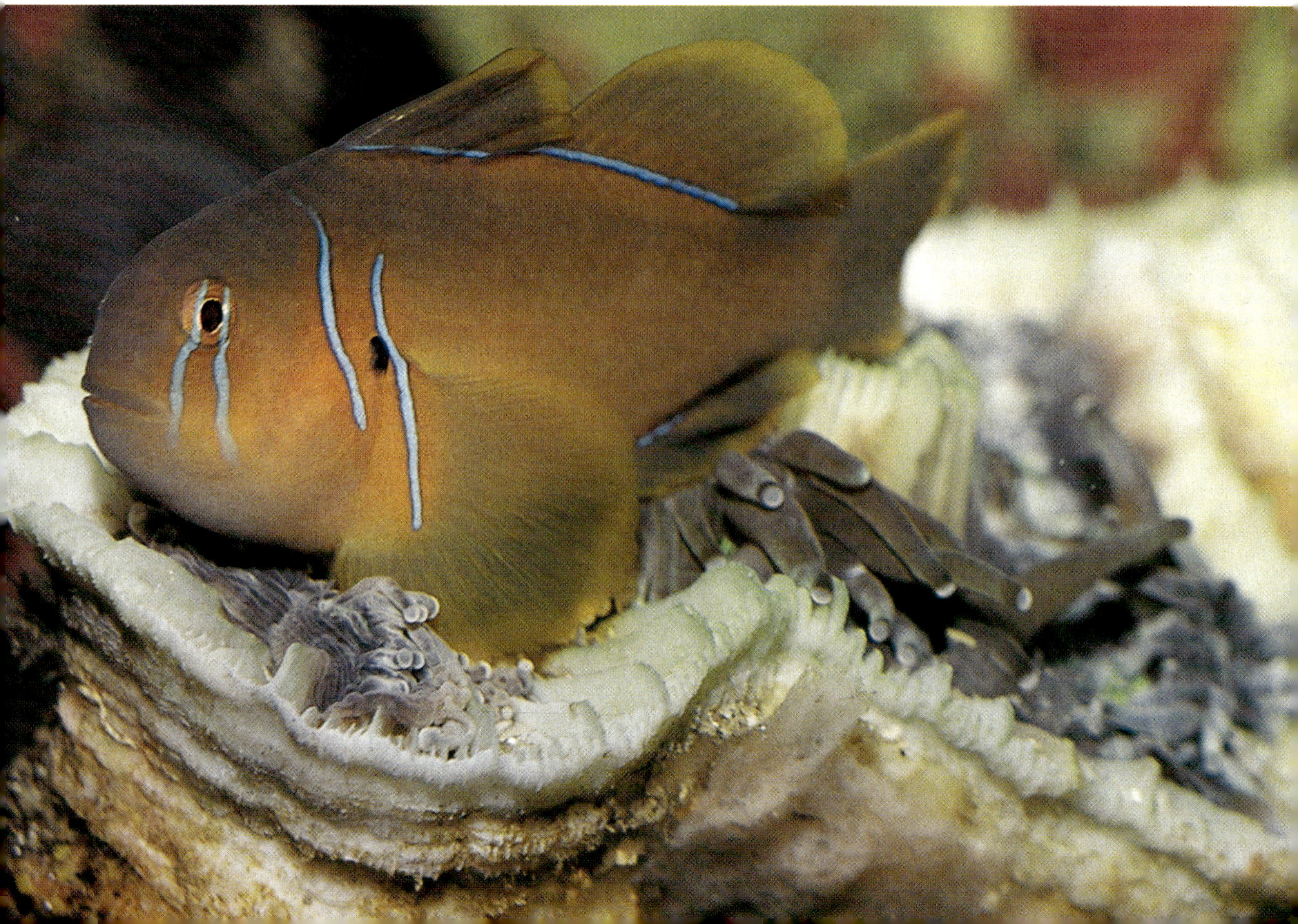

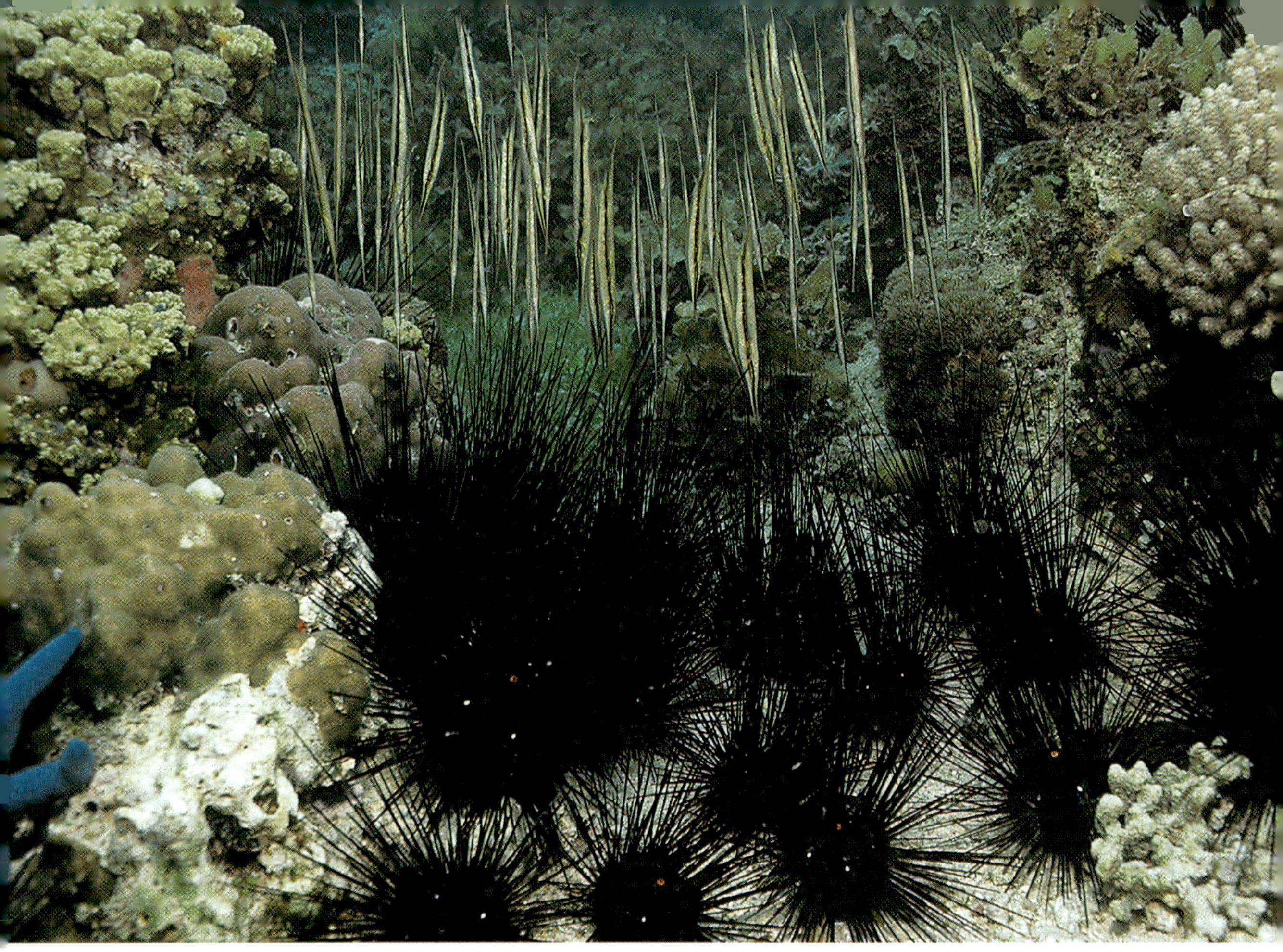
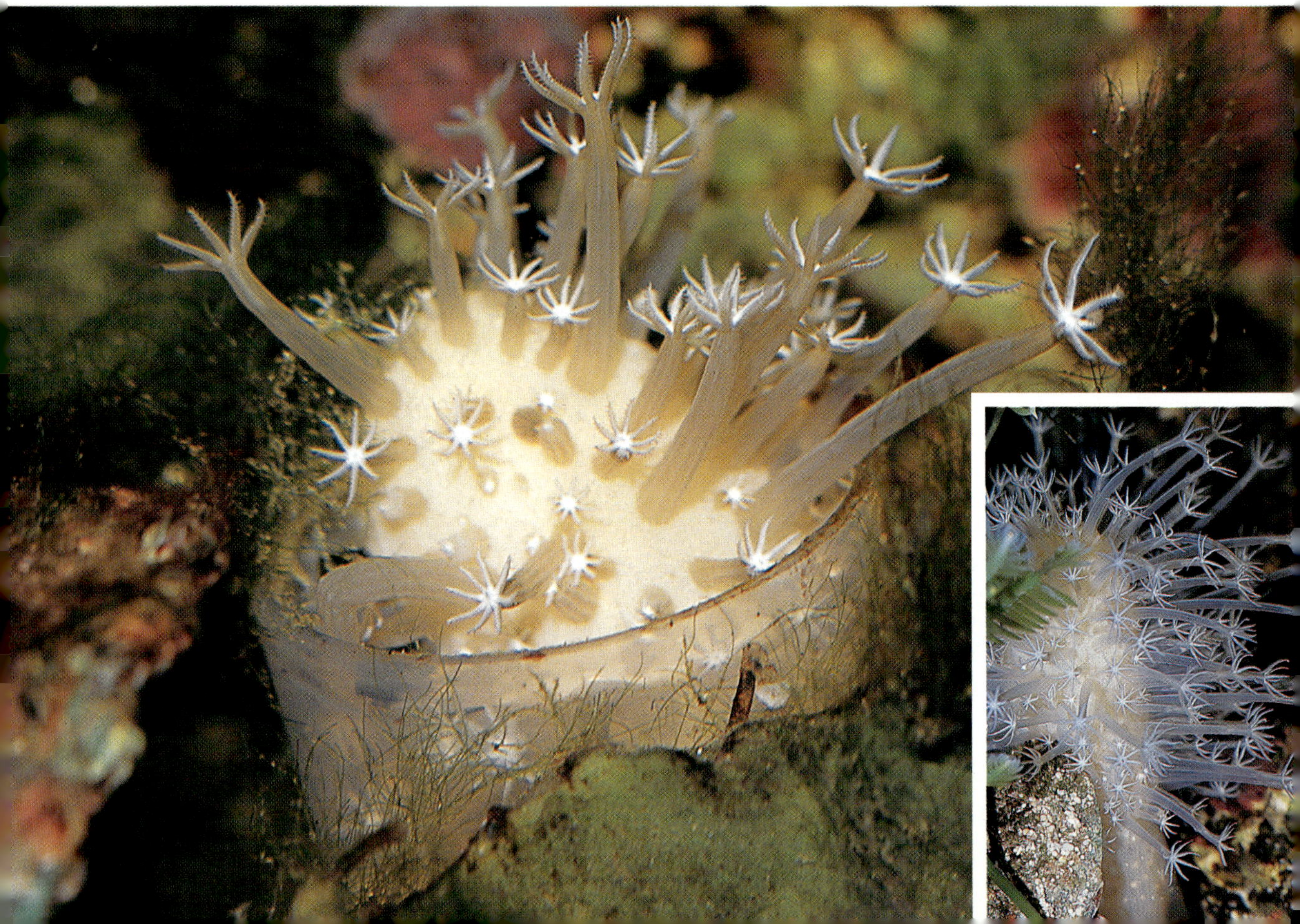

weniger um die Ästhetik als um ein weiches Kissen! Er legte seinen Quadratschädel, soweit ich dies im Höhlendämmer sehen konnte, tatsächlich mittendrauf!

Nun, keiner wird es mir verdenken: Ich habe die Xenien aus seinem Loch herausgestochert und wieder an ihren alten Platz, in Sicherheit gebracht. Und mit einem großen Stein hab ich sie festgeklemmt.

Oder die Begebenheit mit dem kleinen *Chromis*? Auch die ist noch recht frisch. Mein übriggebliebenes Pärchen der *Chromis caeruleus*, also der „Grünen Schwalbenschwänzchen", wurde durch Seegurkenvergiftung zerrissen: Sie überlebte gerade noch, er nicht. Erst Monate später bekam ich einen neuen, allerdings sehr kleinen, kaum drei Zentimeter langen Fisch; sie war immerhin elf Zentimeter lang und hat sich einige Zeit überlegt, ob sie ihn ignorieren oder fressen sollte. Der Kleine hat ihre Entscheidung stark beeinflußt, furchtbar viel gefressen und war gleich auf vier Zentimeter Größe gewachsen, und das war anscheinend genügend „Hemmschwelle" gegen das Gefressenwerden.

Oben: Schnepfenmesserfische, *Aeoliscus strigatus,* nutzen Diademseeigel als lebenden, schützenden Unterstand.
Unten: Eine Seefeder, *Cavernularia obesa.* Standort: Filmdose. Kleines Bild: Hier taucht sie langsam aus dem Sand auf, und nun ist sie voll „erblüht".

Um das Zusammenleben weniger problematisch zu gestalten, wechselte „sie" ihr Geschlecht und wurde zum Männchen. So fiel es ihr offenbar leichter, den Winzling zu dominieren, ohne daß er Schaden nahm. Doch um sich tatsächlich als Weibchen zu verhalten, dazu war der Kleine wohl zu jung. Den aufdringlichen Balzaktivitäten entzog er sich, indem er sich in den Fahnenbarsch-Schwarm einschleuste. Da einer der Fahnenbarsche mit dem großen *Chromis* auf Kriegsfuß stand, ging das gut. Der somit wieder vereinsamte alte *Chromis* litt offensichtlich unter dieser Situation, versuchte, randlich mit den Fahnenbarschen aufzuschließen, und wurde durch die ständigen Attacken des Oberbarsches langsam aber sicher wieder zu einem Weibchen geprügelt. Allein das war schon eine tolle Sache!

Aber es kommt noch besser: Der Mini-*Chromis* wuchs im „Schatten der Fahnenbarsche flott weiter und entpuppte sich sehr bald, mit einer Körperlänge von fünf Zentimeter, als hübscher, draufgängerischer Mann! Er verließ seine Fahnenbarsche immer häufiger, um sich dem „neuen" Weibchen anzuschließen, und zuletzt umwarb er sie sehr temperamentvoll, versuchte, sie in seine Schlafhöhle zu drängeln, und gab sich jedenfalls sehr männlich! Ich habe die beiden damals wohl nur am Rande beobachtet, ich hatte es gerade mit den Fahnenbarschen recht wichtig, mußte einen von ihnen fangen und umsetzen, und als sich die Wogen geglättet hatten, war der Kleine verschwunden. Ich

war richtig geknickt. Das war sicher meine Schuld! Ich hatte den beiden viel zuwenig Zeit gewidmet, vielleicht keimende Aggressionen übersehen wohl auch zu wenig gefüttert, da ich ja die Fahnenbarsche knapp halten mußte (sonst denkt keiner dran, in die Falle zu gehen!), und vielleicht hat nun das Fehlen des aggressivsten Fahnenbarsches wieder ihre Angriffslust geschürt – so etwas kommt ja oft genug vor! Jedenfalls, der Kleine war weg. Sie war wenig bewegungslustig, stand fade herum, und außer regem Interesse an jeder Art von Futter bot sie keine Aktivitäten, die mir gezeigt hätten, daß sie ihn vermißte oder etwa sein Verschwinden begrüßt hätte.

Eine Woche war vergangen. Keine Änderung im Verhalten des *Chromis*. Er war nach wie vor verfressen und sonst langweilig. Beim Beobachten meines Beckens fiel mir auf, daß auf einem besonders schönen, dicht mit gelbem *Parazoanthus* überwuchertem Korallenast in der Mitte alle Polypen geschlossen blieben. Ein Parasit oder ein anderer Grund waren nicht erkennbar. Sonderbar. Ich beschloß, eine Taschenlampenkontrolle bei Dunkelheit vorzunehmen, tat es, und – ein Auge blickte mich an! Und ein zartblauer Kopf schob sich vorsichtig unter dem *Parazoanthus* hervor, verschwand wieder. Damals habe ich mir selbst nicht geglaubt, aber am nächsten Morgen diese Stelle genau ins Auge gefaßt: Tatsächlich klemmte hinter dem Ast, in einer schmalen Spalte,

der verloren geglaubte *Chromis* und bewachte offensichtlich ein Gelege! Und da er, wie ich nun mehr ahnte als sah, ständig von rückwärts an den Stein pickte, wohl, um die Eier zu säubern oder zu befächeln, war eben auf der Vorderseite durch die leichte Erschütterung der *Parazoanthus* verärgert!

Er hat das Gelege elf Tage bewacht. Dann kam er eines Morgens hungrig wieder zum Vorschein. Von den Larven habe ich nichts gesehen, aber wenn ich an meinen bunten Schwarm von Lippfischen oder gar an die beiden Mirakelbarsche denke, dann sollte mich das nicht verwundern. Außerdem, beide *Chromis* turteln und flirten wieder, was das Zeug hält!

Die Seefeder in der Filmdose ist an sich nichts Aufregendes oder Besonderes, doch hat sie sonderbarerweise bei einigen meiner Aquarianerkollegen Furore gemacht, ganz ähnlich wie der Hutständer in meinem Aquarium. Wenn Karl vor meinem Becken sitzt und sein Blick auf das eine oder andere dieser Accessoires fällt, dann sagt er einmal: „Das ist pervers." Ein andermal findet er es affengeil, anfänglich fand er es, wohl aus Höflichkeit, nur „leicht befremdend". Dabei spiegelt es schlicht und einfach mein technisches Unvermögen, das in ständigem Konflikt mit den Bedürfnissen meiner Aquarienbewohner steht, wider.

Die Seefeder kam mit einer Indopazifik-Sendung bei Franz an. Ein ganzer

Strauß dieser zart orange gefärbten, sternchensprühenden Wesen trieb haltlos durch sein Becken. Die Filterung hatte Franz bereits gedrosselt, aber auch der schwache Umtrieb war noch zuviel. Franz steckte sie immer wieder tief in den Sand, aber sobald sie begannen, sich aufzublähen, Wasser zu „inhalieren", schwammen sie sich wieder frei, passiv zwar, aber sehr effizient. Ich wollte eine! Sie gefielen mir so gut, und ich malte mir schon aus, wohin ich sie plazieren wollte. Da würde sie wohl bleiben, dafür wollte ich sorgen! Franz sagte, es würde nicht einfach sein, sie stationär zu halten, er hatte sich offenbar schon zwei Tage mit ihnen herumgeplagt. Sie sollte in einer festen Röhre stehen, aber auf Sand-Unterlage. Die Röhre fertigen sie vielleicht selbst an, mit Schleim und Sand, ähnlich wie es Zylinderrosen tun.

Sie tat es nicht! Sie trieb genauso wie bei Franz nach kurzer Zeit hoch, ganz gleich, ob ich sie festkeilte oder locker eingrub, einmal in die Strömung, dann in den Strömungsschatten schob. Nichts zu machen. Oder doch? Jetzt kommt die Filmdose, eine transparente aus Plastik, eben eines der üblichen Filmröhrchen.

Wenn sie eine feste Röhre will, bitte, das kann sie haben. Also: Die Filmdose unten abgeschnitten, tief in den Sand gesteckt, die beleidigte Seefeder hinein, so tief, daß kaum mehr etwas von ihr zu sehen war. Den Achsenstab, das einzig Feste an ihr, fühlte ich zwischen meinen Fingern, ich ging sehr sanft mit ihr um!

Seither wohnt die Seefeder in der Filmdose! Sie erscheint pünktlich 10 bis 14 Minuten nach dem Einschalten der Beleuchtung, und sie verschwindet genau 19 bis 22 Minuten vor dem Abschalten. Seit nunmehr zwei Jahren und sieben Monaten! Wenn sie alle Sternchen voll ausfährt, verdeckt sie gnädig den furchtbar häßlichen Plastikrand, der, von Schmieralgen überzogen, etwa zwei Zentimeter aus dem Sand ragt. An den rühre ich nicht mehr, denn einmal hab ich versucht, ihn unter den Sand zu drücken: Vier Tage kam sie nicht zum Vorschein, und auch dann war sie schwer beleidigt, fraß kaum und hielt sich nur zwei Stunden im „Freien" auf.

Ganz ähnlich war es mit der Lederkoralle und dem Hutständer aus Plexiglas: Franz hat gesagt: „Du mußt sie möglichst hell und gut in die Strömung stellen!" Am Boden war aber alles „besetzt", und mit der Strömung haperte es damals auch noch.

Der Hutständer war schlechthin die Ideallösung; mit ihm schob ich die Koralle so lange durch die Gegend, bis sie durch volles Öffnen all ihrer Tentakelkrönchen mir ihre Zufriedenheit kundtat. Da blieb sie, bis heute. Sie kann gar nicht mehr weg, denn sie hat den Hutständer teilweise umwachsen – aber eben nur teilweise. Man kann ihn, leider, noch gut erkennen!

Aquarien-Bonsai

Seit ich im Südchinesischen Meer geschwommen bin, weiß ich, daß wir in unseren Meerwasser-Aquarien eine Art von Bonsai-Kultur betreiben.

Das kam so: der internationale Ethologen-Kongreß fand 1991 in Kyoto statt. 2000 Verhaltensforscher auf engem Raum, so etwas ist sogar in Japan ein bißchen beklemmend! Um so schöner, daß anschließend ein marinbiologisch-ethologischer Workshop auf Okinawa angeboten wurde. Ich habe mich natürlich sofort gemeldet und war dann schrecklich enttäuscht, als es hieß, er käme nicht zustande, da ich die einzige Teilnehmerin sei! Keiner der Kollegen ließ sich dazu überreden; alle wollten entweder zum Affenberg, wo Rotgesicht-Makaken in Thermalquellen schwimmen, oder möglichst rasch heimwärts. Doch der überwältigend freundliche Fisch-Professor hatte offenbar Mitleid mit mir und organisierte für mich allein Flug und Stationsaufenthalt! Ein Erlebnis sondergleichen, das schon damit begann, daß ich im Domestic Airport von Kyoto nicht einmal die An- und Abflugzeiten lesen konnte. Bisher war ich der Ansicht gewesen, daß Japaner, so wie wir, das arabische Zahlensystem benutzen, wie peinlich! Daß ich überhaupt nach Okinawa kam, grenzt an ein Wunder und ist sicher auf die Hilfsbereitschaft und das Intuitionsvermögen der Japaner zurückzuführen. Denn ich habe nichts und niemanden verstanden!

Der ethologische Unterwasserkurs war etwas mager: Flinke japanische Studenten setzten Anemonen in verschiedene abgegrenzte Felder und testeten Anemonenfische auf ihr Rückfindevermögen. Die Versuchsanordnungen waren recht abstrakt, trugen dem Normalverhalten der Anemonenfische wenig Rechnung, und die Ergebnisse entsprachen sicher nicht natürlichen Verhältnissen, sondern eher dem, was sich die Studenten darunter vorstellten! Dennoch, oder vielleicht gerade deshalb, gab es sehr lebhafte und lustige Diskussionen. Unglaublich, mit wie wenigen englischen Worten man auch schwierige Themen bewältigen kann!

Nun wollte ich eigentlich nicht weitere fünf Tage nur Anemonenfische beobachten, die gegen den oder im Uhrzeigersinn Anemonen umkreisen, denn mich interessierte brennend dieses Meer!

Meine japanischen Kollegen berieten und improvisierten. Und in kürzester Zeit fand ich mich auf einem Tauch-Lehrschiff für niedrigsemestrige Studenten wieder! Denn jeder Student, auch wenn er nur im knietiefen Wasser Anemonen kitzelt, muß einen Tauchkurs absolvieren. Ich fand das großartig!

Die nächsten Tage waren dann entsprechend ereignisreich. Zwar paßte ich in keinen Taucheranzug, die sprachlichen Barrieren waren unüberwindbar, und die Verständigung geschah nur mit Handzeichen, aber sie funktionierte! Ich durfte also mitschwimmen, mitschnor-

130

cheln. Anfangs überwachten mich vier Tauchlehrer sehr argwöhnisch, ließen mich nur an seichten Untiefen von Bord gehen, aber ich konnte sie von meiner Schwimmtüchtigkeit einigermaßen überzeugen, und zuletzt war ich regelrecht fischfrei! Während die acht Tauchschüler (man höre und staune: die acht Studenten wurden rund um die Uhr von vier Tauchlehrern sehr intensiv betreut!) an bestimmten, gekennzeichneten Korallenpfeilern inmitten gewaltiger, brodelnder Luftkaskaden ab- und auftauchten und auf den Sandzonen ihren Lehrern im Gänsemarsch folgten, konnte ich tun, was ich wollte. Ich durfte nur nicht das Hupsignal für die Rückkehr überhören und mich nicht zu weit absetzen, um die Tauchzeichen nicht aus den Augen zu verlieren. Da aber das Meer meist spiegelglatt und unser Schiff weit und breit das einzige war, ging das phantastisch. Drei lange Tage hielten wir uns in Sichtweite einer ganz kleinen Insel südwestlich von Oragowa auf; ich erfuhr erst, als wir wieder im Institut waren, daß es eine Friedhofsinsel war. Die sonderbaren, weißen Steinbögen und die Menschenleere auf dieser wunderschönen Insel konnte ich mir nicht erklären, und mit der Verständigung war es ja nicht allzuweit her!

Die Unterwasserlandschaft war überwältigend. Während ich bewunderte und beobachtete, kämpfte ich immer mit einem Gefühl der Beklemmung: nämlich, daß es eigentlich viel zu früh für mich sei, mit soviel Schönheit, Vielfalt, ja, mit einem solchen Überfluß an allen erdenklichen Fischen und Wirbellosen konfrontiert zu werden. Ich hatte einfach Angst davor, daß ich mich nie wieder so begeistern können würde!

Jetzt, Jahre später, stelle ich beruhigt fest, daß es nicht so schlimm kam, aber an jene fünf japanischen Unterwassertage, an die Friedhofsinsel, erinnere ich mich wie an einen unwahrscheinlich schönen, unwirklich entrückten Traum.

Es war eine Unterwasserlandschaft der Superlative: Alles war im Überfluß vorhanden. Nicht nur einem Röhrenmaul-Pinzettfisch begegnete ich, sondern immer dreien gleichzeitig, und das alle zwanzig Meter! Gelbe Flötenfische ritten auf großen gestreiften Barben, grellgrüne Papageienfische weideten in dichtem Pulk über die Korallen, zusammen mit den unwahrscheinlichsten, buntesten Lippfischen! Endlich einmal sah ich freilebende Mandarinfische im ganz seichten, ufernahen Algengewirr, kaum erkennbar in ihren verfließenden Farben. Am häufigsten traf ich sie an den Kanten und in eigenartigen, regelmäßig halbrunden Vertiefungen großer, flacher Blöcke. Offenbar waren dies versunkene Grabstätten! Riesenmuscheln in Purpurrot, Lila, Tiefblau mit hellgrünen Randlinien! Und dicke, mit Tang und kleinen Anemonen bewachsene Seespinnen, weißblau getüpfelte, riesige Garnelen und, das Überwältigendste: Weichkorallen! Lederkorallen! Riesig! Tischgroß, teppichgroß, kaum überblickbar, vielleicht zehn Meter oder

mehr im Durchmesser: Ein einziger Tierstock! Verschiedenste Arten von Sarcophytum und Lobophytum, von Sinularia, dazwischen bunt eingepaßt rundliche Polster tiefgrüner Krustenanemonen, blaugrün und rot irisierende Scheibenanemonen, als grelle Farbtupfer gelbe und orangefarbene, großpolypige Steinkorallen, Tubastrea, die sonst immer nur in dunklen Höhlen gedeihen; hier blühten und leuchteten sie im hell durchstrahlten Flachwasser! Eine Farbenvielfalt, wie sie nicht einmal Gustav Klimt hätte ersinnen können.

Doch das Beeindruckendste waren und blieben für mich die überdimensionierten Lederkorallen, in regelloser Abfolge einmal voll erblüht in einer flutenden Wolke zartgrüner, weißer, schwefelgelber oder rosa-bräunlicher Tentakel, dann wieder kahle, nacktglänzende Gebilde, wie moderne Sitzgarnituren mit geschwungenen, hochgezogenen Lehnen. Dann wirkten sie sogar noch riesiger.

Ab und zu kam mir eine dieser Formen sonderbar bekannt vor: *Sinularia macropodia*? Oder *Lobophytum crassum*? Oder *Sarcophytum lobulatum*? Ich hätte meinen Feldstecher, aber verkehrt herum, benötigt, der das Bild ganz weit entfernt, winzig, in sich gekrümmt und zusammengezogen wiedergibt. Dann hätte ich wohl einige meiner Pfleglinge, die zu Hause die Aquarien bevölkern, wiedererkannt. So aber zappelte ich wie eine Fliege zwei Meter über ihnen, und es waren Geschöpfe aus einer Riesenwelt!

Als ich dann wieder zu Hause war, konnte ich einige Tage nur mit Mühe meine gehätschelten Weich- und Lederkorallen betrachten. Sie kamen mir wie arme, saftleere Krüppel, wie Kümmerformen vor. Doch die Zeit entschärft Erinnerungen und verwischt die Dimensionen letztlich doch. Gott sei Dank. Seien wir also froh , daß wir die Haltungsmethoden einigermaßen beherrschen, daß zumindest die äußere Form unserer verzwergten Aquariengeschöpfe stimmt!

Karl hat gesagt: „Jetzt hab dich doch nicht so: Schließlich fängt auch im Meer jede Lederkoralle einmal winzig an. Wir haben halt lauter Jungtiere im Becken! Es ist wie bei den meisten Fischen!"

Bei den Fischen versuche ich aber, das Problem einigermaßen zu steuern. Ich weiß, wie groß wer wann werden wird, ich setze mir keine jungen Riesen ins Becken! Nun aber weiß ich auch, wie groß meine Lederkorallen werden können! Ein Alptraum, mir vorzustellen, sie begännen zu wachsen, sich auszudehnen, vielleicht über Nacht. Das ganze Zimmer, die ganze Wohnung eine einzige Lederkoralle!

Franz hat die Dinge dann, praktisch wie er ist, ins rechte Lot gerückt: „Schau doch, wir machen eben Bonsai. Wenn du in einer Baumschule eine junge Buche oder eine Kiefer kaufst, dann geht die recht billig her. Aber geh doch zur Gärtnerei nebenan und besorg dir dasselbe im Bonsai-Format: Du zahlst dich blöd!" Wie recht er hat!

132

Intelligenz und Lernvermögen

Bekommen Aquarienfische von dem, was hinter ihrer Glaswand vorgeht, etwas mit? Wenn man so seine Geschuppten ansieht, und die ihrerseits schauen einen an, da besteht kein Zweifel! Vielleicht taxieren sie „nur", ob es etwas Freßbares gibt.

Jeder Aquarianer aber kennt solche peinlichen Situationen, etwa, daß der Fisch, den man voll Stolz vorzeigen wollte, absolut nicht anwesend sein will. Der huscht irgendwo von Höhle zu Höhle, riskiert ab und zu einen vorsichtigen Blick aus einer Spalte, aber es muß schon Manna vom Himmel regnen, bevor er sich in ganzer Größe zeigt. Oder: Die Nachbarskinder kommen zu Besuch, und im ganzen Becken ist kein Fisch zu sehen! Oder: Ein lieber, aber aquarienfremder Besuch zeigt mit „nacktem" Finger auf einen besonders Schönen – weg ist er! Denn er läßt sich eben nicht von jedem . . . Oder man will einen bestimmten Fisch fangen, der sonst, wenn es nicht ihm gegolten hat, ständig in der Falle saß und den Köder gefressen hat – haha! Oder ein ganz anderer Aspekt: Die Putzer flippen förmlich aus, wenn ich einen blauen Pullover trage. Und der Gelbe, mein *Zebrasoma*, haßt gelbe Blusen (ich auch!). Auf dieser Basis baut jeder von uns Beziehungen zu seinen Fischen auf.

Manche Gattungen, Arten nehmen wenig oder kaum Anteil an dem, was vor der Scheibe passiert. Grundeln zum Beispiel, aber längst nicht alle. Seepferdchen? Wenn ich es genau betrachte, gibt es sogar individuelle Unterschiede. Nun kommen wir schon zum Persönlichen, und das will ich eigentlich nicht.

Wie intelligent sind unsere Fische?

Ist ein „Fisch" intelligent? Was heißt das überhaupt: Intelligent? Vor allem in bezug auf eine Tierordnung, die, wie wir glauben, uns völlig fremd ist, fern steht, keine Kommunikationsmöglichkeit außer einer gewissen Futterzahmheit besteht. So zu urteilen, ist jedenfalls unrichtig. Und wenn wir sagen, daß ein Kaiserfisch intelligenter als eine Seenadel ist, so ist schon Vorsicht geboten, denn wir vermenschlichen bereits unzulässig, da uns Kaiserfisch-Reaktionen in Verbindung mit Glupschaugen und vorgeschobenem Schnäuzchen eben „ansprechen"! Grundsätzlich müssen wir immer bedenken, daß jede Tierart genauso intelligent ist, wie sie sein muß, sein kann oder darf, um zu überleben. Dennoch gibt es Unterschiede bei unseren Fischen, und es sind

genau die, die wir quer durchs Tierreich finden: Je weniger „angepaßt" eine Art ist, um so mehr „muß" sie lernfähig sein, da sie auf wechselhafte Umweltvorgänge reagieren muß. Also haben wir schon einmal Interpretationsschwierigkeiten bei Spezialisten, man denke etwa an Schnepfenmesserfischchen, die fast immer im Seeigel stecken, oder die röhrenmäuligen Nahrungsspezialisten, wie *Forcipiger*, auch *Chelmon*. Für sie dreht sich letztlich die Welt um bestimmte Würmchen, Korallen, Polypen. Ganz paßt da unser Kaiserfisch-Beispiel nicht hinein, denn gerade Kaiserfische sind extreme Nahrungsspezialisten, die oft nur von einer einzigen Schwammart leben... Doch kommt hier ein weiterer Faktor hinzu, und der betrifft in gewissem Ausmaß alle Korallenfische.

Intelligenz, also Lernvermögen und die damit verbundene Fähigkeit, Umweltsituationen entsprechend zu meistern, ist Organismen vorbehalten, die alt werden können, und die in einer zwar abwechslungsreichen, aber, im Gesamten gesehen, sehr stabilen Umwelt leben. So etwas träfe bei Primaten, also bei allen großen Affenarten des Regenwaldes, auch bei manchen Reptilien zu. Und es gilt in vollem Umfang für Korallenfische! Denn fast alle, und besonders die großwüchsigen unter ihnen, werden „steinalt". Kaiserfische können locker 50 und mehr Jahre auf dem Buckel haben, und vielen Hochseerecken sieht man schon am Aufwuchs an, daß sie nicht von gestern sind! Um auf die

Korallenfische einzugehen: Sie werden also erst einmal alt. Dann leben sie in einer reiz-vollen Umgebung, das meine ich wörtlich: Sie sind ja umgeben von einer ungeheuren Fülle verschiedenster Organismen, mit denen sie sich auseinanderzusetzen haben! Dies ist im positiven wie im negativen Sinn. Und, Korallenriffe sind eine uralte, stabile Lebensgemeinschaft. Da ist auf der einen Seite jede Menge Zeit für Spezialistentum und die Entwicklung raffinierter Anpassungen, auf der anderen Seite jedoch viel, viel Zeit, um zu lernen. Korallenfische haben, je nach ihrem angeborenen Programm, einmal mehr in „Lernen", einmal mehr in „Anpassung" investiert. Aufgrund dieser stabilen Umweltverhältnisse können sie es sich „leisten", so enge lebenslange Partnerschaften einzugehen, daß bei Partnerverlust kaum eine Umpaarung möglich ist. Daß monatelang getrennte Fische sich sofort wiedererkennen, das läßt sich auch in unseren Aquarien feststellen!

Das, was wir an Intelligenz in unseren Fischen zu erkennen glauben, ist nur ein Bruchteil dessen, was sie tatsächlich können. Und wenn uns ein Fisch „dumm" erscheint, so haben wir ihn nur „dumm" gefragt. Wollen wir also ergründen, wie es um die IQs unserer Fische bestellt ist, so müssen wir zuallererst ganz genau Bescheid über sie, über jede einzelne Art, wissen. Das ist schwer genug! Aber erst dann können wir richtig fragen und haben die Chance, sie vielleicht zu verstehen.

Manchmal will ich es mir einfach machen und schaue meinen Fischen nur zu: Im „Großen" Becken habe ich diesen häßlichen Raumteiler, eine ständig veralgte, gelochte Plexiglaswand. Oben hat sie breite Schlitze, die es auch den Größten erlauben, hindurch zu schwimmen. Die Löcher sind für die Kleinen. Nun gibt es Fischchen, die sogleich und ohne Zögern durch ein solches Loch schwimmen. Manche schießen geradezu hindurch. Andere dagegen stehen vor der Wand und reiben mit der Nase entlang, bis sie, anscheinend zufällig, die Öffnung ertasten. Sind die nun dümmer? Sofort haben es alle jene heraus, die es gewohnt sind, durch enge Spalten zu schlüpfen, die also extrem manövrierfähig sind. Aber „Geröllfeld"- oder Schlammflächenbewohner mit einer Wohnhöhle, wie Schläfergrundeln und auch Partnergrundeln (die sonst aber sehr gewitzte Kerle sind!), haben große Schwierigkeiten. Sie müssen erst ausprobieren, wo die „Flachen" es schlafwandlerisch sicher schaffen. Nun, die „Flachen", also zum Beispiel Kaiser- und Falterfische, auch Lippfische, arbeiten ganz extrem genau mit ihrem Strömungsanzeiger, dem druckempfindlichen Seitenliniensystem, das ihnen auf Bruchteile von Millimetern sagt, wo sie noch hindurch schlüpfen können. Müßten sie dies im Riff lange versuchen, wären sie längst ausgestorben. Aber auch die Fische, die sich mit dieser Übung schwertun, lernen es sehr bald, können es dann so perfekt wie die Naturtalente. Nur: Wenn es „brennt",

wenn sie also schnell einem Angreifer ausweichen, oder einen begehrten Happen erlangen wollen, dann ist Mattscheibe; sie sind wieder so unbeholfen wie zuvor.

Ein krasses, besonders anschauliches Beispiel dafür sind zwei Schleimfischarten: Der elegante Schwimmer, der Leierschwanz-Säbelzahn, *Meiacanthus mossambicus*, muß es mühsam lernen, aber der dicke, eher behäbige Braune Felsenhüpfer, *Salarias fasciatus*, schießt so schnell durch die Öffnung, daß man ihm kaum mit den Augen folgen kann! Ein bißchen besser „kann" es ein anderer Säbelzahn, *Enchelyurus flavipes*, der kleine Schwarz-Gelbe, aber der schwimmt auch längst nicht so häufig frei wie alle *Meiacanthus*-Arten, sondern bewegt sich bodennah, ähnlich wie *Salarias*.

Natürlich sagt all das wenig darüber aus, warum bei zwei Fischen derselben Art oft große individuelle Unterschiede bestehen; so kann der eine rasch an ein bestimmtes Ersatzfutter gehen, ein anderer dagegen kapiert es absolut nicht. Hier können frühere Erfahrung, Alter, aber auch die Gesamtkonstitution des Fisches Ursache sein. Ein schwacher, kranker Fisch benimmt sich auf jeden Fall „dumm", denn sein angeborenes Verhalten, das er zum Überleben einsetzt, paßt nicht in die künstliche Situation eines Aquariums und macht ihn lernunfähig. Er streßt sich buchstäblich zu Tode. Dasselbe geschieht, wenn ein

Fisch einen anderen umbringt. Der, der tötet, hat ein Rivalen- oder Feindbild vor Augen, das ihm im Freiwasser entweder nie begegnet oder rechtzeitig ausweicht. Der, der dann auf der Strecke bleibt, hat keine Chancen. Sein angeborenes Verhalten sagt ihm, daß es eine solche Situation nicht gibt, also versteckt er sich. Das nützt ihm nichts, also flüchtet er. Und da auch das nichts nützt, stirbt auch er einen Streßtod. Er stirbt nicht, weil er dumm ist, sondern weil wir aus Unverständnis ihn mit einer falschen Situation konfrontiert haben ...

Ob und wie intelligent unsere Fische sind, erfahren wir, lernen wir am besten, wenn wir sie beobachten. Man erhält dann viel mehr Antworten, als einem Fragen, dumme wie gescheite, einfallen!

Der Palettendoktor, der rot sah

Franz hat einen „übriggebliebenen" Palettendoktor, ein schon recht großer Fisch. Als er ankam, sah er gräßlich aus: Pünktchen über Pünktchen, Grauschleier, trübe Augen und zerschlissene Flossensäume. Franz hat ihn einigermaßen hingekriegt. Er ist noch immer keine Schönheit, mit den eingefallenen Flanken irrt er seine stereotypen Runden durch das viel zu kleine Becken. Fast drei Monate lang fällt er mir in die Augen, wenn ich meine wöchentliche Futter-Einkaufstour zu Franz mache.

Das ist wohl auch der Grund, weshalb ich ihm mehr Interesse zukommen lasse, als es sonst der Fall wäre: Palettendoktoren sind zwar im Freiwasser jene Begegnungen, bei denen ich verzückt den Atem anhalte, weil ihre knalligen Farben eben so phantastisch zur Weite und Vielfalt des Riffes „passen". Aber im Aquarium ist es mir fast zuviel des Guten. Ganz winzige, pfenniggroße, ja. Aber gerade solche sollte man sein lassen, dann nämlich, wenn man weiß, daß sie 30 Zentimeter lang werden. Ich habe ja geschworen, nie einen Fisch zu halten, der aus meinem Becken herauswachsen könnte. Der da ist nun schon gute zehn Zentimeter lang, besser: ausgemergelte. Er schaut leicht irr drein. Er tut mir leid. Auch Franz tut er leid, er hält seine Lehrmädchen an, ihn fünfmal am Tag zu füttern, damit aus ihm noch etwas werde. Franz mag – verständlicherweise! – keine Ladenhüter.

Der Große Blaue lebt nicht ganz allein im Becken; er teilt es mit einem wohlgenährten, ebenfalls recht großen Husarenfisch, einem prächtigen, rotgestreiften, großäugigen Kerl. Der sitzt zwar, wie es Husarenart ist, meist unter einem Stein, aber er piesackt den Blauen, wo immer er kann. Der Blaue möchte sich wehren, dreht sich breitseits und zeigt seine Waffen, aber das nützt wenig: Der Rotgestreifte sitzt unangreifbar, gut geschützt durch den großen Block. So geht es offenbar den ganzen Tag.

136

Ab und zu bringe ich meinen Überschuß an *Caulerpa* zu Franz. Nun kommt uns der Gedanke, die mit reichlich Fadenalgen behafteten Triebe den beiden anzubieten, und siehe da, der Blaue fällt wie eine ausgehungerte Kuh über die neue Kost her! Sogleich wird er mir sympathischer. Dieser Vorgang wiederholt sich einige Male, und der Blaue steigt in meiner Achtung, um so mehr, als sich in meinem großen neuen Becken allerorts Fadenalgen breitmachen. Einige Tage noch kämpfe ich mit mir (der Blaue dürfte sogar 30 Zentimeter lang werden, es könnte gerade ausreichen...). Und außerdem ist er gar nicht sonderlich blau, eher vornehm blaugrau, und auch sein Schwanz ist längst nicht so gelb wie im Freiwasser. Vielleicht würde er bei mir auch so brav Fadenalgen weiden?

Wenn ich erst einmal beginne, mich selbst von der Richtigkeit solcher Überlegungen zu überzeugen, dann habe ich mich meist schon überredet, und alles andere ist reine Alibihandlung, den Blauen nehme ich also mit.

Franz war zwar nicht so ganz einverstanden, sagte: „Wenn er viele Pünktchen bekommt, dann bring ihn halt wieder her." Und: „Ein bißchen zugenommen hat er ja auch...", aber das sagt er eher skeptisch, mehr als Frage. Er hat nämlich überhaupt nicht zugenommen. Er ist ein klapperdürres Fischgerippe! Und er hat überall Pünktchen, das sehe ich zu Hause, wo er in Augenhöhe schwimmt, überdeutlich, sobald er sich zum Licht dreht.

Aber er weidet Algen, und er blüht in kürzester Zeit auf! Natürlich mag er auch Tiefgefrorenes, und das trotzt er zunehmend selbstbewußter den *A. clarkii* ab. Eine Schlafhöhle hat er sich bald erobert, die Garnelen daraus vertrieben und dem *Ecsenius* klargemacht, daß er der Herr zumindest dieser Höhle und angrenzender Felspartien, inklusive Schlafloch von *Ecsenius*, ist. Das konnte heiter werden.

Es kam aber noch viel unglaublicher: Kaum, daß er sich einigermaßen wie zu Hause fühlte, attackierte er mit wildem Grimm zuerst die Schwertgrundel, bis sie im Untergrund verschwand und dort blieb, und anschließend den Büschelbarsch! Ausgerechnet diesen sessilen, schwimmunlustigen und insgesamt eher friedlichen Burschen! Der wußte überhaupt nicht, wie ihm geschah, von allen seinen Lieblings-Sitzwarten rammte ihn der Blaue weg, benutzte dabei zwar nicht sein Stilett, aber er drohte damit. Für den Büschelbarsch begann ein absolut unwürdiges geducktes Bodendasein; er kroch unter *Caulerpa* und *Sarcophytum* und wagte schon gar nicht, seine Büschelchen oder sonst etwas aufzurichten. Wenn er sich ganz unsichtbar machte, ging ihn der Blaue sogar suchen! Bald begann er, den LSD-Fischen, besonders dem farbenprächtigeren Mann, zu drohen. Zwar wirkte es nicht sehr ernst, eher komisch, wenn der große, flache Blaue versuchte, dem Winzling mit seitlichen Schwanzschlägen und Flankenparade zu imponieren.

Der LSD nahm auch die Attacken entweder gar nicht wahr, oder er bezog sie nicht auf sich und machte einfach weiter, als ob nichts wäre, und ließ den Großen „stehen".

Langsam machte ich mir Sorgen und Gedanken um die Psyche des Neuen. Vor allem verstand ich einfach nicht die Wahl seiner Streitpartner. Denn eine der Primärforderungen für das Zustandekommen artüberschreitender Aggressionen ist, laut Literatur jedenfalls, daß sich die Kontrahenten wenigstens ähnlich sehen. Und da haperte es gewaltig! Offenbar hatte er in seinem vorerst so beengten Dasein doch einen psychischen Knacks davongetragen; so etwas kommt ja zumindest bei Säugern und Vögeln vor.

Dann, auf einmal, sprang es mich an: Natürlich! Er sah schlicht und einfach „Rot"! Er hatte ganz einfach den aufsässigen Husaren nicht vergessen. Alles, was auch nur andeutungsweise rot war, regte ihn auf. Jetzt verstand ich auch, weshalb er auf den *Ecsenius* losging, vor allem angesichts seiner orangeroten Schwanzflosse. Es paßte, denn kaum schwänzelte *Ecsenius* in eine seiner Höhlen und verbarg seine Schwanzflosse, war Friede. Also konnte ich einer relativ düsteren, sprich vom Farbenspektrum her eingeschränkten, Aquarien-Zukunft entgegenblicken!

Nun, es kam nicht ganz so schlimm. Fische vergessen offenbar, wie wir Menschen, angetanes Leid rascher als Erfreuliches. Je rundlicher sein Bäuchlein

wurde, je samtblauer seine Flanken aufleuchteten, um so freundlich-nachsichtiger wurde er. Die Grundel durfte wieder im Strudel der Strömung stehen, der Büschelbarsch konnte wieder hoch hinaus, allerdings: Bis er wieder seine leuchtendrot gepunktete Rückenflosse aufrichten durfte, vergingen noch Tage. Den LSD-Fisch hat er bald vergessen, und gegen die wehende Schwanzflosse des *Ecsenius* nichts mehr einzuwenden. Er ist friedlich und unaussprechlich bunt geworden. Blau, daß es blauer nicht mehr geht, tiefschwarz das Palettenmuster, und der vorerst fast farblos blasse Schwanz leuchtete im grellsten Gelb! Mein „großes" Becken aber ist groß genug, um diesen unbändigen Farbklecks zu verkraften. Er ist wunderschön! Und: Er weidet immer noch Fadenalgen!

Der Snob-Fisch

Vielleicht sollte ich richtiger sagen: Der Fisch fürs versnobte Aquarium? Vermutlich! Doch will ich natürlich nicht wahrhaben, daß ich mittlerweile auch unter die Snobs gegangen bin. Nun, Sie kennen ihn – natürlich – alle, den Fisch, um den es geht: Er ziert jede der bunten, schönen Abbildungen in den diversen Lust- und Fachbüchern gehobener Salzwasser-Aquaristik, die möglichst gut zusammengestellte, harmonische Korallenriff-Ausschnitte zeigen. *Zebrasoma flavescens* ist es! Der Dotterblumengelbe mit der leicht aufgeworfenen

Schnauze, der, der immer ein bißchen vorwurfsvoll dreinschaut, so besonders betont langsam schwimmt und dabei alles, was er rund um sich an Flossenpracht hat, herzeigt. Inzwischen bin ich daraufgekommen, daß er sich nur dann so richtig präsentiert, wenn er sich über einen anderen ärgert – was er oft genug tut! – oder wenn es ihn juckt und er geputzt werden will. Manchmal auch, wenn er in einer dunklen, nicht veralgten Aquarienscheibe sein Spiegelbild entdeckt. Aber das ist ja wieder Grund genug zum Ärgern ... Er war für mich schon immer eine Art „Reizfisch", auch ohne das Drum-herum-Riff.

Nun, ich gebe es zu, paßt dieses Über-Gelb ganz besonders gut in die grünblaue Landschaft, macht sie erst richtig rund und voll, so wie auf- oder untergehende Sonne über Meer oder Burg oder ähnlichem. *Zebrasoma*, der Gelbe Segelflosser, ist aber nicht kitschig. Er ist ein Fisch-Traum im reinsten Gelb. Nur ein etwas schwieriger Charakter, wie das ja öfter bei Schönheiten zutrifft.

Vermutlich ist es anders, wenn er tatsächlich, wie bei Wilkens gefordert, tun kann, wie er „möchte", denn: „Er liebt es, als einziger größerer Fisch im ... Becken herumzuschwimmen ..." Bei mir hat er es nicht ganz leicht: Ihm sitzt die böse „Alte" im Nacken, die Clarks-Clown-Frau mit einer knallgelben Schwanzflosse, und dann hat er noch den verflixten Büschelbarsch, der neugierig-zudringlich ist und ihm zudem seine blitzgelben Büschelchen

bei jeder Gelegenheit unter die vornehme Schnauze hält! Und die alle mag er tatsächlich nicht.

Aber er taxiert gekonnt: Der „Alten" weicht er, sofern er kann, aus. Sonst tut er so, als sähe er sie nicht (im Ornithologen-Jargon hieße das „wegsehen"), mit dem Blauen sucht er Händel, droht in ganzer Pracht und breitseits. Der Blaue droht zurück, manchmal gibt es dann ein farbensprühendes Karussell, das zwar sehr elegant aussieht, aber zumindest der Gelbe hat dabei seine Stilette ausgefahren. Der Blaue hält sich (warum eigentlich?) zurück. Vielleicht ist er vornehmerer Denkungsart? Vielleicht fürchtet er sich? Mir ist lieber, wenn ich das nie erfahren muß; ich nehme die Tatsache erleichtert hin. Beim Büschelbarsch fährt er nichts aus. Den schwimmt er einfach nieder, wenn er nicht weicht, tut dann ebenfalls so, als sähe er ihn nicht, aber unter völlig anderen Prämissen als bei der „Alten"! Das gefällt mir!

Der Gelbe ist, welche seltene Kombination, tatsächlich nicht nur schön, sondern auch klug, vielleicht auch nur schlau, immerhin! Ein bißchen tut es mir leid, daß ich den Gelben Segelflosser nie im Riff beobachtet habe; die Inselwelt Hawaii's kenne ich nicht. Vielleicht könnte ich ihn sonst besser verstehen, denn er ist tatsächlich der Einzige in der bunten Schar, der da so ganz „fremd" ist.

Andererseits gibt es spannende Episoden, die wohl deshalb zustande kommen, weil nicht nur er und ich uns fremd sind, sondern weil er einige meiner Fische ebenfalls nicht „kennt", also in seinem angeborenen Verhaltensrepertoire keinen „Begegnungskodex" gespeichert hat.

Zum Beispiel ist ihm wohl der Putzer, der *Labroides*, gut bekannt. Aber er abstrahiert, tendiert angesichts der LSD-Fische und der Säbelzahnschleimfische ebenfalls in Richtung „Putzer"! Es sieht geradezu beängstigend aus, wenn er sich hingebungsvoll dem kleinen, schwarzen, beißwütigen Wüstling anbietet, und der schwänzelt mit weit aufgerissenem Rachen, gefletschten Hauern vor seinen gelben Flanken auf und ab und würde ihn vermutlich auch zwicken, wenn er etwas fände, wo hinein sich zwicken ließe. Aber die pralle gelbe Schuppenwand vor seiner Schnauze läßt ihn abgleiten. Ich vermute auch, daß er gar nicht ernsthaft beißen will, vielleicht imponiert er nur, und der Gelbe merkt es nicht einmal!

Mit den LSD-Fischchen hat er auch kein Glück, die verziehen sich rasch. Allerdings stört er ihr abendliches Liebesgeflüster regelmäßig und gröblich: Er mißversteht nämlich das Balzhüpfen der beiden, drängt sich dann jedesmal energisch dazwischen und rechnet fest damit, nun endlich geputzt zu werden! Dabei trennt er jedoch die zwei Liebesleute; sie flüchtet, und der LSD-Mann rast dann wie ein Wilder kreuz und quer durchs Becken, weil er offenbar befürchtet, daß seine Frau ohne ihn zu laichen beginnt – furchtbar! Bisher haben sich die zwei Kleinen aber noch immer rechtzeitig gefunden. Also müssen in seiner Heimat noch andere Putzer am Werk sein, und die müssen sich anders verhalten, wenn sie ihre Kundschaft zum Putzen auffordern, als unser kleiner blauer Allroundlippfisch; zu gerne möchte ich das wissen.

Auch sonst hat man ab und zu den Eindruck, daß ihm manches ungewohnt, fremd ist. Manchmal beißt er, nach langem Überlegen, in irgendein Korallenästchen. Dann schüttelt er sich, brrr! und tut es nie wieder. Nie versucht er ähnliches bei Gorgonien. Die sind ihm offenbar als ungenießbar von „zu Hause" gut bekannt, da funktioniert das Programm, sein Art-Gedächtnis, und dies würde wohl auch funktionieren, wenn er hier im Aquarium aufgewachsen wäre und nie zuvor eine Gorgonie gesehen hätte. Dieser Frage sollte man einmal nachgehen. Daß er Fadenalgen jeglicher Konsistenz und Länge bewältigt, büschelweise ausreißt und verschlingt, ist ein besonders schöner Zug an ihm, da übertrifft er sogar den Blauen, den Palettendoktor. Manchmal fürchte ich für seine Gesundheit, wenn er lieber Grünes als *Mysis* und andere Leckereien mag und dann gleich Riesenportionen in sich hineinschlürft!

Ganz besonders begeistert mich, wie er sich der hartnäckigen Algenschöpfe

annimmt, die sich auf den „Niederen Tieren" angesiedelt haben: So rupft er immer wieder hingebungsvoll am grünen Rasen, der die Ränder einer alten Kraterkoralle überwuchert! Übrigens: Auch er kann knurren, zwar leiser und heller als die Clarks Clowns, aber deutlich, unüberhörbar. Er knurrt jeden Abend die große, lila-weiß gepunktete Marmorgarnele an, die mit ihm zusammen in einer Höhle übernachtet. Daraufhin setzt sie sich seitlich ab und wartet, bis er eingeschlafen ist. Was dann aber passiert, das weiß Neptun!

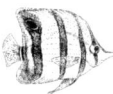

Natur- und Artenschutz

Wo immer man eine einschlägige Fachzeitschrift, ein Fachbuch, das sich mit biologischen Prozessen auseinandersetzt, zur Hand nimmt, das Thema Artenschutz, Naturschutz taucht überall auf. Meist wird es einseitig, oft emotional aufbereitet und diskutiert. Das Thema ist unendlich vielschichtig. Nur ein Gremium vielseitig ausgebildeter und vor allem unvoreingenommener Wissenschaftler und Fachleute sollte hier zur Sprache kommen. Wie schwer dies zu bewerkstelligen ist, davon können wir uns täglich überzeugen.

Meeresaquaristik hat einen schlechten Ruf, und sie verdient ihn grundsätzlich nicht. Sicher hat der Fang von Aquarienfischen in bestimmten, eng umgrenzten Bereichen einige Fischarten, vielleicht sogar einige Populationen ausgedünnt, besonders dort, wo ungeschulte Fänger unkontrolliert und unselektiv „alles" wegfangen. Dennoch besteht kein Zweifel daran, daß menschliches Fehlverhalten gerade in den tropischen Meeren bisher weniger Schaden angerichtet hat als in anderen Ökosystemen.

Emotionelle Diskussionen

In diesem Zusammenhang möchte ich einige wenige Sätze von W. Starck (1991) anführen. Dieser subtile Beobachter und profunde Kenner von Riffen und deren Lebenswelt spricht in Zusammenhang mit der Bedrohung der Riffe durch den Menschen wie folgt: „ Es gibt allerdings bislang kein Beispiel dafür, daß auch nur eine Korallenfischart oder eine riffbewohnende Wirbellosenart vom Menschen ausgerottet worden wäre... Unzugänglichkeit, rie-

Oben: Portrait eines jungen Fledermausfisches, *Platax orbicularis.*
Habitus (links).
Blatt-Mimikry bei Gefahr (rechts).
Unten: Das Pärchen Brunnenbauer, *Opistognathus aurifrons,* verschönt die gemeinsame Wohnhöhle mit Pumpenden Xenien und schließt sie am Abend mit dekorativen Schneckenhäuschen hermetisch ab

sige über ungeheuer große Gebiete verstreute Populationen und die Fähigkeit einzelner Individuen, Milliarden von Nachkommen zu produzieren, haben zum Überleben der Rifforganismen trotz menschlicher und natürlicher Eingriffe beigetragen..." Starck erklärt diese Stabilität der Riffsysteme mit der Vielseitigkeit, der Komplexität der Lebensgemeinschaften.

Auf lange oder vielleicht auch kürzere Sicht ist zu befürchten, daß es der *Species humana* gelingen wird, sogar diese ungeheuer alte, schützende Stabilität der Riffgemeinschaften aufzubrechen und zu zerstören. Doch weder Aquarianer noch Sporttaucher werden es zuwege bringen! Dazu bedarf es anderer Ausrüstung, schwererer Geschütze. Öltanker oder Giftmülltransporter sind dazu weit besser geeignet.

Das sollte nur eine Feststellung und kein Argument, kein Freibrief für jede Art von Zerstörung dieses einmaligen Lebensraums sein.

Napoleon. Der größte aller Lippfische, *Cheilinus unadultus.* Er erreicht zwei Meter Körperlänge.

Aber: Nach wie vor gibt es den Giftfang, und es ist ein Armutszeugnis für die Aquaristik und damit auch für uns „Endverbraucher", ihn nicht endlich aus der Welt zu schaffen. Die Argumente und Gründe, die ihn immr noch in Diskussion bringen, erinnern beklemmend an die Diskussionen um Billigeier und Batteriehuhnhaltung. Aus dieser Sicht darf Meerwasseraquaristik nicht „billig" sein!

Wir müssen auf den Großhandel soweit einwirken können, daß nurmehr gesunde, also nicht vorgeschädigte Tiere zum Verkauf gelangen. Durch Untersuchungen jener Fische, die innerhalb einer bestimmten Zeitspanne eingehen, ließe sich das Gift als Todesursache unschwer nachweisen. Und wir hätten eine weitere, sehr effiziente Möglichkeit, Schäden durch Entnahmen aus dem Freiwasser zu minimieren: wenn wir uns strikt auf den Erwerb von Jungtieren beschränken. Das läßt sich bei den meisten Arten ohne weiteres durchführen, und von dieser Regelung dürfte keine Institution, auch kein öffentliches Schauaquarium ausgenommen sein. Haltungsmöglichkeiten und Fachwissen sind soweit fortgeschritten, daß jeder seriöse Tierhalter, auch wenn er selbst nicht züchtet, so doch Jungfische ohne Ausfälle großziehen kann. Es wäre ein Leichtes, für jede Fischfamilie Größennormen zu erstellen und durchzusetzen, oder dort, wo eine Unterscheidung nach Jugend- und Alterskleid möglich ist, ausgefärbte Exemplare

nicht in den Handel zu nehmen. Es ist mir unverständlich, warum diese einfachste aller Schutzmaßnahmen nicht längst schon praktiziert wird. Auch die Fänger würden letztlich davon profitieren, denn ältere Fische sind schon deshalb schwerer zu fangen als Jungtiere, weil sie in der Minderzahl sind. Nur sollten sie dann eben nicht, wie bisher, teurer verkauft werden können, sondern rigoros zurückgewiesen werden, also unverkäuflich sein. Damit wäre zumindest das Vermehrungspotential im Freiwasser nicht gefährdet.

Wir könnten das selbst steuern, denn wir „Endverbraucher" haben schließlich das letzte, beste Wort. Nützen wir es endlich!

Nie wieder Kaiserfische!

Wenn ich bei Franz vorbeischaue, und irgendwie knistert es im Geschäft, alle sind hektisch, die Verkäuferinnen besonders eifrig um die Kunden bemüht, das Geplauder besonders munter, nur Franz ist nicht zu sehen, dann weiß ich, daß etwas nicht stimmt. Dann steht er im rückwärtigen Ladenbereich bei seinen Salzwasserbecken, konzentriert vorgebeugt, absolut unansprechbar oder, man könnte auch sagen: unfreundlich. Eine frische Sendung ist gekommen, lauter Fische, aber nur wenige schwimmen. Die meisten liegen am Boden, viele treiben kreuz und quer in den Becken, schwer

atmend, pumpend, hastig hechelnd oder bereits kieloben im Wirbel der Pumpen. Einige hat Franz schon wieder herausgefischt; die liegen im Kübel, daneben.

„Ich mache das nicht mehr mit", sagt er. „Jetzt hatte ich doch endlich einen passablen, seriösen Händler, der nur bei guten Fängern einkauft, und nun das da!" Franz hat also doch mitbekommen, daß ich neben ihm stehe. „Transport?", frage ich. War die Sendung zu lange unterwegs? Dann sollten sich die meisten Fische normalerweise rasch wieder erholen.

„Die Sendung kam schon vorgestern abend an", sagt Franz, „und da hat es noch recht gut ausgesehen". Jetzt schaut es überhaupt nicht gut aus, das ist offensichtlich. „Alles Giftfänge", sagt Franz. Er geht zu den wenigen Becken, in denen sich die Fische anscheinend noch gesund bewegen, und zeigt sie mir: traumschöne Fische, Engel- und Kaiserfische, einige Zwergkaiser, größere Lippfische, Falterfische, herrliche Seebader. Sonderbar, alle leuchten in voller Farbenpracht, das sollte doch ein gutes Zeichen sein? Daß sie allesamt recht schnell atmen, das sehe auch ich. Aber sonst? Es sind zwei karibische Felsenschönheiten dabei, halbwüchsig, samtig goldgelb-blauschwarze Juwelen, die Rückenflossen orangerot gesäumt. Sie wirken völlig gesund. „Die beiden auch?", frage ich fassungslos, ungläubig. „Schau her, sagt er, siehst du diese Wülste gleich über der Seitenlinie, längs der Rückenflosse? Ja, auf beiden Seiten. Warte, bis sich der Fisch dreht, zu dir herschwimmt, dann siehst du es deutlich. Jetzt! Hast du es gesehen?" Es ist tatsächlich ein Hauch, ein Schatten einer trennenden Kante, die sich über das Schuppenkleid zieht, als ob Muskelzüge hervortreten würden. Die Fische wirken sonst nicht mager. "Das täuscht", sagt Franz. "Sie haben größere Schuppen, das verbirgt viel. Sie sind mager, das kannst Du mir glauben!" Ich glaube ihm sowieso alles, zumindest fast alles. So glaube ich ihm zum Beispiel jetzt nicht, daß alle diese herrlichen, sich normal verhaltenden Fische Todeskandidaten sind.

"Ich hätte nichts annehmen dürfen", sagt er. "Sofort zurückschicken! Zurückweisen hätte ich alles müssen. Nur so lernen diese Brüder." Später fügt er hinzu: "Diese Verbrecher". Aber offenbar hat es vorgestern noch nicht so schlimm ausgesehen, und so hat er diese Sendung angenommen. Er holt tief Atem, er seufzt richtig, es geht ihm nahe, er mag nämlich seine Fische.

"Du könntest das doch nicht machen", wende ich ein. "Dann würde ja nicht einer mehr überleben, wenn sie tatsächlich zum Großhändler oder gar ins Ursprungsland zurückgingen . . ." "Egal", sagt er, "ganz egal! Tot sind sie sowieso bald, und noch dazu nutzlos draufgegangen. Hätte ich sie rechtzeitig zurückgewiesen, dann hätten sie wenigstens noch etwas Gutes bewirken können."

"Aber stell Dir vor, diese hier, die wären dann auch hinüber", insistiere ich. Jetzt schaut er mich ungeduldig an: "Mein Gott! Die sterben *alle*", wiederholt er.

In mir wallt siedendheiß Samariterblut auf. Nicht die Felsenschönheiten! Ich habe im neuen, großen Becken Traum-Wasserwerte, bessere gibt es nicht. Da wird auch ein sterbenskranker Fisch wieder gesund. Franz ärgert sich, das sieht man ihm deutlich an. Meine Besserwisserei geht ihm sowieso manchmal auf die Nerven, ich weiß. "Nimm sie alle beide", knurrt er. Ich versichere ihm, daß ich sie unbedingt bezahlen will (sie sind noch dazu sündteuer) und er sagt kurz: "Bezahl sie später, wenn sie wieder gesund sind; du bringst es ja wohl hin." Ich bin nicht ganz sicher, ob es purer Spott ist. Sollte es wohl sein, nur ist ihm derzeit einfach nicht danach zumute, darum klingt es so sonderbar ernsthaft.

Ich lasse also Franz in seinem Pessimismus zurück und ziehe mit meinen beiden wunderbaren Felsenschönheiten ab. Zu Hause gewöhne ich sie nach allen goldenen Regeln der Aquaristik vorsichtig, ganz behutsam, langsam an mein Super-Wasser. (Franz hat ja viel mehr Nitrat in seinen übertechnisierten Becken! Ab und zu messe ich nämlich spaßeshalber seine Wasserwerte nach. Das dürfte er nicht wissen!)
Und ich jubiliere, so phantastisch benehmen sie sich! Sie sind unglaublich

freundlich zueinander, sie mögen sich, sind vermutlich ein Pärchen, sie schwimmen zusammen, suchen sich, wenn sie einander kurz aus den Augen verlieren. Sie fressen, picken überall herum, leider auch an den Steinkorallen. Das tut mir weh, ich zucke jedesmal zusammen, wenn sie meine schönen Kraterkorallen benagen. Eine zieht schon Schleimfäden, die Polypenblüten verschwinden schleunigst. Dann nehmen sie mit ihren blauen Mäulchen affektiert sogar etwas Pilzkoralle zu sich, die rosafarbene noch dazu! Könnte es nicht die grüne sein? Davon habe ich immerhin zwei! Hammerkoralle gefällig? Nein, die nesselt ihnen offenbar doch zu stark. Ja, fünf schöne große Röhrenwürmer sind auch noch da, ich schwitze schon ein bißchen und muß mir einreden, daß es für sie allerbeste Krankenkost darstellt.

Wenn es ihnen wieder richtig gut geht, werde ich den Trennschieber aktivieren, sie ins Algenabteil umsetzen, und sie sollen dann gefälligst, wie es in der Literatur steht, Fadenalgen fressen. Angeblich gehören Felsenschönheiten zu den wenigen Kaiserfischarten, die man auch mit „Niederen Tieren" vergesellschaften kann, aber ich habe da so meine Zweifel... Jedenfalls machen sie einen durchaus gesunden Eindruck. Wie steht es mit den hervortretenden Wülsten, die laut Franz eine Art Todesurteil darstellen? Bei entsprechendem Lichteinfall sieht man sie wohl, es könnten aber tatsächlich Myosepten, oder so ähnlich hieß das doch beim ichthyologischen Praktikum – vor wie vielen Jahren? –, sein. Und, Franz muß nicht immer Recht haben! Sie wirken so munter, daß ich ihnen ihre exzentrischen Eßgewohnheiten bald abgewöhnen muß, sonst machen sie mir alles kaputt!

Auch am nächsten und übernächsten Tag sind sie noch so munter. Ein paar unwesentliche Pünktchen haben sie, sie scheuern sich ab und zu. Empfindliche Schönheiten! Wenn sich der Palettendoktor jedes Pünktchens wegen so anstellen würde! Aber der ignoriert solche Bagatellen, und somit kann auch ich sie ignorieren. Es fällt mir auf, daß sie noch immer rasch atmen. Wenn ich ihre Kiemenschlag-Frequenz mit denen meiner anderen Pfleglinge vergleiche, atmen sie doppelt so schnell. Aber vielleicht sind es eben feurige, nervöse und sensible Fische, so wie der *Chelmon* im anderen Becken. Der atmet auch viel schneller als alle anderen und lebt schon seit über einem Jahr bei mir.

Vier Tage später fällt mir – angenehm zunächst – auf, daß sie den Steinkorallen etwas weniger zusprechen. Der eine oder der andere Schwamm wird noch benagt; sonst nehmen sie jetzt Tiefgefrorenes, und auch das nicht im Übermaß, sondern in angenehmer Zurückhaltung. Richtiger Fisch-Adel! Auf die Linien schaue ich gar nicht mehr. Zu Franz bin ich auch noch nicht hingekommen, ab und zu würde ich ihn gern anrufen, um nach seinen Sorgenfischen zu fragen und so nebenher einfließen

zu lassen, daß es meinen beiden ausgezeichnet geht! Und daß ich natürlich zahlungswillig bin, jetzt, da sie über dem Berg sind.

Am fünften Tag fressen sie nichts Tiefgefrorenes mehr. Sie haben ziemlich viele Pünktchen, zumindest morgens, tagsüber werden es weniger. Sie schwimmen viel. Sie wirken rastlos, desinteressiert an Leckereien. Selten picken sie lustlos an irgendeinem auffallend gefärbten Schwamm, an einem Moostierchen. Sie meinen es nicht ernst, fügen niemandem Schaden zu. Ab und zu verlieren sie einander, ohne sich dann zu suchen. Vielleicht gehen sie sich sogar aus dem Weg. Die Linien? Nun, die sind deutlich, überdeutlich zu sehen. Das Schuppenkleid wirkt irgendwie ruppig, der samtige Schimmer fehlt.

Am sechsten Tag steht jeder für sich in einem gut durchströmten Winkel und atmet. Sie haben kein Interesse mehr aneinander, auch an nichts anderem mehr. Sie stehen und atmen. Sie haben viele Pünktchen, aber sie scheuern sich nicht mehr. Ich versuche, sie zu fangen, denn die Pünktchen könnte Franz wenigstens wegbringen. Zwar würde es mich ärgern, zugeben zu müssen, daß er recht hatte, aber vielleicht sind es nur die Pünktchen, und sonst fehlt ihnen nichts weiter. Sie lassen sich aber nicht fangen, weichen dem Netzchen geschickt aus und wirken dabei wieder fast normal. Offenbar nehmen sie mir die Fangaktion übel, denn sie verstecken sich daraufhin, es gibt viel zu viele unzugängliche Spalten und Höhlen!

Zwei Tage später kann ich sie mit der bloßen Hand aus dem Becken holen. Vermutlich merken sie es gar nicht mehr. Blicklos stehen sie im Transportbehälter und atmen, hecheln, stoßen an die Plexiglaswand, als sähen sie sie nicht. Sie sind tatsächlich blind geworden. Eigentlich ist es dumm von mir, sie jetzt, in diesem Zustand, noch zu Franz bringen zu wollen, ich setze sie also samt Transportbehälter wieder ins Becken zurück. Ein paar Fische kommen und schauen sie „von außen" interessiert an; der neugierige *Ecsenius* schwimmt zu ihnen hinein, rempelt sie an und geht wieder. Ich dunkle mit einem Stein ihr Gefäß ab; wenn sie wollten, könnten sie jederzeit herausschwimmen, nichts hält sie.

Abends sind sie tot. Einer hat noch den Weg herausgefunden, er liegt hinter dem Schnellfilter. Sie haben bis in den Tod ihre herrlichen, leuchtenden Farben behalten, nur der Samtschimmer ist verflogen. Irgendwie hatte ich erwartet, daß Farbe ein Ausdruck von Wohlbefinden ist. Aber offenbar sind für die Steuerung von Farbänderungen ganz andere Bereiche, jenseits von Leben und Tod, zuständig. Oder vielleicht können Felsenschönheiten ihre Farbe überhaupt nicht ändern? Sind dazu verdammt, in Schönheit zu sterben?

Jetzt sollte ich also endlich zu Franz gehen und ihm recht geben. Mehr noch

würde mich interessieren, ob bei ihm wenigstens einer der Fische überlebt hat. Ich gehe aber erst Wochen später hin. Da schwimmen putzmuntere, winzig kleine Anemonenfischchen in etlichen Becken. Eigenzuchten, sagt er stolz, von einem Kollegen! Er fragt mich gar nicht nach meinen Felsenschönheiten. Vielleicht denkt er nicht mehr daran? Irgendwann, zwischen Tür und Angel, sagt er dann noch zu mir: „Weißt du, diese Sendungen von den Philippinen hab ich alle storniert, und auch die aus Hongkong. Zuviel Risiko, nichts fürs Geschäft. Man sollte überhaupt keine Fische mehr nehmen. Nur mehr Lederkorallen oder Selbstgezüchtetes. Streng dich ein bißchen an, züchte endlich was vernünftiges, nicht nur Vögel!"

Es sind also Leute wie ich, die dem Giftfang Vorschub leisten, ihn ermöglichen, so lukrativ machen, daß er immer noch ausgeübt wird. Das denke ich, während ich über den sonnenhellen Parkplatz gehe. Leute, die sich einbilden oder, schlimmer noch: die felsenfest davon überzeugt sind, ihre Fische zu lieben! Franz hat sich nur zurückhaltender ausgedrückt. Keine Fische mehr! Mit Lederkorallen kann so etwas nicht passieren, die kann man sogar halbieren, dann hat man zwei anstatt einer. Damit kann man keinen Schaden anrichten! Dann stehe ich vor meinem Auto, öffne, steige ein. Inkonsequenz, wo immer man hinsieht. Vor einigen Jahren gab es doch eine Fernseh-Serie, sie

kommt mir jetzt in den Sinn. Wie hieß sie doch gleich?: Wir töten, was wir lieben...

Es gibt kaum schönere, ansprechendere, intelligentere Fische als Kaiserfische. Es ist mich hart angekommen: Ich habe keinen mehr erstanden.

Napoleon

Wir biegen um die letzte steile, staubiglehmige Straßenkehre und haben jetzt einen freien Blick auf das Meer. Weit unter uns liegt es im gelben Spätnachmittagslicht. Bis wir endlich hinkommen, ist es fast Nacht. Ein nicht besonders einladendes Meer, graugelb und zerstückelt durch schwarze Gerippe von Fischkuttern und Hafengerümpel. Im schwindenden Licht ahnt man einige Inseln, kleine rundliche struppige Dinger in der kaum bewegten See. Wenigstens ruhig ist es, keine Brecher oder ähnliches. Ein neues, unbekanntes Meer. Wir stehen an der bröckeligen Kaimauer und begutachten es, halb andächtig, halb übermütig-neugierig.

Der nächste Tag bricht fast zu spät an: Wir tuckern mit einem kleinen Fischerboot zum Unterwasser-Nationalpark Tunku Abdul Rahman, wählen als Ziel des ersten Schnorchelganges die Insel Manukan. Noch im Hafenbereich begeistern uns im klaren Wasser Unmengen bunter Fischchen, sogar ein Rudel *Sepia* schießt verkehrt herum vorbei, gefolgt von einigen langschnäu-

zigen Hornhechten. Es sieht also viel
besser aus, als es gestern spät abends
den Anschein hatte. Wir können es
kaum mehr erwarten, den ersten Unter-
wasserblick zu tun! Vorerst müssen wir
die Formalitäten wahren. Über edelhöl-
zerne Stege geht es durch das
gepflegte, von Verbots- und Hinweis-
schildern gespickte Headquarter des
Nationalparks; Informationsstände lassen wir einstweilen links liegen, nichts
wie hinaus an den Strand! Wir gehen
den Spülsaum entlang, der schon sehr
vielversprechend ist, voller kleiner runder *Fungia*-Skelette, großer abgeschlif-
fener *Goniopora*-Blöcke und, später,
übersät mit gewaltigen Bruchstücken
von Fächerkorallen, groß wie Wurzel-
teller! Das Wasser schmeichelte warm,
der Sand wirbelte, schon sind wir unterwegs.

Die ersten Blicke enttäuschen. Es
sieht nicht sehr anders aus als sonstwo
im Indopazifik, eher trostloser; verwü-
stete Korallenbänke geben deutliche
Zeichen von viel zu vielen Booten, die
Spuren der Anker sind überall kenntlich.
Zunächst bleiben wir beisammen,
machen uns gegenseitig auf allerlei
Kleinkram aufmerksam und bedauern
gemeinsam die kopfunter geschichteten
Korallentrümmer, die kaum mehr, und
wenn, nur recht klägliches Leben zeigen.

Wir legen schwimmend eine
beträchtliche Strecke zurück, langsam
wird es spannender: Meterhoher, brauner, üppiger Kelp weht über schönen,
intakten Koralleninseln; an einer umge-

brochenen Blockkante entdecke ich erst
einen und gleich darauf fünf Steinfische, die, wie es bei dieser Sippschaft
Brauch ist, lehrbuchmäßig getarnt mit
dem Untergrund verschmelzen. Hände
und Füße hoch, heißt die Devise. Bernd
hat noch keinen Steinfisch aus der Nähe
gesehen. Er arbeitet sich unter Kelpbü-
scheln durch, um ihnen Auge in Auge
nahezukommen; ich habe diese Gift-
fische lieber ein bißchen weiter weg.

Endlich öffnen sich weite Geweihkoral-
lenfelder, traumschön in Lila, Blau und
Goldgrün. Ein wenig weiter gehen sie in
unübersehbare Landschaften von
Distelkorallen über, und in deren sta-
chelstarrem Gewirr geht es lebhaft zu:
Riffbärschchen, Korallenwächter, winzige bunte Grundelchen flitzen hin und
her, darunter manches Ungewöhnliche,
Unbekannte. Schnepfenfischchen zittern zwischen den Dornen, winzige
Lippfische zupfen daran; einige größere,
düster grünlich gefärbte Anemonen
beherbergen drei verschiedene Clown-
fisch-Arten, die sich wunderbar ärgern
lassen, knurrend auf uns zuschwimmen
und ihre Anemonen wütend verteidigen.

Drückerfisch-Babys drücken sich vorsichtig an uns vorbei, Seeigel, kurz und
langstachelige, unwahrscheinlich bunte
Tiere, und ab und zu ein riesiger Dor-
nenkronenseestern, der eine weiße
Fraßspur über die Korallen legt. Er ist
übrigens das einzige „Große", stellen
wir erstaunt fest. Lauter kleine Fische
sonst, Winzlinge, auch von den häufi-

gen Arten nur Jungfische: einige hastig vorbeischießende Doktorfische, gerade fünf Zentimeter lang, ein ganz kleiner, fast rührender Halfterfisch, der es sehr eilig hat. Die über den aufragenden Korallenkuppen Wache haltenden Riffbarsche sind ebenfalls recht klein, am größten noch die Anemonenfische, da erreicht der eine oder der andere schon zehn Zentimeter.

Irgendwie beschleicht uns Betroffenheit. Wir erinnern uns an den frühmorgendlichen Bummel durch den Fischmarkt, wo neben den üblichen Riesenkerlen auch Kleines angeboten wurde: Streifendrückerfische, keine zwei Spannen lang, zarte, schmale Lippfische, denen man noch im Tod die verschwenderische Farbenpracht ansah, sogar einen mittelgroßen Kaiserfisch! Wir trauten unseren Augen nicht. Nun, hier gibt es jedenfalls keinen mehr.

Langsam treiben wir auseinander. Ich verfolge zwei bildschöne Kaninchenfische, „Fuchsgesichter", die in hastigem Zickzack durch die Distelkorallen eilen und mir deutlich mißbilligende Blicke zuwerfen – Spaß beiseite. Sie nehmen tatsächlich von mir Notiz. Das ist eher ungewöhnlich. Sonst kann man ja inmitten bunter Fischschwärme fast wie einer der ihren mittreiben; solange man sich langsam und ruhig bewegt, wird man nie als Feind angesehen. Immerhin sind wir hier ja in einem Nationalpark! Vielleicht sind die Fisch überfordert? Aber so viele Touristen kommen offenbar nicht hierher; der Strand ist kaum

verschmutzt, keine Plastikflaschen oder sonstige Zivilisationszeugnisse im Wasser, also? Derzeit sind wir weit und breit die einzigen. Nur am Strand, kaum kenntlich in der Ferne, tummelt sich eine Horde Schulkinder.

Eine Schlucht tut sich auf, offenbar hat hier die Strömung einen Kanal in die dichtstehenden Distelkorallen getrieben, sie zurückgedrängt und für massige, kompakte Hirnkorallen Platz geschaffen. An den Abhängen überall weit offene, vielfarbige, abstrakt gemusterte Fiederkronen von Haarsternen, am hellen Tag und fast ohne Wasserbewegung, es sieht herrlich aus! Und daneben, in den vereinzelten Hornkorallen, kletternde Seegurken (*Bohadschia?*) und Zackenaustern, völlig überwachsen mit Weichkorallen, dazwischen üppige Polster von dunkellila bis kobaltblauen Schwämmen; ich schwelge förmlich, bin jetzt ganz in meinem Element und entdecke eine winzige, noch viel blauere, gelb gesäumte Nacktschnecke, die auf einer tiefroten Alge unbeschreiblich dekorativ wirkt.

Da rührt es mich an. Ein plötzliches, grobes Strömen. Eine harte Welle, ein Schlag fast. Ich erschrecke fürchterlich, erstarre, ich muß mich wahnsinnig überwinden, mich ganz, ganz langsam umzudrehen; mein Kopf ist leer und dennoch saust alles: Panik!

Was ich sehe, ist noch erschreckender: ein Riese, ein Berg von einem Fisch!

Graugrün, der Schädel wie von einem Bullen, Wulstlippen. Er hört überhaupt nicht auf, überall ist Fisch! Ein grellgelbes Auge schaut mich interessiert an, und langsam komme ich wieder zu mir, ich nehme ihn bewußt wahr. Jedenfalls ist es kein Hai! Er hat offenbar Interesse an mir, schiebt sein Maul vor, zeigt er Zähne? Wieder kommt Panik auf, als er noch näher kommt und langsam meinen Fuß aufs Korn nimmt. Seine sanften Bewegungen mit der Schwanzflosse empfinde ich wie schweren Seegang.

Mein Gott, was für ein Brocken! Irgendwie stehe ich neben mir, es gelingt mir tatsächlich schon, ihn richtig anzuschauen; seine kleinen, klaren Augen sind tatsächlich gelb, fast goldgelb, wie die von Fröschen, und die Pupille steht ein bißchen quer. Über seine riesigen Wulstlippen zieht sich eine helle Kerbe, eine Art „Schmiß", das macht ihn auch nicht freundlicher. Ich könnte ihn gut berühren, so nah ist er. Vorsichtshalber bleibe ich stocksteif, in mir kämpft noch immer latente Panik mit zunehmendem Interesse, je nachdem, wohin er gerade schaut. Er nähert sich wieder meinen blauen Gummiflossen, dann haut er plötzlich sein Gebiß neben mir in den Korallenblock, daß es kracht und Gesteinssediment wolkig aufwirbelt. Genau dort habe ich zuvor eine Zackenauster geärgert, um sie zum Schließen ihrer Schale zu bewegen. Hat er sie gefressen? Er kaut irgend etwas, und weißes Gebrösel rieselt aus seinem Maul, auch aus den Kiemen?

Ich bekomme langsam Genickstarre, so verkrampft hänge ich da an der Korallenwand neben ihm und wage es nicht, irgend etwas anderes zu tun, außer ihn vorsichtig anzuschauen. Er hat ein Brokatmuster am Genick, er ist über und über gemustert, Ton in Ton, er ist vermutlich unbeschreiblich schön. Nur, so nahe kann ich es einfach nicht richtig würdigen!

Als hätte er meine verzweifelten Unterwassergedanken gelesen, läßt er sich neben mir auf einmal absinken, berührt dabei (fast?) meinen Fuß, und dann rast, fegt er wie . . . – mir fällt kein Vergleich ein –, er ist wie in einem Riesensog weg! Blitzartig, völlig weg. Und Bernd taucht neben mir auf, schaut mich fragend an und deutet auf seine Armbanduhr. Ich gebe alle möglichen Zeichen von Aufregung und Hysterie von mir, deute in die Richtung meines verschwundenen Alptraums, fuchtele und gluckse. Bernd hat nichts gesehen! Er weiß auch nicht, wovon ich reden will und schleppt mich autoritär erst einmal in Richtung Land.

Wir waren fast drei Stunden im Wasser, meine Hände schauen wieder einmal wie nach Großwaschtag aus, und im Kiefer hab ich einen Krampf, wohl vom Beißen in den Schnorchel. Wir sammeln uns im heißen Sand, jeder randvoll von eigenen Erlebnissen, köstlich Erschautem. Und mir glaubt man nicht! Ich versuche zu beschreiben, ernte leise Zweifel, ein bißchen Spott, und ich werde wirklich wütend, als Hedwig mir zu erklären beginnt, daß

man mit der Taucherbrille alles größer sähe. Mit der Brille war er zehn Meter mindestens! Ohne wird er wohl immer noch zwei oder drei Meter gewesen sein. Kein Hai? Herr Benz vermutet eine Lederschildkröte.

Ich will nur mein Bestimmungsbuch, sonst nichts. Ich weiß nämlich überhaupt nicht, wie ich den Superfisch einordnen soll. Kein Grunzer, kein Barsch, Merlin oder so etwas, nichts von einem Thunfischverwandten, kein Mondfisch, nichts paßt! Meine Unglaubwürdigkeit wird offenbar, sogar Bernd beginnt, versteckt zwar noch, aber ich sehe es ihm an, zu zweifeln. Ich beginne wieder von vorn: massiger Schädel, sehr ausgeprägte Lippen, vielleicht Zähne, nein, kein Schnabel wie ein Papageifisch. Keine großen Schuppen (nein, es war sicher kein großer Papageifisch!), ich habe eigentlich gar keine Schuppen gesehen. Hatte er überhaupt welche? Seitenblick von Bernd. Gelbe Augen. Ha ha! Die Unterwassereule! Ich bin nahe am Weinen, gebe auf, da ganz leichte Aggression aufwallt und Rachegefühle keimen; wartet nur!

Den zweiten Wassergang machen wir kürzer. Mich interessiert fast nichts mehr, stelle ich betroffen fest. Der blöde Fisch! Soweit darf es nicht gehen! Fast geläutert und schuldbewußt steige ich wieder in die Kleider, und heim geht es.

Eine kurze Ruhepause vor dem Abendessen, doch der Fisch läßt mich nicht los. Es muß ein Fabeltier gewesen

sein. Ich blättere im Bestimmungsbuch hin und her, vor und zurück, nichts paßt. Da stürmt Bernd ins Zimmer, unrasiert noch, ganz zerzaust und aufgeregt, reißt mir das Buch aus der Hand, hier, schau! Bei den Lippfischen mußt du nachschauen! Da! Da ist er! Tatsächlich: Napoleon! Napoleon, der zwei Meter große. Ja, bei den Lippfischen habe ich natürlich überhaupt nicht nachgesehen, habe geglaubt, daß *Coris* und Verwandte die Größten dieser Gruppe sind, und die erreichen knapp 60 Zentimeter Länge. Ich habe also einen Napoleon gesehen. Ich bin Napoleon begegnet!

Alles stimmte auf einmal: Wulstlippen, aufgeworfener Bullenschädel, kleine Augen, aber natürlich steht nichts davon im Bestimmungsbuch, wie gelb sie sind! Und winzig kleine Schuppen auf ungemein massigem, gedrungenem Körper, gar nichts Lippfischähnliches, Torpedoförmiges. Mächtige Schwanzflosse, fleischige Brustflossen. Alles da. Große Rehabilitation am Speisetisch. Köstliches Abendessen!

Noch zwei weitere Wassertage bleiben uns. Der nächste bringt uns im selben Nationalpark auf die bedeutend größere Insel P. Gaya. Wir haben freien Blick auf den fernen Kinabalu, die bizarre Gipfelkette strahlt unwirklich, ist völlig wolkenfrei. Zunächst versuchen wir, ein Thermometerhuhn aufzustöbern, finden endlich einen halbverfallenen Bruthügel, Kotreste, ein Stück Eierschale und geben uns damit zufrieden.

Heiß ist es, das Wasser lockt. Schon sind wir unten am Strand, quälen uns in die engen Flossen, rasch den Schnorchel, der nach zerlaufenem Gummi schmeckt, die Maske, beschlagen natürlich, und hinein! Und wieder ist es anders, diesmal erschreckend anders: eine Mondlandschaft fast, alles tot. Sandkuhlen, gefüllt mit Korallenbruchstücken, überall die flachkugeligen weißen Skelette von Pilzkorallen, zu Tausenden liegen sie übereinandergeschichtet in diesen Kuhlen. Alles tot! Wir schwimmen und schwimmen, stets begleitet uns dieselbe Eintönigkeit, umgebrochene Korallen, tote Korallen, Korallenschutt, teilweise von Sand überdeckt.

Endlich, wohl nach einem Kilometer, beginnt etwas Aufwuchs: Weichkorallen, vor allem die samtbraune Brokkoli-Koralle wächst zunächst zögernd, dann immer dichter, zuletzt alles wie mit einem wehenden Leichenhemd überziehend, über die zerborstene Korallenwüste hinweg. Kaum Fische! Wir müssen auf die andere Inselseite, um einigermaßen unverletzte Korallenbänke zu finden. Später arbeiten wir uns bis zur Riffkante vor, wo endlich, stellenweise, wieder die Farben- und Formenvielfalt zunimmt. Wir begegnen auch einigen Falterfischen, die alle recht scheu sind, und unter einem großen Korallenmonolithen sitzen vier oder fünf größere, dunkeläugige Husaren- und zwei Kardinalfische, versteckt, ängstlich auch sie. Ein Igelfisch beeilt sich unter uns in Deckung, eine kleine Languste und eine

belohnende Vielfalt an Stachelhäutern aller Formen und Größen, lebende Pilzkorallen in haarsträubenden Punker-Farben: rosa, giftgrün!

Und alle paar hundert Meter ein Fischerboot, in dem ein aufmerksamargwöhnischer Filipino uns zusieht, manchmal sitzen auch zwei drinnen, die dann ganz kleine schmale Netzchen seitlich, entlang der Bootswand auslegen und in den Händen behalten. Oder sie angeln mit dem Primitiv-System, das ich von Italien kenne, es heißt dort „Tirlindana": Man hält die Schnur auf Zug und reißt an, sobald man Gegenzug fühlt. Das alles im Nationalpark ... Nun, sicher stört auch dieses unentwegte Fischen. Doch die flächendeckenden Verwüstungen verursachen die Dynamitfischer. Unverständlich, beklemmend, wie so vieles in Malaysias begnadetem Inselstaat.

Der letzte, der Abschiedswassergang führt uns wieder nach Manukan. Wir versuchen es auf der anderen Inselseite, die zwar weniger üppige, dafür aber artenreichere Korallenbänke bietet. Wir begegnen ähnlichen Lebewesen wie beim ersten Mal, halten uns diesmal mehr an den „Mikrokosmos" und begeistern uns an Salpenkolonien, seltenen Weichkorallen, Gespensterkrebsen, herrlichen Riesenmuscheln, eingebettet in blumenartigen Aufwuchs. Ich ertappe mich dabei, wie ich, langsam driftend, mich in Richtung des früheren Tauchplatzes bewege. Es mögen etwa zwei Kilometer sein, und es ist sicher ein

Blödsinn, außerdem finde ich in dieser Wüste aus Distelkorallen den Strömungskanal nicht wieder. Erschöpft treffe ich als letzte am Strand ein. Niemand spricht von meinem Napoleon, und ich hüte mich, ihn zu erwähnen. Natürlich haben alle anderen viel mehr gesehen. Wäre ich nicht so müde, würde ich mich ärgern. So vergeht also die letzte Chance, Napoleon nochmals zu begegnen.

Tatsächlich bringt uns das Fischerboot auf der Rückfahrt ganz nahe an die wind- und wellenschiefen, malerischen Pfahlbau-Wasserhütten der Filipinos heran; überall winken uns lustige, hübsche, bunte Leute zu, nackte Kinder turnen und schwimmen zwischen den Pfählen. Hier wohnen etliche Tausende; sie haben irgendeine halblegale Arbeit, meist auf dem Fischmarkt in Kotakinabalu, aber keine Wohnerlaubnis. So entstehen diese Wasserdörfer, so wachsen sie, wie soll man sagen: ins Uferlose? Das hat gerade hier einen unheimlichen Beiklang. Ist es wohl auch.

Man winkt uns, unser Fährmann palavert mit ihnen, erklärt wohl, daß wir verrückte Fischforscher oder so etwas Ähnliches seien, und schon lotst man uns lachend, freundlich, zu einer der Wasserhütten. Auf schwankenden, lose verlegten schmalen Brettern kommen wir an primitive Fischreusen, große Vierecke aus weitmaschigen, algenversponnenen Netzen. Alle möglichen großen Fische sind da hineingepfercht: rote Schnapper, Juwelenbarsche, Husa-

ren, Leib an Leib eine Unmenge zerschundener, blutender Süßlippen.

Und dann, ganz allein: ein Napoleon. Mein Napoleon! Ich sehe sofort diese helle, verheilte Schnittwunde über seinem Maul. Sie haben ihn am Schwanzstiel und an einer Brustflosse grausam, eng festgezurrt, Fetzen von Haut und Fleisch wehen im öligen Wasser. Seine Augen kann ich nicht sehen. Ganz ruhig steht er, zum Halbkreis gekrümmt, hätte ja sonst keinen Platz im Netzkäfig. Mir ist, als wäre ich auf einmal taub, und das Atmen geht schwer. Weit entfernt höre ich die anderen schwatzen, ich glaube, sie bedauern ihn. Ich muß plötzlich zurück aufs Boot. Dort sitze ich und warte, bis sie nachkommen.

Bernd schaut mich ein bißchen schief an, und später, als wir wieder volle Fahrt haben, sagt er: Stell dir bloß vor, von dem werden locker 50 Familien satt! Ich entgegne vage, stell dir vor, wie alt er wohl ist, und wie klug er sein muß, daß er so alt geworden ist. Alle sind recht guter Dinge, reden durcheinander. Ich habe wohl nur Wasser im Ohr. Diese gelben Augen, das Brokatmuster, Ton in Ton. Ich wollte ihn doch viel genauer anschauen damals. Etwas tut weh. Etwas ist verlorengegangen.

Ein Nachsatz

Gerade habe ich meinen Fang-schreckenkrebs in einer Gewaltaktion aus dem 600-Liter-Becken herausgefangen. Er hat vor meinen Augen beinahe eine große Gelbschwanzgrundel *(Ptereleotis heteroptera)* umgebracht, als sie in ihre Höhle einfuhr und der Krebs gerade darin saß. Wenige Tage vorher hat er den Laich bewachenden Ecsenius bicolor ebenfalls in dessen Höhle überfallen und seine halbe Oberlippe weggerissen. Wenn es um die Fische geht, dann gebe auch ich klein bei und muß (ungern!) zugeben, daß manche meiner „unheimlichen" Untermieter sich tatsächlich zu einer Plage, wenn nicht Gefahr entwickeln. Schade! Mindestens drei Jahre lang hab ich diesem Krebs mit Vergnügen zugesehen, wenn er gewaltige Sedimentwolken aus irgendwelchen Ritzen blies und dann seine unheimlich glitzernden, ovalen Stielaugen im Höhlendämmern schwenkte. Er rechtfertigt einen Nachsatz!

Nachsätze sind vielleicht überflüssig. Wenn es sich jedoch um eine so lebendige Materie wie die unsere handelt, dann muß man damit rechnen, daß sich auch in kurzer Zeit manches ändert; man lernt ja dazu, oder man bekommt vielleicht eine andere Einstellung zur Thematik.

Was dies betrifft, so hat sich kaum etwas geändert. Mir geht es – mehr denn je – um die Fische. Sie haben es bitter nötig, daß man sich ihrer annimmt, denn die „Niederen Tiere", die Evertebraten, haben nämlich eine immer stärkere Lobby hinter sich! Nicht, daß ich sie ihnen neidete, aber das geht auf Kosten der Fische. Und wenn ich in einer Zeitschrift am Schluß eines spannenden und lehrreichen Aufsatzes über die Haltung von Steinkorallen im Riffbecken den Satz lese, daß die eigentliche Hohe Schule der Aquaristik ein fischleeres Korallenbecken ist, dann muß ich an die Unterwasserbeobachtungen von Kotakinabalu denken: an die beklemmende Leere eines ausgefischten, vergifteten Riffs. Denn es gibt eben kein gesundes, intaktes Riff, in dem es nicht pulsiert von unzähligen Fischen in allen bunten Schattierungen! Und ich sehe in Gedanken die Fahnenbarsch-flirrenden Riffwände von Hurghada, wo ich gerade deren Harems ausgezählt habe (im Mittel: 58,4 Weibchen auf ein Männchen!). Also, für mich ist das Wohnzimmerriff undenkbar ohne viele, viele Fische! Zugegeben, es ist ab und zu recht anstrengend, aber es lohnt sich.

Und was habe ich gelernt? Etwa beim Thema „Kaiserfische": Im Freiwasser habe ich mittlerweile viele andere Imperatoren getroffen. Sie sind durchaus nicht alle so zurückhaltend-souverän wie mein erster. Doch der ist und bleibt es. Er ist der schönste, größte, er ist nach wie vor mein Lieblingskaiser. Jährlich einmal suche ich um Audienz an. Wenn er endlich auftaucht, dann sind alle anderen vergessen!

Ganz ähnlich geht es mir mit Napoleonfischen. Irgendwie hat es mich erschüttert, daß sie andernorts wie eine Art großer Hausfische „gehalten" werden, die sich an jedem Taucher heranmachen und ihn beschnüffeln. Natürlich ist so etwas sehr eindrucksvoll, aber für den Fisch irgendwie entwürdigend. Ich schaue mir diese zahmen Kerle ganz genau an: Sie haben kaum etwas gemeinsam mit meinem ersten Napoleon. Sie haben auch längst nicht so gelbe Augen.

Da ich jetzt unter die Flaschentaucher gegangen bin, habe ich mehrfach Rotfeuerfische bei Gemeinschaftstreibjagden beobachten können, und nicht nur „von oben", aus der Schnorchel-Perspektive, sondern direkt vor meinen Augen! Dann ist es noch viel, viel eindrucksvoller. Sieben große Jäger, die einen dichtgepackten Schwarm von Glasbarschen sich gegenseitig zuscheuchen – überwältigend!

Meine erklärten Lieblinge im Aquarium sind immer noch die eleganten Scherenschwanzgrundeln, um so mehr, als die alten Zebragrundeln zu Tode gekommen sind. Beide hatten Kopfverletzungen; vermutlich war der Fangschreckenkrebs schuld.

Die Lippfische, und zwar die „Zweigeteilten", *Macropharyngodon bipartitus* machen mir immer mehr Kopfzerbrechen. Ob der große pfauenaugenschwänzige Grünschillernde tatsächlich ein terminales Männchen, wie es bei Burgess oder im dritten Band

von Fossa et al. dargestellt ist, beginne ich zu bezweifeln. Er kümmert sich kaum um seine Frauen, und im Roten Meer habe ich einen beobachtet, der mit einer Gruppe von schlichter gefärbten Kleineren unterwegs war. Es waren keine *M. bipartitus*, eher wohl *Halichoeres marginatus*? Nun hat Karl den großen Lippfischmann übernommen, und ich belauere die beiden Weibchen. Eines sollte nun wohl ein Männchen werden. Ach, das ist wieder einmal spannend! Daß sich Nixenbarsche ebenfalls paarweise halten lassen und sogar im Gemeinschaftsaquarium laichen, das weiß ich auch erst seit kurzem!

Sonst ist meine Fischgesellschaft mehr oder minder stabil geblieben; die alten Recken sind alle wohlauf. Große Kaiserfische mag ich noch immer nicht im Aquarium. Mit der Technik stehe ich nach wie vor auf Kriegsfuß, also darf nicht viel Neues in meine (mittlerweile sind es fünf!) Becken kommen; sonst müßte ich „umrüsten".

Zucht wird immer noch kleingeschrieben. Zwar kämpfe ich regelmäßig alle elf Tage mit frisch geschlüpften *Amphiprion ocellaris* und versuche mit wechselnden Methoden, aber stets erfolglos, sie großzubekommen. Die Methode mit dem schwarz hinterlegten Vollglasaquarium habe ich noch immer nicht versucht, und ich will es auch nicht, da sie mir so unbiologisch erscheint. Also fressen Brunnenbauer und Mirakelbarsch weiterhin *Amphiprion*-Babys. Sie

schmecken offenbar gut! Bisher habe ich fünf Säbelzähne (*Enchelyurus flavipes*), drei Bullaugen-Brunnenbauer (*Opistognathus scops*) und tatsächlich einen *Ecsenius bicolor* (Gott allein weiß, wie das zuging), groß bekommen. Gemessen am Aufwand eher kläglich! Ich versuche es weiter, und vielleicht gibt es weiterhin den einen oder anderen Zufallstreffer.

Wenngleich mich ab und zu etwas Neues reizt und auch begeistert, so sehe ich doch am liebsten meinen „langjährigen" Pfleglingen zu: dem Gelben, der sicher der schönste aller Gelben Segelflosser ist, immer noch makellos und ausgesprochen freundlich. Er schwimmt zusammen mit dem fast ebenso alten *Chelmon* (und leider nicht mehr mit seinem zweiten Artgenossen; den hat er schließlich doch fast umgebracht). Die Zwergkaiserbesetzung ist unverändert geblieben, und alles, was ich über den Charakter sagte, gilt nach wie vor. Mimi, die uralte Feuerschläfergrundel, hat tatsächlich einen Kumpan akzeptiert; das zunächst winzig kleine Feuerschläfergrundelchen hat anfangs sehr unterwürfig getan. Jetzt tut es das nicht mehr, aber es geht dennoch. Mimi ist nach wie vor bildschön und dank ihres Partners wieder recht aktiv.

Gerade balzen die beiden nun auch schon vierjährigen Mirakelbarsche in der Dämmerung, ein Schauspiel, das mich immer von neuem in Bann schlägt! Dann ist wieder 16 Tage eisige Ruhe; jeder wohnt in einem anderen Beckenabteil. Wer von den beiden das Männchen ist, weiß ich immer noch nicht ganz genau, nehme aber an, daß der Zurückhaltendere dann das Gelege bewacht, während das Weibchen ganz besonders zahm und freundlich ist und sich auch tagsüber offen zeigt, sehr zum Ärgernis mancher Kollegen, deren Mirakelbarsch immer nur im finsteren Loch sitzt!

Halt! Ich will ja nicht ein neues Buch schreiben. Schluß also.

Liebe Leserin, lieber Leser! Konnte ich Sie überzeugen, daß es nichts Spannenderes, Lehrreicheres, Vergnüglicheres gibt als eine solche bunte Fischgesellschaft? Nicht irgendeine anonyme, eine, die jederzeit ausgetauscht, durch eine andere ersetzt werden könnte. Es muß diese hier sein; an diesen Fischen habe ich eine Fülle von Beobachtungen machen können. Ich glaube zumindest, jeden einzelnen individuell zu kennen, jede seiner Verhaltensweisen zu durchschauen, ihm sogleich anzusehen, ob er gut oder schlecht gelaunt ist. Es gibt keine besseren Fische als die, die man in- und auswendig zu kennen glaubt, denn sie haben immer noch Überraschungen parat.

Falls Sie es nicht längst schon getan haben: Versuchen Sie es, Ihre Geschuppten zu durchschauen, besser kennenzulernen und eben zu erfahren, wie sich Fische – Ihre Fische – verhalten!

Glossar

Die Daten für folgende Übersicht über Fachausdrücke habe ich verschiedensten Quellen entnommen: Für die wissenschaftliche Nomenklatur der Fische habe ich mich weitgehend nach Fossa & Nilsen (1993), in seltenen Fällen nach Burgess et al. (1988) oder Smith & Heemstra (1986) gerichtet. Sterbas Enzyklopädie der Aquaristik (1977) war mir ebenfalls sehr hilfreich, besonders für die Gruppierung mancher Evertebraten.

Es ist nicht Sinn und Zweck dieses Buches, technische oder systematische Feinheiten aufzubereiten, doch habe ich nach bestem Wissen Fehler zu vermeiden versucht. Bei manchen detaillierten Beschreibungen von solchen Fischen oder Wirbellosen, denen ganze Kapitel gewidmet sind, habe ich über die gängige Literatur hinaus eigene Erfahrungen eingebracht, und zwar besonders dann, wenn sie sich von herkömmlichen Darstellungen unterscheiden.

Alle Stichworte sind alphabetisch, und nicht nach Sachgebieten angeordnet, es ist also ein „buntes" Durcheinander von Tiernamen und Terminologien aus der Verhaltensforschung. So schien es dem Verlag und mir am benützerfreundlichsten zu sein.

Aalgrundeln (Pholidichthyidae). Eine kleine Fischfamilie, die nur aus einer Gattung besteht. Die Jungtiere sind sehr ansprechend schwarz-silbrig längsgestreift. Aalgrundeln können bis 35 Zentimeter lang werden.

Achsenstab. Ein dünnes, zentrales Skelettelement aller Seefederarten. Es besteht zum Großteil aus Calcium, ist jedoch biegsam.

Acropora sp., (Finger-, Zweigkorallen). Einer der wichtigsten Riffbildner, vielfältige, oft zarte, geweih- bis strauchförmige Wuchsformen; viele Arten.

Adlerrochen (Myliobatis aquila). Großer Rochen mit gewaltigen, seitlich ausladenden Brustflossen und peitschenartigem, dünnen Schwanz. Knackt mit seinem Gebiß Muscheln und Krebstiere auf.

Alpheus sp. (siehe auch Partnergrundeln). Dieser kleine, grabende Knallkrebs erzeugt mit der vergrößerten Schere nicht nur ein laut knallendes Geräusch, sondern gleichzeitig eine scharfe Druckwelle. Man kann das im Aquarium sehr gut ausprobieren, indem man den Finger in die Wohnhöhle des Krebses steckt. Man erschrickt unweigerlich und empfindet den Knall als Schlag! Übrigens: Nicht alles, was nachts im Aquarium „knallt", muß ein Knallkrebs sein. Eine ganze Reihe anderer Krebstiere können „knallen".

Ambulacralfurche. Befindet sich an der Unterseite der Seesternarme. Dort liegen die Ambulacralfüßchen, die Teil des komplizierten Wassergefäßsystems sind, wie es allen Stachelhäutern eigen ist.

Amphiprion (Amphiprioninae). Anemonenfische.

Amphiprion clarkii. Clarks Anemonenfisch.

Amphiprion ocellaris, (Falscher Clown-Anemonenfisch). Eine der kleinsten Anemonenfisch-Arten und eine der beliebtesten! Nicht so aggressiv wie viele andere; wurde schon mehrmals nachgezüchtet. Vergleiche auch Seite 11 ff.

Amphiprion percula (Clown-Anemonenfisch). Seltener im Handel, wirkt wie eine dunklere Ausgabe von A. ocellaris.

Anampses sp. Lippfisch-Gattung, deren Vertreter vielfach ein helles Punktemuster auf dunklem Grund aufweisen, wie zum Beispiel Perl-Lippfische.

Angeborenes Programm siehe angeborenes Verhalten.

Angler- oder Krötenfische, Antennariidae, auch Fühlerfische genannt. Die Familie der Anglerfische gehört zu den Armflossern, Lophiiformes, und umfaßt 24 Arten. Es sind rundliche, kaum „fischförmige", unwahrscheinlich gut an ihren jeweiligen Aufenthaltsort angepaßte, tarnfärbige Fische. Allen gemeinsam ist das Fehlen von Schuppen und eine Umbildung der Brust- und Bauchflossen zu „Gehwerkzeugen". Die Kiemenöffnung ist klein und rund, sie befindet sich hinter der Basis der Brustflossen. Der erste Strahl der Rückenflosse ist zu einer beweglichen, vielgestaltigen „Angel" umgebildet; sie kann wurm- bis büschelförmig sein und wird dermaßen bewegt, daß Kleinfische sie als Beute betrachten, und sobald sie nahe genug kommen, werden sie in einer Art Einsaugverfahren unglaublich schnell verschluckt (6 Millisekunden nach Gremblewski-Strate 1991). Angler können sehr große Beutetiere, die u. U. länger als sie selbst sind, verschlingen. Sie sind wenig bewegungsaktiv, gelten als schwierige, empfindliche, auch insgesamt selten gepflegte, gefräßige Fische, die man am besten allein hält, denn sie fressen sonst früher oder später ihr Becken leer. Der abgebildete, 3 cm große Jungfisch könnte Antennarius ocellatus sein.

Nach Klausewitz (1975) haben sie in Aquarien keine lange Lebenserwartung; Fossa & Nilsen (1993) nennen besonders Histrio histrio einen schwierigen Pflegling, mein derzeitiger Anglerfisch (Antennarius ocellatus) ist, nach 1,5 Jahren Pflege, bei bester Gesundheit. Er manifestiert seinen Appetit deutlich, indem er bestimmte Warteplätze einnimmt, sobald er hungrig wird. Es empfiehlt sich, ihm nicht nur Süßwasser-, sondern ab und zu auch Seewasserfische zu verfüttern, auch im Seewasser gehaltene Guppies eignen sich vorzüglich.

Anthelia siehe Xenia.

Aquariendressur. Bestimmte Verhaltensweisen, die Fische im Freiwasser selten und in anderem Zusammenhang zeigen, können im Aquarium (zufällig) mit einem Erfolgserlebnis belohnt wer-

den. Der Fisch „dressiert" sich dann sozusagen selbst. Beispiele: an der Frontscheibe „Betteln" oder das Aufsuchen bestimmter Sitzwarten, die bei Fütterungen strategisch günstig sind.

Artemia salina (Salz- oder Salinenkrebschen). Ein kleines, frei schwimmendes, nicht beschaltes Krebschen, das salzhaltige Binnengewässer bewohnt. Durch die Produktion sogenannter „Trockeneier", also temperatur- und feuchtigkeitsunabhängiger Dauerstadien, die in großen Mengen gesammelt und verhältnismäßig einfach zum Schlüpfen und zur Weiterzucht verwendet werden können, stellen Artemien für den Aquarianer ein unentbehrliches Lebendfutter dar.

Art-Gedächtnis. Gedächtnisleistungen, denen vor allem angeborene Verhaltenselemente zugrunde liegen. Solche scheinbaren Lernvorgänge sind also bereits genetisch fixiert.

Artüberschreitende bzw. zwischenartliche, interspezifische Aggression. Angriffsverhalten gegenüber Artfremden.

Asterias sp. (Seesterngattung). Viele Vertreter leben im Nordatlantik. Räuberisch.

Außenriff. Seewärtiger, schräg bis senkrecht abfallender Riffhang, Riffkante.

Bäumchen-Lippfisch (Novaculichthys taeniourus). Er wird sehr groß! So reizend die bizarr geformten Jungtiere auch aussehen – sie wachsen rasch. Bereits halbwüchsig benehmen sie sich im Aquarium richtig rüpelhaft, und ihre angeborene Art der Nahrungssuche, nämlich Steine umzudrehen, um an darunter befindliche Beutetiere zu gelangen, kann sich sehr ungünstig auswirken!

Barrakuda (Sphyraenidae). Unterordnung der Barschartigen. Effiziente Raubfische, die in ihrer Jugend auch in Schulen das Riff durchstreifen. Erwachsene sind eher Einzelgänger. Für den Schnorchler und Taucher sind sie vermutlich gefährlicher als Haie!

Bartvögel. Tropische, urtümliche Vogelfamilie, weitläufig mit den Spechten verwandt.

Beilfische, Straßenfeger (Pempheridae). Artenarme, aus nur zwei Gattungen bestehende Fischfamilie. Nachtaktive Fische, die tagsüber meist dichtgedrängt in dunklen Riffbereichen stehen.

Black Noddy, Brown Noddy. Zwei weit verbreitete tropische Seeschwalbenarten, Anous tenuirostris und Anous stolidus.

Blasenkoralle (Plerogyra sp.) Sehr stark nesselnde, im Aquarium ausdauernde Steinkorallengruppe. Die Polypen können sich durch blasiges Ausdehnen fast beliebig vergrößern und deshalb auch bei ungünstigen Lichtverhältnissen ihren symbiontischen Zooxanthellen eine größere Oberfläche bieten.

Blauer Gelbschwanz, Gelbschwanz-Demoiselle, Goldschwanz-Riffbarsch (Chrysiptera parasema). Ein kleinbleibender, etwas empfindlicher und eher friedlicher Riffbarsch.

Blaustreifen-Seenadel (Doryrhamphus excisus). Eine Riffbewohnerin, die ein gut strukturiertes Riffbecken mit vielen

Spalten und Höhlen benötigt. Ausgewachsene Männchen haben warzige seitliche Schnauzenfortsätze. Die der Eiübergabe vorangehende Balz ist sehr auffallend: Das Männchen demonstriert kopfstehend seine stark orangerot und blau gefärbte Bauchfalte dem Weibchen. Sobald es die Eier übernommen hat, verblassen die Farben.

Bludru-Anemone, Riesenanemone (Stichodactyla gigantea). Eine der beliebtesten Wirtsanemonen. Sechs Amphiprion-Arten und andere Riffbarsche besiedeln sie bevorzugt. Sie kann metergroß werden und ist farblich, je nach Herkunftsort, außerordentlich variabel.

Blütenpicker. Tropische Singvogelfamilie, deren Vertreter sich ähnlich wie Nektarvögel und Kolibris von winzigen Insekten und Nektar ernähren.

Bohadschia sp. Teilweise ansprechend gefärbte, fein gezeichnete, kletterfähige Seegurken, die oft im Korallengestrüpp hängen.

Borstenwürmer (Polychaeta). Klasse der Ringelwürmer mit über 4000 Arten. Hier vor allem räuberische, im Boden lebende Arten wie Nereis sp., Eunice sp., meist rötlich gefärbt und mit irisierenden Borstensäumen. Mit lebenden Steinen gelangen sie unweigerlich in jedes Meeresaquarium. Aber: Man kann mit ihnen gut leben!

Borstenzähnchen. Bezahnung der Chaetodontidae (Falterfische) und Kaiserfische (Pomacanthus sp.); es handelt sich um winzige, feine, haar- oder borstenartige Zähnchen.

Brackwasser. Mehr oder weniger ausgesüßtes Meerwasser, Salzgehalt zwischen 30 und 0,5 Promille.

Brauner Felsenhüpfer (Salarias fasciatus). Zählt innerhalb der Familie der Schleimfische (Blenniidae) zu den Salariini mit 26 Gattungen und etwa 200 Arten. Salarias-Arten gehören zu den effizientesten Algenvertilgern. Im Aquarium sind sie vor allem als Jungtiere äußerst unverträgliche Revierbesitzer, die auch andere, bedeutend größere Fische mutig aus ihrem Nahbereich oder ihrer Lieblingshöhle vertreiben! Mit ihren harten Raspelmäulern können sie kräftig zubeißen. In großen, gut strukturierten Aquarien kann auch eine paarweise Haltung gelingen.

Brauner Segelflosser siehe Segelflosser.

Brokkoli-Koralle, Blumenkohl-Koralle (Sinularia brassica). Eine bräunlich gefärbte, kurzpolypige Lederkoralle, die hübsche Rosetten bildet und sehr wuchsfreudig ist.

Brunnenbauer, Kieferfische (Opistognathidae). Diese Fischfamilie besteht aus zwei Gattungen mit etwa 70 Arten. Obgleich sie beträchtlich an Größe variieren können, zeichnet alle ein im Vergleich zum Körper riesiger Schädel, große Augen und ein Riesenmaul aus. Sie graben Gänge und verfestigen deren Ränder mit verschiedenen Korallenbruchstücken, Muschel- oder Schneckenschalen. Diese Tätigkeit kann beim Goldstirn-Brunnenbauer, Opistognathus aurifrons, bis zu 86 Prozent der Gesamtaktivität ausmachen! Brunnenbauer sind Maulbrüter; das Männchen

übernimmt das Gelege und behält es bis zum Schlupf mit kurzen Unterbrechungen ständig in seiner voluminösen Rachenhöhle. Erstaunlicherweise nehmen auch die größten Vertreter dieser Familie fast ausschließlich winzige Planktonorganismen zu sich! Meine „riesigen" O. scops leben in wunderbarer Eintracht sogar mit ganz winzigen Fischchen, die kaum größer sind als eine große Mysis!

Büschelbarsch, Korallenwächter (Cirrhitidae). Neun Gattungen mit 34 Arten. Gemeinsames Kennzeichen ist ein charakteristisches Merkmal der Rückenflosse, die an jedem ihrer Strahlenenden ein Borstenbüschel trägt. In unserem Fall handelt es sich um Cirrhitichthys falco, einen eher kleinen (bei mir elf Zentimeter Länge), recht gefräßigen, rot und weiß gebänderten Fisch.

Caulerpa (Kriechsproßalgen). Artenreiche Gattung mariner Grünalgen.

Chelmon rostratus (Gebänderter Pinzettfisch). Ein Vertreter der Falterfische, Chaetodontidae, und ein gutes Beispiel für einen Nahrungsspezialisten. Im Freiwasser ernährt er sich von Würmern und Kleinkrebsen, die er mit seinem lang ausgezogenen Röhrenmaul aus tiefen Spalten hervorholt. Er wird als Vertilger von Glasrosen gern in Aquarien gehalten, doch benötigt er unbedingt reichliche, abwechslungsreiche Zusatzkost. Nur dann ist er ein angenehmer Pflegling, der außer Röhrenwürmern keine anderen Wirbellosen behelligt! Ähnliches gilt für die Haltung von Forcipiger longirostris oder F. flavissimus.

Chitin. Daraus besteht das Außenskelett aller Gliedertiere. Es ist eine komplexe Eiweißverbindung, in die unter anderem auch Kalk eingelagert sein kann.

Clarks Clownfisch (Amphiprion clarkii). Attraktive, schwarzweiß und gelb gebänderte, recht aggressive Anemonenfischart. Clarks Clownfische können zwar ohne Anemone leben, doch zeigen sie nur mit ihr zusammen ihr arttypisches Verhalten. Sie strapazieren, besonders wenn sie ausgewachsen sind, ihre Wirtsanemone sehr stark. Es empfiehlt sich dann, den Fischen mehrere Anemonen anzubieten!

Cryptocarion irritans (Oodinium sp. x) „Pünktchenseuchen". Cryptocarion wird durch ein einzelliges Wimpertierchen hervorgerufen, das auf der Haut und den Kiemen von Meeresfischen schmarotzt und bei ungünstigen Haltungsbedingungen zum Tod des befallenen Fisches führt. Ein Massenbefall geschieht durch Zellteilung und Ausbildung sogenannter Schwärmer, die meist kurzlebig sind. Deshalb sind Heilungsaussichten in Quarantänebecken mit verschiedenen Medikamenten durchaus erfolgversprechend. Da aber jedes gut eingefahrene und bewachsene Aquarium diese Einzeller beherbergt, ist stets die Möglichkeit zur Ansteckung gegeben. Sie ist jedoch vernachlässigbar, sobald wirbellose Tiere (Evertebrata) vorhanden sind, die von den Parasiten leben, wie vermutlich

viele Weich-, Leder- und Hornkorallen. Für den Befall von Oodinium sp., einem einzelligen Geißeltierchen, gilt prinzipiell dasselbe.

Cyclops. Im Süßwasser lebende Gattung der Ruderfußkrebse (Copepoda), durchwegs kleine Arten.

Dekorgrundel, Dekor-Schwertgrundel (Nemateleotris decora). Für sie gilt ähnliches wie für die Feuerschläfergrundel. Sie ist nicht ganz so streßempfindlich.

Demoisellen. Alter aquaristischer Sammelbegriff verschiedener Riffbarscharten, vor allem der Gattungen Chromis, Dascyllus und Abudefduf.

Diademichthys lineatus (Seeigel-Schildbauch). Er wird höchstens fünf Zentimeter lang, lebt zwischen den Stacheln des Diademseeigels und ernährt sich von dessen Saugfüßchen.

Diademseeigel (Diadema sp. x). Tropische Seeigelart mit haardünnen, langen und spitzen Stacheln, oft mit blauen Punkten und farblich deutlich abgesetzter Analpapille.

Dornenkrone (Acanthaster planci). Ein vielarmiger, sehr großer und mit dichtstehenden Stacheln bewehrter Seestern, der bei Massenauftreten riesige Riffbereiche abtöten kann, indem er die Polypen abweidet.

Ecsenius bicolor (Zweifarb-Schleimfisch). Ein beliebter Aquarienfisch, der gern Fadenalgen zu sich nimmt. Gleichgeschlechtige Fische sind gegeneinander enorm aggressiv. Der stimmungsabhängige Farbwechsel ist bei Ecsenius-Arten besonders ausgeprägt und gut untersucht worden. Niederrangige oder unterdrückte Fische „dürfen" kein Rot am Schwanz tragen, sondern nur schwarz oder schwarzgrau gebändert sein.

Eichhörnchenfisch: siehe Husarenfisch.

Einsiedlerkrebs (Diogenidae). Im Unterschied zu allen anderen Krebsen haben sie einen umgewandelten, weichhäutigen Hinterleib. So sind sie auf den Schutz durch einen „Fremdpanzer" angewiesen und müssen sich, je nach Körpergröße, ein passendes Schneckengehäuse oder ähnliches verschaffen. Nach jeder Häutung benötigen sie also ein entsprechend größeres Haus.

Eischnecken, Eierschnecken (Ovulidae). Marine Gehäuseschnecken, meist extreme Nahrungsspezialisten, die nur von bestimmten Weich- und Hornkorallen leben.

Enchelyurus flavipes. Ein kleiner, schwarzgelber Säbelzahn-Schleimfisch, der, anders als Meiacanthus sp., nicht im freien Wasser steht, sondern stets in Bodennähe bleibt.

Engelfische (Apolemichthys). Acht Arten. Sie gehören zu den Kaiserfischen und sind extreme Nahrungsspezialisten!

Ethologie (Verhaltensforschung). Die Lehre von Bewegungen, Lautäußerungen, Körperhaltungen usw. des gesunden Tieres, zumeist mit dem Schwerpunkt des Artenvergleichs (vergleichende Verhaltensforschung).

Fadenalgen. Algen, die aus verzweigten oder unverzweigten Fäden bestehen, gebildet von hintereinander aufgereihten Einzelzellen. Sie gehören verschie-

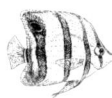

denen, nicht miteinander verwandten Gruppen an.

Fächerkoralle. Siehe Acropora.

Fahnenbarsch (Anthiinae). Artenreiche Unterfamilie der Zackenbarsche. Mit wenigen Ausnahmen leben Fahnenbarsche in großen Schwärmen an der Außenseite von Korallenriffen. Interessante Verhaltensweisen wie Haremsbildung und Geschlechtswechsel machen sie zu beliebten Studienobjekten der Verhaltensforscher (Ethologen) und Fischforscher (Ichthyologen), brillante Farben und geringe Größe zu begehrten, aber anspruchsvollen Aquarienfischen. Abgesehen von hoher Wassergüte benötigen sie stets ausreichend Futter, schwer zu vereinbarende Anforderungen!

Fangschreckenkrebse (Stomatopoda). Sie bilden innerhalb der Krebse eine eigene Überordnung, die Hoplocaridae. Das zweite Paar der Mundgliedmaßen ist zu kräftigen, an die von Gottesanbeterinnen erinnernden, Raubbeinen umgewandelt. In die Aquarien gelangen sie regelmäßig mit „lebenden Steinen". Sie bewohnen dann Höhlen, graben sich auch selbst welche und leben vor allem von kleinen Krebstieren. An sich äußerst interessante Tiere, doch können sie recht groß werden und dann eine Gefahr für kleinere Fische darstellen, besonders für solche, die ebenfalls Höhlen bewohnen.

Feenbarsche (Grammatidae). Familie, die aus nur zwei Gattungen besteht: Gramma und Lipogramma; insgesamt etwa zehn Arten. Der Königs-Feen-barsch, Gramma loreto, ist nach Habitus und Farbverteilung das karibische Gegenstück zum indopazifischen Nixenbarsch. Er ist ein häufig importierter, jedoch sensibler, revierhaltender Fisch.

Feenseeschwalbe (Gygas alba). Eine schneeweiße, zierliche, tropische Seeschwalbenart.

Felsenschönheit, Karibische (Holacanthus tricolor). Ein Kaiserfisch, der 30 Zentimeter Länge erreicht und sich von sessilen Wirbellosen, besonders Schwämmen, ernährt. Jungfische tragen ein den Adulten bereits ähnliches Kleid. Obgleich sie nicht allzu schwer an Ersatznahrung zu gewöhnen sind, sind, wie bei allen anderen Kaiserfischen, im Hinblick auf die Aquarienhaltung Vorbehalte am Platz. Wenn überhaupt, dann sollten sie in ein gut strukturiertes Riff-Aquarium kommen. Doch gerade dort will sie keiner haben!

Feuerschläfergrundel, Prachtschläfergrundel, Prachtschwertgrundel, Feuerschwertgrundel (Nemateleotris magnifica). In der Meerwasseraquaristik vermutlich die beliebteste und bekannteste Grundel. Schön, anspruchslos in der Fütterung, aber sehr sensibel gegenüber Streß: Sie springt dann!

Fledermausfische, Spatenfische (Ephippidae). Die Jungfische weisen viel höhere Rücken- und Bauchflossen auf, und bei manchen Arten ist eine „Blatt-Mimikry" bekannt: Sie treiben wie vergilbende, ins Wasser gefallene Blätter in Schräglage und oberflächennah. Sie halten sich zudem meist im flachen ufernahen Bereich auf.

Flötenfische (Fistulariidae). Sie gehören zur Ordnung der Syngnathiformes. Langgestreckte, räuberische, große Fische mit interessanten Jagdstrategien, denn sie benutzen häufig Friedfische als Tarnung, in deren Schutz sie sich an ihre Beute heranmachen.

Flohkrebse (Amphipoda). Sehr artenreiche Ordnung der höheren Krebse. Gammarus sp. lebt in fast allen gut eingelaufenen Meeresaquarien und wird von vielen Fischen gern verspeist!

Forcipiger (Pinzettfisch) siehe Chelmon.

Franzosenkaiser (Pomacanthus paru). Ein metallisch glänzend geschuppter, großer Kaiserfisch mit ausgeprägtem Revierverhalten. Zwar ist er mit Ersatzkost am Leben zu erhalten, doch im Freiwasser wie alle Kaiserfische Nahrungsspezialist. Aufgrund seiner territorialen Lebensweise wird er niemals zu einem idealen Aquarienfisch. Entweder ist er extrem aggressiv, oder er kümmert, auch in sehr großen Schaubecken.

Fungia sp. (Pilzkorallen). Eine Steinkoralle, die keine Kolonien bildet, sondern als Einzeltier lebt und ein rundliches Kalkskelett ausbildet.

Funktionskreis. Bezeichnung für die Zuordnung bestimmter Organe und Verhaltensweisen eines Lebewesens zu bestimmten Teilen seiner Umwelt. In der Verhaltensforschung wird er als Oberbegriff für Verhaltensweisen mit gleicher oder ähnlicher Aufgabe und Wirkung gebraucht, zum Beispiel Fortbewegung, Nahrungsaufnahme, Balz, Brutpflege und Aggression.

Garnelen (Natantia). Unterordnung der zehnfüßigen Krebse, etwa 2000 Arten. Unter ihnen befinden sich sowohl wichtige Futtertiere für Aquarienfische als auch ungemein farbenprächtige und auch für das Wohlbefinden unserer Fische wertvolle Arten, wie zum Beispiel Putzergarnelen.

Gecko (Gekkonidae). Haftzeher. Kleine Reptilien, viele Arten können mittels Haftlamellen an glatten, senkrechten Stämmen oder Mauern emporlaufen. Auf den Seychellen, vor allem auf Bird Island (Seite 14) kommt unter anderen der Madagassische Taggecko (Phelsuma madagascariensis), ein grünrot gezeichneter Gecko, vor.

Gelbkopf-Falterfisch (Chaetodon xanthocephalus). Ein nicht oft eingeführter und heikler Falterfisch, der vermutlich auf den Verzehr bestimmter Polypen spezialisiert ist.

Gelbkopfgrundel, Goldkopf-Sandgrundel (Valenciennea strigata). Eine recht robuste, ständig grabende, große Grundelart.

Gelbschwanz-Zwergkaiser, Gelbschwanz-Herzogfisch (Centropyge flavicauda). Er nimmt auch bei reichlicher Fütterung mit Artemia und Mysis immer gern Algenkost und hält sich am liebsten in Höhlen und Halbhöhlen auf, kommt ungern und immer nur rasch in deckungsfreies Gelände, im Freiwasser wie auch im Aquarium!

Beobachtet man ihn eingehend, so verstärkt sich der Eindruck, daß C. flavicauda eine dunklere Variante von C. fisheri sein könnte. Er gleicht ihm nicht nur im Habitus, sondern auch im Verhalten.

Gestreifter Zwergkaiser, Blauschwarzer Herzogfisch (Centropyge bispinosus). Ein idealer Aquarienpflegling, der gut paarweise zu halten ist. Abwechslungsreich gefüttert, rührt er keine Korallen an. Zwar sieht man ihn häufig an verschiedenen Weichkorallen zupfen, doch nimmt er nur deren Stoffwechselprodukte oder, sehr gern, die abgestoßenen „Häute". Man sollte ihn nicht dazu zwingen, als Selbstversorger nur Algen zu grasen. Denn dann bedient er sich auch anderswo, um genügend Proteine zu bekommen!

Geweihkoralle: siehe Acropora.

Gewöhnung. Im ethologischen Sprachgebrauch ein passiver, negativer Lernvorgang; durch Erhöhung des Reizschwellenwertes erfolgt bei wiederholtem Darbieten eines Reizes keine Reaktion mehr.

Glasgrundel (Fusiogobius sp.). Glasig durchscheinende, kleine, aber sehr gefräßige Räuber. Recht unverträglich zu ihresgleichen; auch das Weibchen muß sich vor dem Partner in acht nehmen. Wird trotz seiner geringen Größe sogar von großen Fischen respektiert.

Glasrosen (Aiptasia). Gattung der Seeanemonen (Actiniaria). Zarte, durchscheinende, stark nesselnde Tiere mit großer Vermehrungsfreudigkeit. Bei Aquarianern gefürchtet, da sie andere sessile (festsitzende) Wirbellose stark beeinträchtigen können.

Glühkohlen-Clownfisch (Amphiprion melanopus). Für ihn gilt dasselbe wie für A. clarkii, doch ist er vielleicht noch aggressiver, auch gegenüber anderen, oft beträchtlich größeren Fischarten.

Goldgelbe Partnergrundel, Gelbe Symbiosegrundel (Cryptocentrus cinctus). Sie kommt in zwei Farbvarianten, unabhängig vom Geschlecht, vor, einer leuchtend gelben, blau gepunkteten und einer graubläulich gepunkteten. Im Freiwasser leben sie in Flachwasserbereichen mit sandigen Böden und immer zusammen mit einem Knallkrebs (Alpheus sp.), einer auf das Zusammenleben mit verschiedenen grabenden Grundelarten spezialisierte Garnele. Allerdings tätigt der Krebs die Hauptarbeit, profitiert seinerseits aber von der Wachsamkeit der Grundeln.

Goniopora (Margeriten-, Anemonenkorallen). Großpolypige und ausschließlich tagaktive Steinkorallen, die – geöffnet – tatsächlich an ein üppiges Blumenpolster denken lassen. Ein empfindlicher, oft nur kurzlebiger Aquarienbewohner.

Gorgonie (Hornkoralle). Unterklasse der Octocorallia, 1200 Arten. Das Achsenskelett ist hornartig biegsam, die Einzelpolypen sitzen in der „Rinde". Attraktive, vielfarbige Tierkolonien, die im Freiwasser sehr groß

werden können. Beliebte Aquarientiere.

Großschuppen-Falterfisch (Chaetodon rafflesi). Einer der häufig eingeführten und eher robusten Falterfische, der sich wie der Mondfleck-Falterfisch als Glasrosenvertilger nützlich macht. Wird er daneben gut gefüttert, verschont er, anders als C. lunula, die übrigen Wirbellosen weitgehend.

Grünes Schwalbenschwänzchen (Chromis viridis). Ein reizender, nur in seiner Jugend sozialer, friedlicher Riffbarsch. Das ändert sich bei Erreichen der Geschlechtsreife; dann nur noch als Paar zu pflegen! Gute Wasserqualität und ständige, reichliche Fütterung sind Voraussetzung für erfolgreiche, langjährige Haltung.

Grundeln (Gobiidae). Artenreichste Familie der Meeresfische, etwa 200 Gattungen mit 1500 Arten! Nur wenige leben auch im Süßwasser. Fossa und Nilsen (1993) unterscheiden je nach Lebensweise drei Großgruppen, und zwar grabende Formen, die zusammen mit Knallkrebsen leben, grabende Formen ohne Krebs und nicht grabende Formen. Zu den ersten gehören zum Beispiel die sogenannten Partnergrundeln, zu den nächsten die Krabbenaugengrundeln, Glas- und Sandgrundeln und zu den letzten die Torpedo-, Pfeil-, Schläfer- und Korallengrundeln.

Haarsterne (Crinoidea). Eine Stachelhäuterklasse, der besonders filigrane, blumenhafte Vertreter angehören. Im Riff zählen sie zu den zauberhaftesten Geschöpfen! In vielen verschiedenen Farben und Mustern bietet eine Gruppe voll „erblühter" Haarsterne einen überwältigenden Anblick. Meist dämmerungsaktiv, doch in gut durchströmten Zonen auch am Tag offen; sie fangen dann mit ihren reusenartigen Fangarmen feine Planktonorganismen. Sonst falten sich die Tentakel zu einem unauffälligen Knäuel zusammen. Normalerweise bewegen sich Haarsterne nicht von ihrem Platz und sind dort mit kleinen, gekrümmten, krallenartigen Haftfortsätzen gut verankert, doch können sie auch schwimmen oder sich langsam kriechend fortbewegen. Im Aquarium überleben sie, wenn überhaupt, meist nur kurze Zeit.

Häutungsrest (einer Borstenkrabbe), siehe 84. Alle Gliedertiere (Arthropoda) wachsen, indem sie ihr Außenskelett abstreifen; nur, solange das neue, darunter angelegte Außenskelett noch weich ist, erfolgt ein rascher Wachstumsschub. Diese abgelegten „Häute" können völlig intakt sein und in allen Einzelteilen zusammenhängen; besonders schön sehen wir das bei Garnelen und anderen Krebstieren.

Halfterfisch (Zanclus cornutus). Einziger Vertreter dieser Familie; ein naher (?) Verwandter der Doktorfische. Sehr charakteristisches Erscheinungsbild, das eher an Falterfische erinnert.

Hammerkoralle, Bukettkoralle (Euphyllia sp.). Wunderschöne, großpolypige Steinkorallengruppe, die im

169

Freiwasser je nach Standort verschiedene Ökomorphen, also von den Außenfaktoren beeinflußte Gestaltsänderungen aufweist.

Harem. Ein-Mann-Gruppe. Ein fester und dauerhafter Zusammenschluß von einem Männchen und mehreren Weibchen. Haremsbildung ist eine Form der Polygamie.

Harlekinsgarnele (Hymenocera elegans). Familie der Gnathophyllidae mit vier Gattungen. Eine hochinteressante, kleine, bizarre Garnele, die sich ausschließlich von Stachelhäutern, insbesondere von Seesternen, ernährt.

Hierarchie. Gestaffeltes Dominanzverhältnis, „Hackordnung".

Hippocampus kuda. Eine häufig importierte Seepferdchen-Art mit kleinem, unpaarigem „Horn".

Hirnkoralle. Häufig blockförmig wachsende Steinkorallen (zum Beispiel Platygyra, Diploria), die starke Strömung tolerieren. Hier (Seite 14 ff) wird damit auch die Wagenkoralle (Goniastrea) gemeint, die massive Strömungsbollwerke hervorbringt.

Hornhechte (Belonidae). Etwa 60 Arten. Sie sind mit den Flugfischen entfernt verwandt, jagen meist oberflächennah.

Husarenfische, Soldatenfische, Eichhörnchenfische (Holocentridae). 66 Arten, zumeist nachtaktive, relativ große, rot gefärbte Fische. Tagsüber halten sie sich in abgeschatteten Riffabschnitten, Spalten, Überhängen und Höhlen auf, stehen dort meist dichtgedrängt beisammen. Die rote Körperfärbung erweist sich dann als gute Tarnfarbe, da Rot nur in Verbindung mit Licht voll zur Geltung kommt, sonst aber grau wirkt.

Igelfische (Diodontidae). 19 Arten, die sich alle bei Gefahr „aufblasen" können und damit einen Freßfeind abschrecken. Einige Arten, zum Beispiel Diodon hystrix, haben lange, gut ausgebildete Stacheln, die sie vorzüglich schützen. Sie sind auf Muscheln und Krebstiere spezialisiert.

Implosion. In diesem Fall (Seite 56 ff) ein unwahrscheinlich rascher Freßvorgang; er kommt dadurch zustande, daß im geschlossenen Mundraum ein Unterdruck erzeugt wird. Wird das Maul dann aufgerissen, so wird das Beutetier implosiv eingesaugt!

Imponieren, Imponierverhalten. Meist ein mit Balzbewegungen verbundenes Drohverhalten. Es wirkt auf den artgleichen Rivalen einschüchternd, auf das artgleiche Weibchen anziehend.

Innenriff. Lagunenseitiger Riffhang.

Innerartliche, intraspezifische Aggression. Angriffsverhalten gegenüber Gleichartigen.

Innerartliches Verhalten. Verhalten zwischen artgleichen Individuen.

I. Q. (Intelligenzquotient). Standardisierte Meßmethode, um den Gradienten menschlicher Intelligenz darzustellen.

Jungwelse. Auf Seite 63 ff handelt es sich um junge Korallenwelse, Plotosus sp., die bei Flut auch in Lagunen eindringen und bei Gefahr dichte Knäuel bilden können.

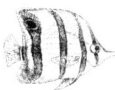

Juwelenbarsch (Cephalopholis miniata). Ein prachtvoller, leuchtend-roter, blaugetupfter Zackenbarsch. Sein Revier verteidigt er wütend!

Juwelen-Fahnenbarsch (Pseudanthias squamipinnis). Ein Vertreter der mehr als 100 Arten zählenden Familie der Fahnenbarsche, Anthiinae. Fast alle Arten leben in großen Schwärmen an der Außenseite von Riffabhängen, und sie können sich bei Gefahr blitz-schnell zwischen die Korallen zurück-ziehen. Der Juwelen-Fahnenbarsch ist einer der häufig importierten und im Aquarium gehaltenen Fahnenbarsche, ein prachtvoll gefärbter, aber anspruchsvoller Fisch. An Fahnen-barschen wurde schon seit langem der Geschlechtswechsel erforscht. Alle Fahnenbarsche beginnen ihr Leben als Weibchen, und die jeweils dominan-ten Fische ändern „bei Bedarf" ihr Geschlecht, werden zu Männchen. Ein Fahnenbarsch-Männchen hält im all-gemeinen einen je nach Art verschie-den großen Harem.

Juwelenlippfisch, Bijouteriefisch, Brauner Clown-Lippfisch (Coris fre-rei). Der Jungfisch ist clownfischartig rotweiß gebändert, der terminale Adulte türkisgrün und braungolden gepunktet. Er wird sehr groß!

Kaiserfisch, Imperator-Kaiserfisch (Pomacantus imperator). Einer der bekanntesten, eindrucksvollsten Kai-serfische. Ein Riffbewohner, der ein erstaunlich nachdrückliches Revierver-halten an den Tag legen kann. Er greift dann unerschrocken an! Als

Nahrungsspezialist und Einzelgänger, der große Reviere benötigt, ist seine Haltung auch in großen Schaubecken nicht uneingeschränkt empfehlens-wert. Er leidet unter unüberlegten Vergesellschaftungen.

Kalkalge: siehe Pfennigalge.

Kalkröhrenwürmer. In Korallenblöcken lebende Röhrenwurmarten. Häufig handelt es sich um Spirobranchus giganteus, dessen Tentakel vielfarbig und verschieden gemustert sein kön-nen. Er besiedelt vor allem Porites-Arten.

Kardinalfische, Kardinalbarsche (Apo-gonidae). Eine recht große Familie, die 20 Gattungen mit rund 200 Arten umfaßt. Großteils kleine, nachtaktive und daher großäugige Fische; viele Arten sind rot gefärbt, einige sind Maulbrüter.

Kardinals-Putzergarnele, Kaiser-garnele (Lysmata debelius). Eine prachtvoll rote, weiß gepunktete Putzergarnele, die zwar gegen alle Beckenbewohner friedlich ist, aber nicht sehr eifrig putzt!

Karibische Seespinne, Spinnenkrabbe (Stenorhynchus seticornis). Sie gehört zur Familie der Majidae. Eine phanta-stische, kleinbleibende Krabbe, die nur empfindliche Blumentiere „ärgert", wenn sie ungestüm hinüberstelzt. In meinen Becken konnte ich nie ein Aufspießen von Kleinfischen beobach-ten; dies scheint eher zufällig vorzu-kommen (?).

Kelp. Phaeophyta, tropische Braunal-gen, Sargassum-Arten, die sowohl

festsitzen als auch persistierende Schwimmpolster ausbilden. Der echte Kelp, Macrocystis pyrifera, kommt vor den Küsten Südamerikas vor.

Kiemenwürmer (Dactylogyrus, Gyrodactylus spp.). Sie gehören zu den Saugwürmern und schmarotzen auf der Haut oder an den Kiemen von Fischen. Normalerweise kommt es nur bei geschwächten Fischen zu gefährlichem Massenbefall.

Kindchen-Schema, Lorenz'sches. Kombination von Körpermerkmalen, die beim Menschen Beschützer- und Pflegehandlungen hervorrufen. Dazu gehören Pausbacken, kurzes Näschen, große Augen usw. Dieses Verhalten scheint angeboren zu sein. Viele Formen im Tierreich, insbesondere Tierkinder, lösen es ebenfalls aus. Konrad Lorenz, der große Verhaltensforscher, hat diese Zusammenhänge erstmals erkannt und beschrieben.

Kissenseestern (Asterina gibbosa). Ein kurzarmiger, genoppter Seestern, der auf Korallenpolypen spezialisiert ist.

Klebefische, Schildbäuche (Gobiesociformes). Sie werden auch Ansauger genannt. Eine Familie mit 36 Gattungen und 114 Arten; sehr spezialisierte, grundelähnliche Fische. Einige leben in Gemeinschaft mit Wirbellosen, doch hüte man sich, dies als Symbiose zu bezeichnen!

Kommentkampf. Auch Turnierkampf genannt, eine „relativ" harmlose Kampfweise, die nach starren (ritualisierten) Regeln abläuft und darauf abzielt, den Rivalen zu vertreiben. Im Unterschied dazu kommt es beim Beschädigungskampf zum Verletzen, auch Töten des Rivalen. Kommentkämpfe kommen vor allem bei sehr wehrhaften Tierarten vor, deren Waffen große Verletzungsgefahr bedeuten würden (spitze Hörner, Schnäbel, Skalpell der Doktorfische!).

Kaninchenfische (Siganidae). Hier ist das „Fuchsgesicht", Siganus vulpinus, gemeint. Kaninchenfische sind mit den Doktorfischen verwandt und ernähren sich vor allem pflanzlich. Das Fuchsgesicht, ein gelb, weiß und schwarz gezeichneter Fisch, hat eine schmale, vorgeschobene Schnauzenpartie.

Korallenfalter, Falterfische, Borstenzähner (Chaetodontidae). Artenreiche Familie mit einheitlichem Erscheinungsbild. Klein bis mittelgroß, scheibenförmige, meist wunderschön bunt gezeichnete Bewohner tropischer und subtropischer Riffe. Mit wenigen Ausnahmen sind sie Nahrungsspezialisten.

Korallenmonolithe. Einzeln stehende, große Korallenblöcke, meist durch Sandbereiche voneinander getrennt. Dort können sehr verschiedenartige Fischgesellschaften leben, die sich ohne Zwänge zeitlebens nicht wegbewegen.

Korallenwächter: siehe Büschelbarsch.

Krebslarve. Alle Krebstiere durchlaufen, je nach Art, mehrere bis viele Larvenstadien, die in ihrem Habitus ganz verschieden vom ausgewachsenen

Krebs sein können, besonders ausgeprägt bei Planktonformen.

Kreiselschnecken. Vorderkiemer mit kreiselförmigem, hübsch gezeichnetem Gehäuse. Ausgezeichnete Algenverzehrer!

Krill. Massenhaft und in riesigen Schwärmen auftretendes Plankton, das vorwiegend aus kleinen Krebschen besteht. Krillschwärme stellen die Nahrungsgrundlage für viele Fischarten, auch für Bartenwale, dar.

Krugfische (Canthigaster sp.). Sie werden nach neuerer Systematik wieder zu Kugelfischen gestellt; gehören zu den Giftfischen.

Kugelfische (Tetraodontidae). 16 Gattungen mit rund 120 Arten. Charakteristische, stumpf-rundliche Körperform, alle Vertreter können sich bei Gefahr „aufblasen". Sie sind giftig, nicht nur ihre Leber, wo das Gift konzentriert ist (Fugu!), sondern auch die Haut oder streßbedingte Abscheidungen. Hier (Seite 150 ff) handelt es sich um Arothron sp.

Kurzstacheliger Seeigel, Steinseeigel (Echinometra mathei). Er gehört der Familie Echinometridae an, besitzt mäßig lange, starke Stacheln, deren Basis ein kleiner weißer „Hof" umgibt. Er kann sich mit seinen Saugfüßchen unwahrscheinlich gut am Fels festhalten!

Laichwanderung. Manche rifflebenden Fischarten gruppieren sich zur Fortpflanzungszeit zu mehr oder weniger individuenreichen Gruppen, Trupps oder Schwärmen. Das tritt vor allem bei Fischen auf, die pelagisch laichen. Sie können dann auch beträchtliche Strecken zurücklegen.

Lanzenseeigel, Minenseeigel (Eucidaris metularia). Er gehört zur Familie der Cidaridae. Seine dicken, stumpfen Stacheln sind längs gerillt. Im Aquarium macht er sich unbeliebt, da er auch große Felstrümmer umwerfen kann. Ein unermüdlicher Algengraser!

Leierfische (Callionymidae). Elf Gattungen mit etwa 130 Arten. Siehe auch unter „Mandarin".

Leierschwanz-Säbelzahnfisch (Meiacanthus mossambicus). Ein schwimmgewandter Schleimfisch, dessen Lippenzähne mit Giftdrüsen in Verbindung stehen. Säbelzahn-Arten werden von Freßfeinden verschont und sind vermutlich aus diesem Grund ein beliebtes Mimikry-Vorbild!

Linckia sp. Eine tropische Seesterngattung, die weniger räuberisch als die meisten anderen Arten ist. Manche Linckia-Arten sind leuchtend blau gefärbt.

Lippfische (Labridae). Artenreiche (etwa 600 Species), Unterordnung der Barschartigen (Perciformes). Charakteristisches Gebiß mit meißelförmigen Zähnen. Die meisten Vertreter sind klein (Ausnahme: Gattung Cheilinus, bis zwei Meter!), deshalb aquaristisch interessant. Ausgeprägte Farbänderungen beim Heranwachsen und innerhalb der Geschlechter.

Lippfischkind, junger Lippfisch (Labridae). In diesem Fall (Seite 14) handelt es sich um das Jugendstadium

des Bijouterie- oder Clownjunkers, Coris formosa, der, ebenso wie sein nächster Verwandter, der Falsche Clownjunker, C. gaimard, ein besonders krasses Beispiel für abweichende Jugendfärbung darstellt.

Lobophytum crassum. Eine flächig wachsende, sich blattartig verzweigende Lederkoralle; die zarten Tentakel sitzen an den „Blatträndern". Sie kann große, zusammenhängende Bestände bilden.

Lysmata amboinensis und Lysmata grabhami (Indopazifische und Atlantische Weißband-Putzergarnele). Zwei Putzergarnelen, die in keinem größeren Korallenbecken mit gutem Fischbesatz fehlen sollten. Sie putzen unermüdlich, können in kleinen Becken auch etwas aufdringlich sein.

Macropharyngodon bipartitus (Zweigeteilter Lippfisch). Er bleibt recht klein und ist ein verträglicher, gut zu vergesellschaftender und farbenfroher Vertreter der Lippfische. Allerdings ist er, wie alle Lippfische, sehr aktiv und benötigt viel Platz. Der Geschlechtsdimorphismus ist ausgeprägt; terminale Männchen wirken düsterer, tragen ein metallisch schimmerndes Schuppenkleid in verschiedensten Rot- und Grüntönen.

Makaken. Japanische Rotgesichtsmakaken, eine Menschenaffenart, an denen viele soziale Verhaltensweisen untersucht wurden.

Makrelen (Scombroidei). Artenreiche Fischfamilie, zumeist pelagische Schwarmfische.

Mandarinfisch (Synchiropus splendidus). Gehört zur Familie der Leierfische (Callionymidae). Relativ artenarme Familie, drei bis vier tropische Arten werden regelmäßig importiert: neben dem Mandarin der beliebte „LSD"- oder Palettenfisch, S. picturatus, seltener S. stellatus und S. ocellatus. Alle Vertreter der Gattung Synchiropus bleiben klein (maximal 10 cm) und sind mehr oder minder auf Lebendnahrung, wie Kleinkrebschen, Würmer u. ä., spezialisiert. Manche, aber nicht alle Individuen nehmen Ersatzfutter, wie gefrostete Artemia, Mysis etc., an, also benötigen sie für ihr Überleben gut eingefahrene, reichlich mit Algen und Niederen Tieren besetzte Becken. Sie haben keine Schwimmblase, sind schlechte Schwimmer und bewegen sich mit Hilfe der Brustflossen überwiegend in Bodennähe. Sie sind schuppenlos, jedoch ist ihre Haut mit einer dicken Schleimschicht bedeckt, die ihnen einen gewissen Schutz gegen die üblichen Korallenfisch-Krankheiten (Oodinium, Cryptocaryon) verleiht. Allerdings ist diese Schleimschicht bei schlechten Wasserverhältnissen verhängnisvoll, sie sondern dann zuviel Schleim ab und ersticken daran. Deshalb benötigen sie unbedingt sehr gute Wasserverhältnisse!

Die vielfach in der Literatur vertretene Ansicht, daß sich verschiedene Synchiropus-Arten untereinander vergesellschaften lassen, kann ich nur für

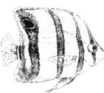

große (über 500 Liter) Aquarien bestätigen. Sonst verhielten sich alle Arten bald gegeneinander extrem aggressiv, verfolgten und bissen sich hemmungslos. Gleichgeschlechtliche Individuen derselben Art töten sich auch in sehr großen Becken früher oder später. Am besten hält man sie paarweise.

Auch der Hinweis auf ihre Schlafgewohnheiten ist zumindest teilweise falsch. Mandarin und LSD graben sich niemals in Sand ein. Sie haben feste Schlafplätze, oft nicht besonders geschützt am Boden; sie scheinen sich auf ihre Schutz-Schleimschicht zu verlassen. Ihre Nachtfärbung ist ein verwaschenes gemustertes helles Graugrün. Nur Synchiropus stellatus gräbt sich am Fuße von Gesteinsbrocken manchmal in die Sandschicht ein. Oft schmiegt er sich jedoch nur in eine Spalte. Allerdings habe ich einen verfolgten Mandarinfisch beobachtet, der sich in Panik in den Sand bohrte!

Bei guter Haltung sind alle Synchiropus-Arten stets aktiv und langlebig.

Mangrove. Pflanzengesellschaften flacher, ruhiger und von den Gezeiten beeinflußter Flußmündungen und Küstenbereiche (Lagunen). Mangroven haben verschiedenste Anpassungen an den Lebensraum hervorgebracht: Atem- und Stelzwurzeln, besondere Fortpflanzungsmechanismen usw.

Marmorgarnele (Saron sp.). Auf Seite 138 handelt es sich um die Tan-nenzapfen-Garnele, Saron inermis. Eine recht robuste, nachtaktive Garnele, die mit Weichkorallen nicht gerade sanft umgeht und manche Steinkorallen gern frißt. Mit Fischen ist sie gut zu vergesellschaften.

Masken-Falterfisch, Maskarill-Falterfisch (Chaetodon semilarvatus). Ein unverkennbarer, recht großer Falterfisch, der unter den Augen einen umgekehrt-tropfenförmigen, blauen Fleck trägt. Wie fast alle Falterfische ist auch er ein Nahrungsspezialist.

Mikrofauna im Aquarium. Alle winzigen Bewohner, etwa mikroskopisch kleine Würmchen, Krebstiere, auch Einzeller.

Minutenprotokoll. Eine Art der Beobachtungsniederschrift, die in einem begrenzten Zeitabschnitt zu geschehen hat. Kann auch mittels „Strichlisten" erfolgen. Beispiel: Alles innerhalb von zehn Minuten Beobachtbare wird aufgeschrieben oder in schon vorbereitete Strichlisten eingetragen. Minutenprotokolle können natürlich auch in einen Event-Recorder gesprochen werden.

Mirakelbarsche (Plesiopidae). Sie werden auch Rundköpfe genannt. Sieben Gattungen mit über 20 Arten. Dämmerungsaktive, langsam schwimmende Fische, die sich gern in Höhlen aufhalten. Auf Seite 67 ff handelt es sich um die häufig eingeführte Art Calloplesiops altivelis, einen dunkel blauschwarzen Fisch mit weißen Tupfen, der durch seine meist weit abgestellten Flossen viel größer wirkt, als er

tatsächlich ist. Mirakelbarsche sind beeindruckende Fische.

Moderlieschen (Leucaspius delineatus). Kleine, gesellig lebende Art der Cypriniden. Süßwasserbewohnender, genügsamer Algenfresser.

Mördermuschel (Tridacna sp.). Gattung tropischer Meeresmuscheln, einige Arten können nahezu zwei Meter Schalenbreite erreichen. Die wunderbar irisierenden Farbtöne der Mantelränder kommen durch symbiontische Algen zustande.

Mondfleck-Falterfisch (Chaetodon lunula). Ein häufig eingeführter, bei entsprechenden Voraussetzungen gut haltbarer Fisch.

Monogam. Einehig. Je ein Männchen und ein Weibchen leben dauerhaft oder während einer Fortpflanzungsperiode (= saisonehig) zusammen.

Moostierchen: siehe Bryozoa.

Morphologie. Gestalt- und Formenlehre, Teilgebiet der Biologie. Im weitesten Sinn ist es die Lehre vom Bau der Organismen.

Mückenlarven. Larvenstadien verschiedenster Mücken; für die Aquaristik sind besonders die Larven von Culex und Aedes (Chironomidae), aber auch Corethra als Fischfutter wichtig.

Muränen (Muraenidae). Aalähnlich langgestreckte Raubfische mit kräftiger Bezahnung. Über 100 Arten aus 16 Gattungen.

Mysis (Mysidacea). Schwebegarnelen. Sie spielen eine wichtige Rolle als Futtertiere für unsere Aquarienfische.

Nahrungsspezialist. Ein Tier bzw. eine Tierart, die für ihr Wohlbefinden eine ganz bestimmte Nahrung benötigt. Oft kann sie ohne diese nicht überleben. Nahrungsspezialisten sind, im Gegensatz zu den sogenannten Generalisten, häufig vom Aussterben bedrohte Arten, da sie eben beim Fehlen dieser Nahrungsressourcen unfähig sind, Ersatznahrung zu verwerten. Man denke etwa an den Pandabären, der ohne eine bestimmte Bambusart verhungert.

Napoleonfisch, Wellenlippfisch (Cheilinus undulatus). Er ist der größte Lippfisch, kann zwei Meter lang und über 200 Kilogramm schwer werden. Er lebt von Muscheln und Schnecken und läßt sich an Tauchbasen leicht anfüttern.

Naso lituratus (Kuhfisch, Kuhkopffisch, auch Gelbklingen-Nashornfisch). Obgleich er kein Horn trägt, gehört er zur Unterfamilie der Nashornfische, einzige Gattung: Naso. Im Unterschied zu den nah verwandten Doktorfischen tragen sie an der Schwanzwurzel ein starres „Skalpell", das nicht eingeklappt werden kann. Der Kuhkopffisch ist einer der farbenprächtigsten Vertreter.

Neongrundel (Gobiosoma oceanops) und Hainasen-Grundel (G. randalli, G. evelynae?). Zwei nahe verwandte Putzgrundeln, die trotz ihrer Winzigkeit gut im Seewasseraquarium zu halten und bei entsprechendem Aufwand sogar zu züchten sind. Beide betätigen sich als Putzer.

„Niedere Tiere". Meerwasseraquaristischer Sammelbegriff für wirbellose, meist sessile Tiergruppen. Eine Bezeichnung, die mit einer gewissen Berechtigung von verschiedenen Autoren abgelehnt wird, da sie als Abwertung verstanden werden kann. Wenn man jedoch das Vorhandensein eines zentralnervösen Organsystems, also eines Gehirns, als Vorausbedingungen für „höhere Organismen" versteht, finde ich die Bezeichnung vertretbar.

Nitratgehalt. Entsteht durch den Abbau tierischer Endprodukte im Aquarium, kann sich stark anreichern, wirkt sich vor allem im Meerwasserbecken ungünstig aus. Nitrate sind Salze der Salpetersäure und das Endprodukt bei der Oxidation von Stickstoffverbindungen.

Nitritgehalt. Entsteht im Aquarium entweder durch teilweise Oxidation von Ammoniumverbindungen oder durch Reduktion von Nitraten. Nitrite sind die Salze der salpetrigen Säure, und sie sind bereits in sehr niedriger Konzentration giftig.

Nixenbarsch, auch Nymphen-Zwergbarsch (Pseudochromis paccagnellae). Ein charakteristisch vorn lila, hinten gelb gefärbter, kleiner Barsch. Er ist ein bekannter Raufbold, sonst aber gut haltbar.

Orangeblauer Zwergkaiser, Orangerücken-Herzogfisch (Centropyge acanthops). Ein hübscher, rauflustiger Draufgänger! Zur Haltung gilt dasselbe wie für C. bispinosus.

Orgelkorallen (Tubipora). Gattung der Lederkorallen. Sie haben ein festes, leuchtend rotes Skelett aus eng nebeneinanderstehenden Röhren (Name!), die in Etagen übereinander angeordnet sind. Nur die oberste Etage trägt die Polypen.

Palettenfeilenfisch (Oxymonacanthus longirostris). Feilenfische sind mit den Drückerfischen verwandt. Die Mehrzahl von ihnen ist auf bestimmte Korallenpolypen spezialisiert, besonders der wunderschöne Palettenfeilenfisch. Man kann ihn – mit viel Mühe – auf Ersatzfutter dressieren, doch sollte er stets ausreichend Lebendfutter (Kleinkrebschen usw.) im Aquarium erbeuten können. Diese Fische können nur als Paar gepflegt werden, sind sonst äußerst aggressiv zueinander. Die Unterscheidung der Geschlechter gelingt an der Form der unpaarigen Bauchflosse, vergleiche Abbildung Seite 71.

Papageifische (Scaridae). Eng mit den Lippfischen verwandte Gruppe, acht Gattungen mit rund 70 Arten. Alle weisen ein charakteristisches „Gebiß" auf, das sie befähigt, algendurchsetztes Gestein abzuschaben. Auch Korallengewebe wird so abgeweidet. Mit Alter und Geschlecht einhergehende Farbänderungen.

Parasit. Organismus, der nur in einer einseitigen Abhängigkeit von einem anderen Organismus, dem Wirt, existieren kann, nach neuesten Erkenntnissen nicht immer zu dessen Schaden! Siehe auch Symbiose.

Parasitische Krebse (Argulidae).
Fischläuse, die spezielle Haftorgane
haben, mit denen sie sich an der
Fischhaut festsetzen und dann deren
Blut saugen. Sie beeinträchtigen den
befallenen Fisch sehr stark!
Patella (Napfschnecken). Vorderkiemer, die meist an den Felsen der
Gezeitenzone leben; sie raspeln dort
Algen ab und haben einen fixen
Tagesplatz, zu dem sie immer wieder
zurückkehren, was sich auch im Aquarium beobachten läßt!
Pedicellarien. Verschiedenartig ausgebildete, weichhäutige Ausstülpungen
bei Stachelhäutern. Sie können unter-
schiedliche Funktionen innehaben
(Fortbewegungs-, Greif-, Freß-, Atemorgane usw.).
Periclimenes sp. Gehört zur Familie
der Palaemonidae und innerhalb dieser zur Unterfamilie der Partnergarne-
len. Periclimenes-Arten leben meist in
Gemeinschaft mit verschiedenen Anemonen; im Freiwasser betätigen sie
sich auch als Putzer. In meinen Becken
verlassen sie ihre Anemone sehr
ungern; sie werden übrigens von (kleinen) Anemonen nicht besonders
geschätzt, da sie Mundraub betreiben
und mit ihren Wirten unsanft umge-
hen!
**Pfauenaugen-Falterfisch, Vieraugen-
Falterfisch (Chaetodon capistratus).**
Ein nicht allzu groß werdender,
elegant gezeichneter und eher selten
eingeführter Falterfisch. Er ist als Nahrungsspezialist ein schwieriger Pflegling.

**Pfennigalge (Halimeda sp.) auch
Kaktusalge.** Grünalge wärmerer
Meere. Der gegliederte Thallus ist
durch Kalkeinlagerungen gekenn-
zeichnet.
Phuket. Halbinsel im Süden Thailands.
**Picasso-Drückerfisch (Rhinecanthus
aculeatus).** Art der Drückerfische,
Balistidae. Wie der Name andeutet,
ein bunter, abstrakt gemusterter, mit-
telgroßer und sehr aggressiver
Drückerfisch, der besonders gern die
Geröllzonen des Vorriffs besiedelt.
**Platax orbicularis (Gelbflossen-Fle-
dermausfisch)** siehe Fledermausfische.
Premnas. Eine der beiden Anemonen-
fisch-Gattungen (Premnas und
Amphiprion). Die Gattung Premnas
enthält nur eine Art: P. biaculeatus,
den Samt-Anemonenfisch.
Preußenbarsch. Verallgemeinernde
Sammelbezeichnung für gestreifte
Riffbarsche, meist mit ausgeprägtem
Revierverhalten im Bereich der Stand-
ortkoralle! Auf Seite 43 handelt es sich
um Abudefduf vaigiensis.
Primaten: Menschenaffen.
**Putzer-Lippfisch (Labroides dimidia-
tus).** Alle fünf Arten der Gattung
betreiben im Riff sogenannte Putz-
stationen und ernähren sich großteils
von Außenparasiten ihrer „Kunden".
Im Aquarium müssen sie zusätzlich
ausreichend gefüttert werden!
Radianthus. Gattung tropischer Seeanemonen, typische Wirtsanemonen
der Anemonenfische. Beliebte Sym-
bioseanemonen sind auch Heteractis
und Stichodactyla.

Redoxpotential. Redox-Werte. Aus Oxidation, Reduktion und Potential zusammengesetzter Begriff. In verschiedenen Fachbüchern uneinheitlich gehandhabte Definitionen. Wichtig für ein günstiges Wassermilieu scheint ein stabiler Redox-Wert zu sein. Ein Maß für die Höhe des Redoxpotentials kann der rH-Wert sein.

Regenerieren. Erneuern, auch Nachwachsen von Körperteilen.

Reiterkrabbe. Sandkrabbe Ocypode sp. Die Männchen bauen bis zu 30 Zentimeter hohe Sandpyramiden, erneuern sie unermüdlich nach jeder Zerstörung. Sie dienen als Signal für paarungsbereite Weibchen: Der fitteste Krabbenmann mit dem höchsten Hügel hat den größten Zulauf!

Riesenlandschildkröte. Hier handelt es sich um die auf den Seychellen endemische Riesenform, Testudo (Megalochelys) gigantea. „Esmeralda" hat als größte und schwerste Vertreterin sogar Eingang in das Guiness-Buch der Rekorde gefunden. „Sie" ist übrigens ein Männchen!

Riffbarsche (Pomacentridae). Vier Unterfamilien mit über 320 Arten aus 28 Gattungen.

Riffdach. In diesem Fall ein seichter Riff-Abschnitt, der bei Niedrigwasser gerade noch mit Wasser bedeckt ist. Riffwatt, Algenrücken.

Riffkuhle. Eine meist sandige oder mit kleinkörnigem Geröll gefüllte Vertiefung im Riff.

Riff-Seenadel, Korallenseenadel (Corythoichthys sp.). Mehrere sehr ähnliche Arten mit unterschiedlichen lateinischen Artbezeichnungen. Sie sind vorwiegend Korallenriff-Bewohner, die jedoch lieber auf Bodenkontakt nach kleinen Organismen jagen, ganz anders als die Blaustreifen- und besonders die Zebraseenadel, Doryrhamphus dactyliophorus, die beide gewandte Schwimmer und Strömungsjäger sind.

Ringleser. Einauge, monokulares Fernglas, das auch im Nahbereich eine gute Auflösung besitzt. Bei Studien an Volierenvögeln besonders dazu geeignet, auf kürzere Distanz Nummern oder Farbkombinationen von Fußringen abzulesen.

Ritualisiertes Verhalten, Ritualisierung. Eine ganz bestimmte Verhaltensweise, die der gegenseitigen Verständigung dient, wird im Verlauf der stammesgeschichtlichen Entwicklung immer starrer und damit unverwechselbar. Viele Verhaltensweisen der Balz bestehen aus solchen Ritualisierungen.

Röhrenwürmer. Sammelbegriff für verschiedenste Borstenwürmer (Polychaeta). Hier (Seite 92 ff) sind die attraktiven, röhrenbewohnenden Arten gemeint, die mit feinfiedrigen, meist bunten Tentakelkronen mikroskopisch kleine Partikel aus dem Wasser strudeln.

Rotalgen (Rhodophyta). Algengruppe, die etwa 4000 Arten enthält. Überwiegend sind sie Arten des marinen Benthos, die wärmeres Wasser bevorzugen. Bei manchen Arten verkalken die Zellen.

Rote Kalkalge: siehe Rotalgen.

Roter Schnapper, Schnapper (Lutianus). Gattung der Familie Lutjanidae. Barschartige, oft sehr farbenprächtige Raubfische, die sehr groß werden können. Geschätzte Speisefische!

Rotfeuerfisch (Pterois volitans). Der wohl bestbekannte Aquarienfisch unter den Feuerfischen. Er erreicht gut 30 Zentimeter Länge und ist ein bizarrer Lauerjäger. Freiwasserbeobachtungen zeigen, daß Rotfeuerfische manchmal eine echte Gruppenjagd betreiben, ein bei Fischen ungewöhnliches, da altruistisches Verhalten!

Rotflossen-Lippfisch, Aqaba-Rotbauch-Lippfisch (Cirrhilabrus rubriventralis). Ein kleinbleibender Lippfisch mit deutlichem Geschlechtsdimorphismus: die Weibchen einfarbig leuchtend rot mit kleinem schwarzen Punkt an der Schwanzwurzel, die adulten Männchen violett-purpurrot. Während der Balz aktivieren die Männchen zusätzliche Farbsignale, lassen sie kurz aufblinken. Mein Paar ist auch im Gesellschaftsbecken keineswegs ängstlich, im Gegenteil: Die Fische sind aggressive Draufgänger!

Rückwärtsschwimmen. Eine Schwimmform der Schleimfische, mit der sie den Partner in die Laichhöhle locken.

Säbelzahn-Schleimfische. Sie gehören zur Großgruppe der Nemophini, die viele frei schwimmende Vertreter aufweist. Bekannt sind die verschiedenen Meiacanthus-Arten, die bei ihrem Biß Gift absondern und daher von Raubfischen gemieden werden. Das ist auch der Grund, weshalb der Habitus vieler Meiacanthus-Arten von anderen Fischarten nachgeahmt wird.

Salpenkolonie. Salpen, Manteltiere, gehören zum Unterstamm der Chordaten, sind also Vorläufer der Wirbeltiere! Neben Einzeltieren kommen auch koloniebildende Arten vor. Die Tierkörper haben meist schlauch-, kugel- oder tonnenförmige Gestalt, können ledrig-derb oder zart durchscheinend und wunderschön gefärbt sein.

Samtbrauner Doktorfisch (Acanthurus pyroferus). Ein Doktorfisch, dessen Jugendform sehr verschieden gefärbt sein kann.

Sandanemonen. Eine unspezifische Sammelbezeichnung für kleinere, gern im Sand fußende Anemonen, meist aus der Gattung Heteractis.

Sandfliegen, Sandmücken. Winzige, blutsaugende Dipteren, deren Stiche oft unangenehmere, längere Nachwirkungen haben als die „normaler" Stechmücken.

Saphirbarsch, Saphir-Riffbarsch, Blauer Riffbarsch (Chrysiptera cyanea). Ein zwar harter, anspruchsloser Barsch, der jedoch äußerst aggressiv nicht nur gegenüber Artgenossen, sondern auch gegenüber jedem anderen blauen Fisch sein kann. Bei mir attackierte er sogar einen Mandarinfisch! Möglicherweise besser als Kleingruppe, in der sich die Aggressivität nivelliert, zu pflegen.

Sarcophytum lobulatum (Pilzlederkoralle). Sie gehört zur großen Familie der Alcyonidae. Eine prächtige Lederkoralle, die im Freiwasser riesige Dimensionen erreichen kann.

Sargassofisch, Sargassum-Krötenfisch (Histrio histrio). Ein Anglerfisch, der nur im Tang der Gattung Sargassum lebt, an den er farblich und in der Form seiner Körperanhänge extrem gut angepaßt ist.

Scheibenanemonen, Krustenanemonen. Sie gehören zu den Korallentieren, Anthozoa, und sind meist Koloniebildner mit vegetativer Vermehrung.

Scherengarnelen (Stenopodidae). Kenntlich vor allem am dritten, scherenbewehrten Beinpaar, das immer weit ausladend getragen wird. Beispiel: Stenopus hispidus oder die viel kleineren, ansprechend gefärbten Scherengarnelen S. scutellatus und S. cyanoscelis, die auch für zarte, kleine Beckenbewohner ungefährlich sind.

Scherenschwanz-Torpedogrundel (Ptereleotris evides). Sie hat tatsächlich die Stromlinienform eines Flügeltorpedos, und die zarte hell- und dunkelgraue Farbgebung verstärkt diesen Eindruck. Die erste Rückenflosse wird meist angelegt, nur die weichstrahlige Rücken- und die Afterflosse werden abgespreizt. Eine sehr ansprechende, gut haltbare, anspruchslose und ausdauernde Grundel; doch auch sie neigt zu Streßreaktionen, springt also.

Schlammspringer (Periophthalmidae), Grundelverwandte. Hier (auf Seite 8)

handelt es sich vermutlich um P. barbarus. Schlammspringer bewohnen flache Wassergerinne, Tümpel usw. und entfernen sich oft beträchtlich weit vom Wasser; sie „robben" dabei auf ihren muskulösen, armartig umgebildeten Brustflossen, und bei Gefahr tauchen sie entweder im Wasser unter, oder sie schnellen in weiten Sprüngen über die Wasseroberfläche. Sie können mit ihren gut durchbluteten, geräumigen Kiementaschen Luft atmen. Sie betreiben Brutpflege.

Schlankkopf-Symbiosegrundel (Cryptocentrus leptocephalus). Ein emsiger Wühler! Gegenüber gleichgeschlechtigen Artgenossen sehr unverträglich.

Schleimfische (Blenniidae). Ungefähr 300 Arten aus 60 Gattungen. Sie haben eine weitgehend nackte, schuppenlose Körperoberfläche. Viele Arten sind bodengebundene, schlechte Schwimmer.

Schmieralgen. Sie werden zwar zu den Blaualgen (Cyanophyta) gezählt, doch ist ihre Stellung im botanischen System umstritten, da sie viele Eigenschaften von Bakterien aufweisen (Cyanobacteria). Im Aquarium als häßliche, schleimige, violette, grünblaue oder schwarze Überzüge gefürchtet und kaum zu bekämpfen. Sie sind nicht unbedingt Indikatoren für schlechtes Wasser, meist jedoch für instabile Wasserverhältnisse.

Schnabellippfisch (Gomphosus varius). Ein durch sein lang ausgezogenes Maul ungewöhnlich aussehender, mittelgroßer Lippfisch. Die Männ-

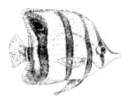

chen sind strahlend grünblau, Weibchen und Jungtiere bräunlich gefärbt.

Schnapper. Hier fälschlich so bezeichnet. Es handelt sich auf Seite 43 um eine Stachelmakrele, Caranx sp.

Schnepfenmesserfisch (Aeoliscus strigatus). Gehört zur Familie der Centriscidae. Die Fische schwimmen immer in Kopf-nach-unten-Haltung; Jungfische bewegen sich nie weit von ihren Diademseeigeln weg, zwischen deren Stacheln sie bei Beunruhigung flüchten.

Schwänzel- und Nickschwimmen. Typisches Schwimmverhalten während der Balz, das fast alle Schleimfische in ähnlicher Form vollführen.

Schwarzer Kofferfisch, Punktierter (Weißpunktierter) Kofferfisch (Ostracion meleagre). Ein kleinbleibender (im Freiwasser bis 20 Zentimeter Länge), wunderschöner Kofferfisch. Das adulte Männchen hat, im Gegensatz zum schwarz und weiß gepunkteten Weibchen, eine farbig abgesetzte Schabrackenzeichnung. Wie alle Koffer-, Kugel- und Krugfische ist er im Aquarium ein latent gefährlicher Pflegling, denn diese Fische sind „giftig". Im Tode oder auch bei Verletzungen und starkem Streß können sie ein starkes Nervengift, das Ostracitoxin, abgeben und damit alle anderen Aquarienpfleglinge töten. Auch sie selbst gehen daran zugrunde!

Schwellenwert. In der Verhaltensforschung auch Reizschwelle genannt; Mindestgröße eines Reizes, der eine Reaktion (in Form einer Verhaltens-weise oder eines Nervenimpulses, wie etwa bei der Hörschwelle) hervorruft. Reize, die unter diesem Wert bleiben, sind unterschwellig. Der Schwellenwert kann verändert werden, wenn bestimmte motivierende Reize entweder sehr häufig oder sehr selten auftreten. Im ersten Fall kann es durch Gewöhnung zu einer Erniedrigung, im zweiten Fall zu einer Erhöhung kommen.

Sechsstreifen-Lippfisch (Pseudocheilinus hexataenia). Er wird kaum acht Zentimeter lang und ist ausgesprochen elegant gefärbt! Die Geschlechter sehen gleich aus, eine seltene Ausnahme unter den Lippfischen. Trotz geringer Größe benötigt er viel Platz und einen gut strukturierten Lebensraum, wird sonst aufsässig und aggressiv. Er ist ein sehr effizienter Kleinkrebsjäger und ein arger Laichräuber!

Sediment. Bodengrund, abgesunkenes Feinmaterial.

Seefedern (Pennatulacea). Hier Walzenseefeder, Cavernularia obesa. Sie gehört zu den achtstrahligen Blumentieren. Eine nicht ganz einfach zu pflegende, „halbsessile" Feinsand- und Schlammbewohnerin.

Seegurken-Vergiftung. Seegurken gehören zu den Stachelhäutern (Echinodermata), scheiden bei Gefahr einen hämolytischen Giftstoff, das Saponin, Holothurin, ab; es wirkt tödlich auf kiemenatmende marine Vertebraten, also auf alle Fische. Deshalb ist ihre Pflege im Aquarium bedenklich.

Seelilien. Vertreter der Crinoidea, zu denen auch die Haarsterne gehören. Sie sind blumenartige, attraktive Stachelhäuter, im Aquarium jedoch kaum haltbar.

Seenadeln (Syngnathinae). Sie gehören zur Familie der Syngnathidae mit 52 Gattungen und 230 Arten. Viele Seenadeln kommen in Tang- und Seegrasfeldern vor, nur wenige sind echte Riffbewohner.

Seepferdchen (Hippocampinae). Gehören wie die Seenadeln zur Familie der Syngnathidae. Nur eine Gattung, Hippocampus. Alle Vertreter weisen einen ähnlichen (namengebenden!) Habitus, ähnliche Fortbewegungsweisen und ähnliche Strategien der Nahrungsaufnahme auf, haben aber durchaus verschiedene Beutetier-Präferenzen. Alle sind langsame Fresser!

Seepocken (Cirripedia). Eine festsitzende Krebsgattung, die zeitlebens in ihrem harten Kalkgehäuse bleibt und mit feingefiederten Beinen Plankton heranstrudelt (Rankenfüßer).

Segelflosser (Zebrasoma). Einige Doktorfischarten, die sich durch besonders stark entwickelte Rücken- und Bauchflossen auszeichnen. Imponierende Segelflosser können nahezu scheibenartig wirken, zum Beispiel Zebrasoma flavescens. Hier (Seite 25) geht es um Z. desjardinii, den Westlichen Segelflossen-Seebader.

Seitenliniensystem, Seitenorgan. Bei Fischen ein hochempfindliches Organ des Strömungssinnes. Damit können sie, ohne damit in Sicht- oder direkten Kontakt zu kommen, verschiedene Objekte wahrnehmen. Dieser „Ferntastsinn" umfaßt geringste Veränderungen der Strömungsverhältnisse des den Fisch umgebenden Wassermantels. Die Sinneszellen des Seitenliniensystems sind linienartig an den Körperseiten angelegt. Es kommen auch Kopflinien vor.

Sepia. Eine Gattung der zehnarmigen Tintenfische. Jungtiere schwimmen oft in großen Schulen, und immer „verkehrt herum"!

Seriatopora sp. Buschkoralle.

Sinularia. Lederkoralle, Gattungen Sinularia, Cladiella. Sie wachsen eher baum- bzw. strauchförmig verzweigt; der Stammbereich trägt meist, wie bei Sarcophytum, keine Polypen.

Sinularia macropodia. Eine der Pilzlederkoralle verwandte Form, die aber nicht großflächig, sondern fingerartig verzweigt wächst. Vergleiche auch Sarcophytum sp.

Skinke (Scincidae). Glattechsen, heterogene Gruppierung verschiedener Echsenarten mit besonders glatten Hornschuppen als Körperbedeckung.

Skorpionsfische, Drachenkopffische (Scorpaenidae). Zwölf Unterfamilien, 60 Gattungen und mehr als 120 Arten. Für Aquarianer sind besonders drei Unterfamilien interessant: die eigentlichen Skorpionsfische, die Feuerfische und die (extrem giftigen!) Steinfische.

Soldatenfische (Holocentridae). Oft Unterteilung der Holocentridae in Holocentrinae (Husarenfische) und

Myripristinae (Soldaten- oder Eichhörnchenfische). Nur die Husarenfische haben einen kräftigen Stachel am
Kiemenvordeckel. 66 Arten, die meisten davon dämmerungs- oder
nachtaktiv. Darauf deuten auch schon
die großen Augen hin. Tagsüber ver-
bergen sie sich in Höhlen, Spalten und
unter Überhängen.

Sozialverhalten. Sammelbegriff für
alle auf den Artgenossen gerichteten
Verhaltensweisen.

Spanische Tänzerin. Eine große,
leuchtendrot gefärbte tropische
marine Nacktschnecke, ein Hinterkie-
mer (Opistobranchiata), der sich oft
frei schwimmend bewegt.

**Sphaerella krempfi („Weihnachts-
baum").** Eine charakteristische Lederkoralle mit nadelbaumähnlicher
Wuchsform. Sie kann sich völlig
zurückziehen, sieht dann aus wie eine
„runzelige Kartoffel" (Wilkens et al.
1986).

Spinnenjäger. Mit den Blütenpickern
nah verwandte Vogelfamilie, die aber
häufiger Insekten und Spinnentiere
jagt.

Stationär: ortsgebunden.

Steinfisch: siehe Skorpionsfische.

Steinkoralle (Madreporaria). Unterklasse der Hexacorallia aufgrund der
sechsfachen Unterteilung des Gastral-
(„Magen"-)Raums. Vergleiche dagegen Octocorallia. Steinkorallen voll-
bringen im Kolonieverband unvor-
stellbare Riffkonstruktionen und sind
damit nach erdgeschichtlichen
Gesichtspunkten am Zustandekom-

men von Kontinenten beteiligt. See-
wasseraquaristisch gilt es als Heraus-
forderung an Könner, Steinkorallen zu
pflegen und zu vermehren. Doch
sollte man dann auf jede zusätzliche
Fischhaltung verzichten.

**Steinwälzer, Triel, Regenpfeifer,
Säbelschnäbler, Sichelstrandläufer,
Regenbrachvogel.** Watvögel der
Palaearktis, die unter anderem auf
verschiedenen Seychelleninseln über-
wintern.

**Sternchenkoralle, Röhrenkoralle, Füll-
hornkoralle (Stolonifera).** Gehört zur
Unterklasse der Octocorallia. Robuste
Weichkoralle, Familie der Cornicula-
riidae: Sie überziehen mit weichem
Stolonengeflecht das Gestein, die
Polypen in verschiedenen Grün- und
Brauntönen sind in Röhren geborgen
und erscheinen bei guter Beleuchtung
und Strömung als dichter „Rasen".

**Straußenfederkorallen, Straußenko-
ralle (Xenia, Pumpende Xenia).** Eine
wunderhübsche Weichkorallengruppe,
Familie Xeniidae, die auch Anthelia,
Cespitularia und Sympodium enthal-
ten. Die Polypen sind meist hell
gefärbt, groß, achtstrahlig (Octocorallia) und immer gefiedert, die sogenannten „pumpenden" Arten führen,
besonders deutlich bei geringer Strömung, rhythmische Eigenbewegungen
aus, die vermutlich der besseren Nähr-
stoffzufuhr dienen.

Streifenbarben. Barben, in diesem Fall
(Seite 25) verschiedene Vertreter der
Gattungen Parupeneus und Upeneus,
also Meerbarben (Mullidae).

Streifendrückerfisch, Orangestreifen-Drückerfisch (Balistapus undulatus). Ein prächtiger Drückerfisch, der mit Vorliebe Seeigel knackt!

Substratpicker. Fischgruppen, die ständig am Boden oder an Steinen (Substrat) zupfen und nagen, also immer mit der Futtersuche beschäftigt sind, im Gegensatz zu den Strömungsjägern, die, in der Strömung bzw. im freien Wasser stehend, nach Vorbeitreibendem schnappen. Beispiele: Zebrasoma oder Synchiropus gegenüber Anthias oder Ptereleotris.

Süßlippe (Gattung Plectorhinchus). Große, kräftige Fische mit zwar kleinem Maul, aber dick-wulstigen Lippen. Vollständige Farbänderung im Verlauf des Heranwachsens bei allen Arten.

Symbiose. Das Zusammenleben verschiedenartiger Organismen zu gegenseitigem Nutzen. Es ist oft sehr schwierig zu entscheiden, wann die Symbiose über den Kommensalismus (= Mitbenutzen von Nahrungsquellen) zum Parasitismus wird, bei dem nur ein Individuum bzw. Organismus Nutzen aus dem anderen zieht. Es gibt fließende Übergänge!

Tanzgarnelen (Rhynchocinetidae). Teilweise wunderschön gefärbte und gekennzeichnete Garnelen mit vorspringenden „Knopfaugen". Der Name rührt von ihrer ruckartigen Fortbewegungsweise her.

Tao-Peh-Baum: Indian Almond (Terminalia catappa)

Tentakel. Fangarm. Er kann, wie etwa bei Aktinien, mit Nessel- oder Klebezellen versehen sein. Fangarme von Tintenfischen agieren dagegen mit Saugnäpfen.

Thermometerhuhn. Ein Angehöriger der Großfußhühner, Megapodidae. Eine hochinteressante Vogelgruppe, die ihre Eier in großen Bruthügeln von der Gärungswärme des eingescharrten Laubes ausbrüten läßt. Manche Arten bewohnen vulkanische Inseln und nutzen dann auch direkte Erdwärme.

Tridacna: siehe Mördermuschel.

Tropikvogel (Phaethon lepturus). Ein unverwechselbarer, weißer, großer, fluggewandter tropischer Seevogel mit zwei lang ausgezogenen Schwanzfedern.

Tubastrea sp. (Rote, Gelbe Kelchkoralle). Großpolypige, leuchtend gefärbte, ahermatypische, also nicht riffbildende Koralle. Im Freiwasser lebt sie vor allem in beschatteten Riffbereichen, auch unter Höhlendächern. Sie betreibt aktive Nahrungsaufnahme, fängt mit ihren Tentakeln auch relativ große Beutetiere. Im Aquarium ein meist kurzlebiger Pflegling!

Turbinaria (Kraterkoralle, Schalenkoralle). Riffbildende Steinkorallen aus der Familie der Dendrophylliidae. Sie sind recht resistente Tierstöcke, die in entsprechend eingerichteten Aquarien lange leben können.

Wandelndes Blatt (Phyllium sp.). Eine Gattung der Gespenstheuschrecken, die in Form und Farbe ein gelapptes Blatt täuschend nachahmt. Wird stets als Beispiel für Mimikry genannt.

Wasserasseln (Isopoda). In unseren Aquarien können winzige Formen in Massen auftreten – bis der erste Mandarinfisch einzieht!

Weichkorallen (Alcyonaria). Ordnung der Blumentiere (Anthozoa), etwa 800 Arten. Die oft sehr farbenprächtigen, weichen Tierstöcke können sich zusammenziehen. Als Skelettelemente haben sie in ihrem Gewebe kleine Kalkkörperchen, die für die Artbestimmung wichtig sein können.

Weidegänger. Meeresaquaristisch ein recht verfänglicher Begriff, der den Eindruck vermittelt, daß ein „weidegehender" Fisch keine zusätzliche Ernährung benötigt, sondern sich selbst versorgt. Tatsächlich können das aber nur ganz wenige Fische, zum Beispiel manche Blenniiden, wie Salarias und Atrosalarias spp. Alle anderen Fische benötigen daneben stets ausreichend Proteinzukost, die sie sich nur in sehr großen, alt eingerichteten, gut durchwachsenen Aquarien mit einem minimalen Fischbestand beschaffen können. Meist jedoch manifestieren sich die sogenannten Weidegänger als abgemagerte, stereotype Runden schwimmende und eher unglückliche Fische. Man sollte bedenken: Im Freiwasser gibt es keine mageren Fische!

Weißkehl-Doktorfisch (Acanthurus leucosternon). Großer (bis 30 Zentimeter Länge), besonders prächtig gefärbter Doktorfisch. Meist als Einzelgänger anzutreffen, bildet Schulen, um in fremden Revieren zu weiden.

Wimpelfisch (Heniochus sp.). Gattung der Chaetodontidae, acht Arten, die alle ein diagonales Streifenmuster und eine mehr oder weniger stark verlängerte erste Rückenflosse (Wimpel) tragen. Empfindliche Pfleglinge.

Wobbegong (Orectolobus maculatus). Gehört zur Familie der Ammenhaie, die im allgemeinen nicht länger als etwa zwei (maximal vier) Meter werden. Manche Arten sind Riffbewohner. Einige Ammenhaie, darunter auch der Wobbegong, haben eigenartig milchige, mit einem hellen Querstrich versehene Augen.

Wollkrabben, Borstenkrabben, Steinkrabben (Xanthidae). Sie gelangen mit lebenden Steinen in unsere Becken. Die Mehrzahl ist völlig harmlos. Sie ernähren sich von Futterresten und Detritus. Einige Arten können Korallen schädigen. Falls ein Fisch in schlechter Kondition ist, kann er ein Opfer werden, doch würde er (vermutlich!) auch sonst nicht überleben.

Zackenauster. Sie gehört zur Gattung Ostrea (Anisomyaria). Ihre Schalenhälften sind ungleich groß und meist völlig mit dem umgebenden Gestein verwachsen. Sie sind weniger lichthungrig als die großen Mördermuscheln, da sie in ihrem Mantel keine symbiontischen Algen beherbergen.

Zackenbarsche (Serranidae). 35 Gattungen mit etwa 370 Arten. Manche Vertreter werden bis zu drei Meter lang!

Zebragrundel, Zebra-Schläfergrundel, Zebra-Torpedogrundel (Ptereleotris

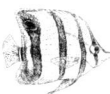

zebra). Sie ist die allerbeste unter den Schläfer- bzw. Torpedogrundeln, kann besonders gut als Paar, auch in kleinem Gruppenverband gehalten werden. Sie ist psychisch stabil, springt nicht so schnell, ist ein genügsamer Strömungsjäger. Erst, wenn man sie genau betrachtet, zeigt sich ihre ganze, unaufdringliche Schönheit. Zebragrundeln werden recht groß, bleiben aber immer verträglich. Mein Paar ist nun sieben Jahre alt und auch in lebhaften Fischgesellschaften stets aktiv.

Zebrasoma flavescens (Gelber Seebader, Gelber Segelflosser, Gelber von Hawaii). Er gehört der Familie der Doktorfische, Acanthuridae, an und ist neben einigen Blenniiden einer der besten Fadenalgenvertilger.

Zirren. Hautauswüchse im Kopfbereich, wie sie viele Schleimfische aufweisen. Bei Salarias oder Cirripectes können es verzweigte, bäumchenartige Gebilde über den Augen und/oder im Nackenbereich sein.

Zitronenjunker, Kanarien-Lippfisch (Halichoeres leucoxanthus). Ein mittelgroßer, gelber Lippfisch, dessen Jugendform sich auch im Freiwasser als Putzer betätigt.

Zoanthus (Krustenanemonen, Zoanthiniaria). Anemonenartige, sechsstrahlige Blumentiere. Zwei Familien, Epizoanthidae und Zoanthidae. Kein Innenskelett, aber eine zähe Außenhaut. Vermehrung findet durch Knospung statt. Fast alle Arten bilden zusammenhängende Kolonien. Sie ernähren sich symbiontisch über Zooxanthellen und/oder von im Wasser gelösten organischen Stoffen, benötigen also im Aquarium keine zusätzliche Fütterung.

Zweifarb-Putzer (Labroides phthirophagus), auch Hawaii-Putzerfisch. Hat dieselbe Lebensweise wie L. dimidiatus, oft kommen beide Arten nebeneinander in demselben Riffabschnitt vor. In den Handel gelangt er selten.

Zwergbarsche (Pseudochromidae). 15 Gattungen mit 115 Arten. Meist ansprechend gefärbte, kleinbleibende Fische aus der Verwandtschaft der Zackenbarsche.

Zwergkaiser, Herzogfische (Centropyge). 32 Arten. Recht einheitliche Fischgattung, vermutlich sind viele geographische Variationen (fälschlich?) als eigene Arten beschrieben worden. Farbenprächtige, kleine Kaiserfisch-Verwandte, die zwar höhere Haltungsansprüche stellen, doch sind die meisten Arten mit entsprechendem Aufwand sehr gut haltbar. Sie werden allgemein als Algenfresser eingestuft, doch benötigen sie zu ihrem Wohlbefinden unbedingt vielseitige Kost, wie kleine Krebstiere usw. Dann aber sind sie interessante, langlebige, wunderschöne Aquarienbewohner, vor allem, weil sie gut paarweise gehalten werden können.

Zwergrotfeuerfisch, Roter Zwergfeuerfisch (Dendrochirus brachypterus). Zwar bleibt er kleiner als die meisten anderen Rotfeuerfische, doch wächst

er recht schnell! Die Dendrochirus-Arten sind blauäugig!

Zwischenartliches Verhalten. Verhalten zwischen Individuen aus nicht miteinander verwandten Arten.

Zylinderrosen (Ceriantharia). Etwa 50 Arten. Einige können bis zu 70 Zentimeter Stammhöhe erreichen. Sie leben in aus Körperschleim und Sedimenten selbstgebauten Röhren. Actinien mit sehr langen, fadendünnen und stark nesselnden Tentakeln, mit denen sie sich unliebsame Futterkonkurrenten gut vom Leib halten können. Im Aquarium werden sie langsamen Fischen gefährlich, und sie benötigen viel Freiraum rund um sich herum.

Literatur

Allen, G. R. (1985): Falter- und Kaiserfische, Bd. 2. Mergus-Verlag, Melle.
– (1978): Die Anemonenfische. Mergus-Verlag, Melle.
Baensch, H. A. & H. Debelius (1992): Meerwasser-Atlas. Mergus-Verlag, Melle.
Baumeister, W. (1990): Meeresaquaristik. Ulmer, Stuttgart.
– (1993): Farbatlas Meeresfauna: Niedere Tiere, Rotes Meer, Indischer Ozean. Ulmer, Stuttgart.
Bone, Q. & N. B. Marshall (1985): Biologie der Fische. – G. Fischer Verlag, Stuttgart.
Burgess, W. E., H. R. Axelrod & R. E. Klunziker (1988): Dr. Burgess's Atlas of Marine Aquarium Fishes. TFH-Publ., Neptune City, N. J., USA.
Debelius, H. (1989): Fische als Partner Niederer Tiere. Ulmer, Stuttgart.
De Graaf, F. (1988): Tropische Zierfische im Meerwasseraquarium. Neumann, Neudamm, Melsungen.
Eibl-Eibesfeldt, I. (1955): Über Symbiosen, Parasitismus und andere besondere zwischenartliche Beziehungen tropischer Meeresfische. Z. Tierpsychol. 12, 203–219.
– (1960): Beobachtungen und Versuche an Anemonenfischen der Nicobaren und Malediven. Z. Tierpsychol. 17: 1–10.
Fossa, S. A. & A. J. Nilsen (1992–1993): Korallenriff-Aquarium, Bd. 1–3. Birgit Schmettkamp-Verlag, Bornheim.
Fricke, H. W. (1974): Öko-Ethologie des monogamen Anemonenfisches Amphiprion bicinctus (Freiwasseruntersuchungen im Roten Meer). Z. Tierpsychol. 36: 429–512.
– (1966): Attrappenversuche mit einigen plakatfarbigen Korallenfischen im Roten Meer. Z. Tierpsychol. 23: 4–7.
Göthel, H. (1994): Farbatlas Meeresfauna: Fische, Rotes Meer, Malediven. Ulmer, Stuttgart.
– (1992): Farbatlas Mittelmeerfauna: Niedere Tiere und Fische. Ulmer, Stuttgart.
Gremblewski-Strate, O. (1991): Weltmeister im Maulaufreißen – Antennarius multiocellatus. Aquarium heute, 4: 24–26.
Grosskopf, J. (1990): Das Korallenriff im Wohnzimmer. Buchvertrieb Nürnberg.
Immelmann, K. (1976): Einführung in die Verhaltensforschung. Pareys Studientexte 13.
– (1982): Wörterbuch der Verhaltensforschung. Parey, Berlin, Hamburg.
Klausewitz, W. (1975–1978, 1988): Handbuch der Meeresaquaristik, Seewasserfische. Bd. 1–2. Engelbert Pfriem Verlag, Wuppertal-Elberfeld.
Mebs, D. (1989): Gifte im Riff. Wissenschaftliche Verlagsgesellschaft, Stuttgart.
Randall, J. E. (1986): Red Sea Reef Fishes. Rev. Ed. Immel Publishing, London.

Schuhmacher, H. (1976): Korallenriffe. Ihre Verbreitung, Tierwelt und Ökologie. BLV Verlagsgesellschaft, München, Bern, Wien.

Smith, J. L. B. & M. M. Smith (1963): The Fishes of the Seychelles. Rhodes University, Grahamstone, South Africa.

Smith, M. M. & P. C. Heemstra (1986): Smith's Sea Fishes. Springer Verlag, Berlin.

Steene, R. C. (1977): Falter- und Kaiserfische, Bd. 1. Mergus-Verlag, Melle.

– (1991): Korallenriffe der Welt. Verlag Stefanie Naglschmid, Stuttgart.

Sterba, G. Hrsg. (1978): Enzyklopädie der Aquaristik und speziellen Ichthyologie. Verlag Neumann-Neudamm, Melsungen.

Thaler, E. (1993): Säbelzahnfischzucht im Gemeinschaftsaquarium: Es funktioniert! DATZ 12: 774–776.

– (1994): Warum kämpfen unsere Fische? Ber. Internat. Symposium für Vivaristik 1993. Wien.

Thresher, R. E. (1984): Reproduction in Reef Fishes. TFH Publ. Inc., N. J. USA.

Wickler, W. (1975): Stammesgeschichte und Ritualisierung. dtv, Wissenschaftliche Reihe, München.

Wilkens, P. (1987): Niedere Tiere im tropischen Seewasseraquarium. Engelbert Pfriem-Verlag, Wuppertal.

– (1987): Niedere Tiere. Steinkorallen, Scheiben- und Krustenanemonen. Engelbert Pfriem-Verlag, Wuppertal.

– & J. Birkholz (1986): Niedere Tiere. Röhren-, Leder- und Hornkorallen. Engelbert Pfriem-Verlag, Wuppertal.

Bildquellen

Herta und Ingo Rauch, Innsbruck, Fotos
auf den Seiten 35, 36, 71 unten,
89 oben links, 90, 107 oben, Mitte links
und unten, 126 oben und 144.

Alle übrigen Fotos und sämtliche Zeichnungen von der Autorin.